Words That Lead Me Top Salesman

톱 세일즈맨들 사이에서 전해 내려오는 비밀의 한마디

이 한 줄이 나를 세일즈 왕으로 이끌었다

● 김동범 엮음 ●

프롤로그

나를 일으켜 세워줄 한 줄의 씨앗

1930년 매우 수줍음을 잘 타는 19세의 한 소년이 있었다. 소년은 부친의 사업이 여의치 않아 스스로 학비를 마련해야만 대학을 갈 수 있었다. 잡지 세일즈를 해 대학등록금을 모으기로 마음을 굳힌 소년은 집집마다 돌면서 잡지 구독을 권유하였다. 원래 수줍음이 많아 말재주도 없었지만 세계 대공황의 그늘이 너무 깊어 정기구독하는 사람들마저 끊기 일쑤였다. 소년은 날마다 녹초가 될 정도로 수많은 집을 방문하였지만 돌아오는 것은 거절뿐이었다. 너무 힘들고 돈벌이도 안 되어 그만두고 싶은 생각이 굴뚝같았다. 그때마다 소년의 마음을 붙잡은 것은 어느 책에서 본 후 삶의 지표로 삼고 있는 누군가의 한마디 말이었다.

"그저 흘러가는 대로 따라가는 사람은 정말로 고귀한 원칙을 지향하지 못한다. 이런 사람은 이상도 없고 신념도 없다. 단지 이 세상의 미미한 조각일 뿐이다. 살아 움직이는 것이 아니라 단지 움직여지는 그런 존재에 불과하다."

이는 스위스 철학자인 아미엘(Henri Fredric Amiel)이 한 말인데 소년은 이 명언을 가슴 깊이 늘 새기면서 힘이 들 때마다 불굴의 의지를 되살렸다. 자신을 일으켜 세우면서 열심히 세일즈한 결과 많은 업적을 올린 후 그 돈으로 대학에 입학하여 경제학을 전공하였다. 졸업한 다음에는 월 스트리트로 진출해 기업 가치가 낮게 평가된 주식들만 골라내는 뛰어난 안목으로 매우 큰돈을 벌어 미국이 대공황을 극복하는 데 일익을 담당할 정도로 위대한 업적을 남겼다. 용기를 심어주는 긍정의 말 한마디가 소년을 미국에서 가장 성공한 부자로 만들어주었던 것이다. 그 소년이 바로 월가의 전설로 불리는 존 템플턴(John Templeton)이다.

세계적인 강철왕으로 유명한 미국의 앤드류 카네기(Andrew Carnegie)가 학습교재와 생활용품을 집집마다 방문하면서 세일즈하던 젊은 시절, 업적이 형편없어 절망에 빠졌을 때 그에게 용기를 심어준 단 하나의 사건은 다름 아닌 모래사장 위에 볼품없이 놓인 낡은 나룻배를 그린 한 폭의 그림 아래에 조그맣게 쓰여 있던 "반드시 밀물 때는 온다!"라는 한마디였다. 그는 이 말을 방황하던 젊은 시절, 자신을 일으켜 세워 성공한 오늘이 있게 만든 구세주로 생각하면서 평생 동안 생활신조로 삼았다.

주방기구를 판매하는 세일즈맨으로서 크게 성공한 후 성공철학자로 명성을 떨치고 있는 지그 지글러(Zig Ziglar)는 자신이 세일즈할 당신의 수많은 난관을 떠올리면서 "적절한 순간의 진실한 말 몇 마디가 인생에 얼마나 큰 영향을 줄지는 아무도 모른다." 라고 말했다.

이와 같이 세계적으로 해당 업종에서 혁혁한 업적을 남긴 세일즈 왕들은 누구나 뚜렷한 목표의식과 더불어 가슴 한켠에는 늘 그 목표를 지탱해주는 강한 긍정의 말 한마디를 좌우명으로 삼고 더 큰 성공의 발판을 구축했다.

전 세계 보험업계 별들의 모임인 MDRT(Million Dollar Round Table)의 회장을 역임한 조지 피켓(George Pickette)은 35년 이상 보험세일즈를 하면서 터득한 경험을 바탕으로 "급변하는 환경에서 살아남아 소득을 많이 올릴 수 있는 비결은 톱 세일즈맨들의 살아있는 경험을 벤치마킹하는 것이다."라고 말했다.

더 빨리 성공하고 싶다면 우선 자타가 공인하는 세계적인 톱 세일즈맨들의 실전노하우를 벤치마킹하고 롤 모델로 삼아 자신의 세일즈 인생을 가다듬어 나가는 일이 필요하다. 이를 통해 경험을 쌓고 실패를 최소화하고 성공확률을 높여 더 빨리 소기의 목적을 달성할 수 있는 동력엔진을 얻을 수 있기 때문이다.

세일즈에 왕도는 없지만 어떻게 하면 더 잘할 수 있는지 세일즈 왕들을 움직인 한마디 한마디를 따라 읽다보면 반드시 자신에게 적용할 수 있는 실천방법을 찾을 수 있을 것이다. 난관에 부딪힐 때, 디딤돌 역할을 충분히 해주는 세일즈 왕들의 시의 적절한 한 마디는 성공으로 가는 길을 안내해줄 것이다.

이 책은 오늘도 현장에서 뛰고 있는 세일즈맨들의 성공을 염

원하며 언제 어디서나 펼쳐볼 수 있도록 7가지 주제로 나눠 1,200여 개의 주옥같은 글만 추려서 엮은 세일즈 명언집이다. 이 책에 나오는 사람들은 국내외를 막론하고 해당 분야에서는 모두 판매왕 타이틀을 한 번 이상은 차지한 자타가 공인하는 톱 세일즈맨들이다. 판매왕이 아니더라도 비즈니스와 세일즈와 관련된 분야에서 또는 삶의 여정에서 타의 추종을 불허하는 성공을 거둔 유명인들이 남긴 세일즈, 비즈니스 관련 어록도 모두 발췌하여 실었다. 고객과 직접적으로 밀접한 관계를 갖고 있는 기업에서도 세일즈는 아주 중요한 전략이므로 대업을 이룬 기업가들의 명언도 함께 실었다.

승자들은 성공한 사람들의 목소리에 더 많은 귀를 기울이며 그들의 말을 공유하려 노력한다. 이 책을 통해 새로운 세상, 새로운 에너지를 접하는 소중한 기회를 잡길 바란다. 고객에 대한 두려움을 떨쳐버리고 평생의 고객으로 만드는 법을 터득하길 바란다. 영업의 동선을 확실하게 알려주는 비즈니스 스킬을 배우기 바란다. 위기를 기회로 만들 수 있기를 바란다.

끝으로 이 책을 낼 수 있도록 좋은 아이디어를 제공해주고 출판되기까지 배려를 아끼지 않은 다산북스 김선식 대표님께 깊은 감사를 드린다.

김동범

CONTENTS

프롤로그 · 4

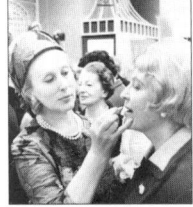

1
Attitude
모든 것은 마음가짐에서 시작된다 · 12

2
Performance
목표를 세웠다면 그 즉시 움직여라 · 78

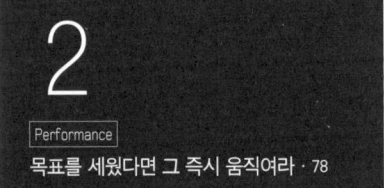

3
Habit
습관이 곧 세일즈다 · 120

4
Attraction
무조건 많이 만나 끌어당겨라 · 158

5
Trust
고객은 항상 옳다 · 208

6
Responsibility
고객을 끝까지 책임져라 · 258

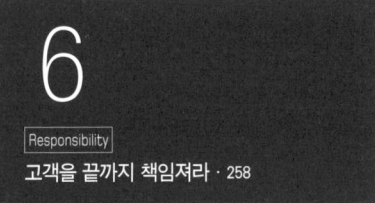

7
Overcome
위대한 성공은 시련에서 탄생한다 · 300

에필로그 · 332

찾아보기 · 336

1
Attitude

모든 것은 마음가짐에서 시작된다

인생은 세일즈다. 로버트 스티븐슨이 "모든 인간은 예외 없이 누군가에게 무엇인가를 항상 세일즈 하면서 산다."라고 말했듯이 세상에서 세일즈를 하지 않는 사람은 단 한명도 없다. Change(변화)의 g를 c로 바꾸면 Chance(기회)가 되듯이 변화 속에 반드시 기회가 숨어 있고 세일즈 성공을 향한 답이 있다. 시작이 반이다. 세일즈를 단순한 직업이라 생각하지 말고 내 인생의 꿈을 이루어줄 천직이라 생각하고 앞으로 나아가라.

Attitude

오늘은 당신이 인생을 새롭게 시작하는 첫날이라고 생각하라. 오늘은 당신이 진정한 프로로서 거듭나는 날이라고 생각하라. 지금까지 당신의 사업이 성공을 거두지 못했다 하더라도 오늘 다시 성공의 발걸음을 내딛어라.
- **한스우베 퀼러**(Hans-Uwe L. Khler: 마케팅 전문 컨설턴트)

자신이 특별한 인재라는 자신감만큼 그 사람에게 유익하고 유일한 것은 없다.
- **데일 카네기**(Dale Carnegie: 세일즈맨, 인간관계 전문가, 성공 컨설턴트)

영업은 물건을 파는 것이 아니라 자기 자신을 파는 것이다.
- **야마모토 후지미쓰**(山本藤光: 제약회사 영업사원, 경영 컨설턴트)

자신 있는 사람만이 단순해질 수 있다. 자신감이 없으면 복잡한 말을 하게 된다. 단순하지 않으면 빨리 내달릴 수 없다. 빠르지 않으면 글로벌 경제에서 죽은 거나 마찬가지다.
- **잭 웰치**(Jack Welch: 전 GE CEO)

노(No)을 거꾸로 쓰면 전진을 의미하는 온(On)이 된다. 모든 문제에는 반드시 문제를 푸는 열쇠가 있다. 끊임없이 생각하고 찾아내라. 그것을 발견할 수 있다고 확신하라.
- **노먼 빈센트 필**(Norman Vincent Peale: 성공 컨설턴트)

15
Attitude

질문은 생각을 결정하고 생각은 마음가짐을 결정하고 마음가짐은 행동을 결정한다. 긍정적인 질문은 긍정적인 대답을 얻는다.
- **마릴리 애덤스**(Marilee G. Adams: 질문사고의 창시자)

오로지 할 수 있다는 자세로 일에 도전하라. 도전하는 자만이 승리의 월계관을 쓸 자격이 주어진다.
- **클레멘트 스톤**(W. Clement Stone: 손해보험 그룹 에이온 코퍼레이션 창업자)

지나친 자신감은 경계해야 하지만 합당한 자기 신뢰는 자아발전에 없어서는 안 될 원동력이다.
- **로렌스 굴드**(Lawrence Gould: 골동품 판매원, 비즈니스 전문가)

자신감이 있다면 남의 신뢰를 얻는다.
- **요한 볼프강 괴테**(Johann Wolfgang von Goethe: 문학가)

이야기는 재치 있게 하되 침묵은 금이라는 격언도 기억하라.
- **엘머 레터맨**(Elmer Letterman: 보험 세일즈맨)

신뢰는 거울의 유리와 같다. 한 번 금이 가면 원래대로 하나가 되지 않는다. 신뢰하는 데는 오래된 친구, 읽는 데는 오랜 저서가 좋다.
- **헨리 아미엘**(Henri Fredric Amiel: 철학자)

`Attitude`

팔지 못하는 사람은 가치가 없다. 나는 이 좌우명을 갖고 영업에 매진했다. 자신만의 좌우명을 가져라.
- **스즈키 야스토모**(鈴木康友: 보험 세일즈맨)

성품과 평판은 아마도 당신 커리어에서 가장 값진 자산일 것이다. 진실성에 대한 평판과 정직한 업무처리는 당신에게 더 많은 연봉과 더 선의의 씨앗을 움트게 하여 결국 꽃을 피우고 열매를 맺을 것이다. 진정한 성공은 올바른 발걸음을 따라간다.
- **오리슨 스웨트 마든**(Orison Swett Marden: 호텔 CEO, 성공 컨설턴트)

자신에 대한 신뢰가 타인을 신뢰하는 중요한 척도가 된다.
- **라 로슈푸코**(La Rochefoucauld: 모랄리스트)

세일즈 현장에서는 당위가 아닌 현실이 최우선이다. 자신의 이미지를 매력 있게 가꿔라.
- **댄 케네디**(Dan S. Kennedy: 세일즈맨, 세일즈 트레이너)

당당하고 자신 있게, 비록 당신을 보는 상대방의 시선이 곱지 않더라도 겉모양에서부터 호감 가는 스타일을 만들어나가도록 노력하라. 이는 고객이 훗날 당신을 다시 찾도록 만드는 하나의 기술에 속한다.
- **톰 홉킨스**(Tom Hopkins: 부동산 세일즈맨, 세일즈&성공학 전문가)

17
Attitude

웃음이 없는 사람은 상점을 개설해서는 안 된다. 미소, 이것은 아무런 대가를 치르지 않고서도 많은 것을 이루어낸다.
- **데일 카네기**(Dale Carnegie: 세일즈맨, 인간관계 전문가, 성공 컨설턴트)

사람들에게 존경을 받을 수 있는 가장 좋은 방법은 자신이 종사하는 비즈니스에서 얼마나 많은 노력을 하는가에 달려 있다.
- **제프 윌리스**(Jeff Willis: 보험 세일즈맨)

전문가가 되어라. 고객들로부터 인기가 있는 자신을 만들어라. 전문가답게 행동하지 않으면 결코 당신만의 비즈니스를 운영할 수 없다.
- **빌 루이**(Bill Louie: 보험 세일즈맨)

전문지식으로 무장한 다음 자신이 무슨 업종에 종사하는지 만천하에 알려라. 만인에게 자신의 전문성을 알리는 것이 자신을 판매하는 가장 좋은 세일즈 비법이다.
- **랠프 로버츠**(Ralph Roberts: 부동산 세일즈맨)

사람들 간의 차이는 미미하다. 그러나 그 미미한 차이가 나중에는 매우 큰 차이를 만든다. 미미한 차이는 태도이고 큰 차이는 그 태도가 긍정적이냐 부정적이냐 하는 것이다.
- **클레멘트 스톤**(W. Clement Stone: 손해보험그룹 에이온 코퍼레이션 창업자)

`Attitude`

당신이 다른 비즈니스맨과는 차별화된 어떤 것을 상징하고 있는가를 고객에게 인식시켜라.
- **하워드 슐츠**(Howard Schultz: 후지제록스 세일즈맨, 스타벅스 회장)

누구에게나 호감을 줄 수 있는 미소를 띤 얼굴보다 더 좋은 세일즈 무기는 없다. 미소 띤 얼굴이 영업의 성패를 결정 짓는다.
- **하라 잇베이**(原一平: 보험 세일즈맨)

프로 세일즈맨이라면 자신이 이룩한 판매를 귀중하고 가치 있게 여겨야 한다.
- **앤 스윈슨**(Ann Swinson: 보험 세일즈맨)

TV, 자동차, 컴퓨터에는 매뉴얼이 포함돼 있지만 월급봉투에는 매뉴얼이 없다. 성공하는 세일즈맨이 반드시 지녀야 하는 특성은 자기 훈련, 자기 존중의식, 자기통제다.
- **조안 매튜스**(Joan Mathews: 보험 세일즈맨)

자신의 방식으로 뭔가를 해나가는 것, 이는 위대한 일을 한 사람들에게서 흔히 볼 수 있는 점이다. 성공한 사람들에게도 결점은 있다. 그들은 다만 그 불리한 점을 유리하게 이용할 수 있는 길을 찾았을 뿐이다.
- **시드니 프리드먼**(Sidney Friedman: 보험 세일즈맨)

19
Attitude

남이 흉내 낼 수 없는 독특한 비결만이 언제 어떠한 상황에서건 최고의 자산이다.
- 야베 마사아키(矢部 正顯: 경영 전략가)

고객이 당신 회사에서 가장 훌륭한 세일즈맨이 누구냐고 말한다면 당당하게 '나'라고 말할 능력과 매력을 키워라.
- **스즈키 야스토모**(鈴木康友: 보험 세일즈맨)

인생에서 가장 중요한 판매는 당신 자신에게 당신 자신을 파는 것이다.
- 맥스웰 몰츠(Maxwell Maltz: 심리학자)

좋은 아이디어란 바퀴가 하나 달린 손수레와 같다. 우리가 그것을 밀지 않으면 아무 데도 가지 못한다.
- 제이 콥슨(Jay cobson: 보험 세일즈맨)

출처에 상관없이 모든 새로운 아이디어에 마음을 활짝 열고 벤치마킹하라.
- **램 차란**(Ram Charan: 경영 컨설턴트)

개인상품 가치를 높여라. 자신감을 갖고 파는 상품을 신뢰하면 자연히 영업사원의 이미지도 올라간다.
-허영봉(기아자동차)

`Attitude`

일단 내가 일을 즐기고 만족하자. 남의 눈치 볼 필요도 없다.
- **최진성**(현대자동차)

영업은 자신의 의욕, 즉 하고자 하는 의지에 따라 실적이 오른다.
- **남상분**(현대해상)

세일즈 훈련이 실생활에서 습관이 되어 있을 때 잠재고객들도 당신을 찾는 때가 온다. 그때까지 자신의 부족한 부분을 갈고 닦아야 한다.
- **톰 홉킨스**(Tom Hopkins: 부동산 세일즈맨, 세일즈&성공학 전문가)

우리는 남의 말을 잘 들어주고, 다른 사람을 생각하고, 미소를 잘 짓고, '감사합니다'라는 말을 할 줄 아는 다정한 사람을 찾습니다.
- **콜린 바레트**(Collen Barrett: 사우스웨스트 항공사 CEO)

모두 첫발은 내딛지만, 두 발, 세 발, 백 발 이렇게 자꾸 가다보면 처지게 된다. 그러나 지속적으로 끊임없이 계속하면 분명히 효과가 있다.
- **최진성**(현대자동차)

주목받고 싶다면 다른 사람들이 하는 것과 정반대로 하라.
- **시드니 프리드먼**(Sidney Friedman: 보험 세일즈맨)

21
Attitude

당신이 세일즈맨으로서 개발했고 이미 익숙해져 있는 열정적인 태도, 쾌활함, 자신감 등의 특징을 포기하지 마라.
- 존 맥티어(John Mactear: 해외무역 영업사원, 머큐리 인터내셔널 경영 컨설턴트)

당신이 계속 칠면조하고만 어울린다면 하늘을 나는 독수리하고는 함께할 수 없다.
- **지그 지글러**(Zig Ziglar: 주방기구 세일즈맨, 성공철학자, 세일즈 훈련가, 동기부여 전문가)

평생 직업의식을 갖고 꼭 필요한 정보로 무장하여 이 상품이 필요한 우리의 고객들을 열심히 돕는 것이 성공의 지름길이다.
- **아델리아**(Adelia: 보험 세일즈맨)

고객 가정의 태어나지 않은 다음 세대까지 책임진다는 사명감을 갖고 전문가로서의 길을 걸어가야 한다.
- **알프레드 그래넘**(Alfred Granum: 보험 세일즈맨)

가능한 한 교육을 많이 받도록 하라. 교육을 통해 우리 일에 대한 폭넓은 지식을 갖추면, 고객과의 면담에서 좀더 확실한 조언을 해줌으로써 전문가로서 신뢰감을 쌓을 수 있다.
- **마빈 펠드먼**(Marvin Feldman: 보험 세일즈맨)

아마추어는 남을 상대로 싸우지만 프로는 자신을 상대로 싸운다.
- **아놀드 베네트**(Arnold Bennette: 소설가)

Attitude

세일즈를 하다보면 단기간의 거래를 할 것인지 아니면 장기적인 유대관계를 맺을지 선택을 강요받을 때가 많다. 일반 세일즈맨은 전자를 택하고, 프로 세일즈맨은 후자를 택한다.
- **랠프 로버츠**(Ralph Roberts: 부동산 세일즈맨)

세일즈의 질은 기본기가 좌우한다. 그러므로 판매 실적은 자기계발에서 비롯된다.
- **와다 히로미**(和田裕美: 브리태니커 세일즈맨)

심리작전을 써서 고객을 제압하는 것이 프로 세일즈맨의 첫째 조건이다.
- **이이즈까 데이꾜**(飯塚帝京: 보험 세일즈맨)

톱 세일즈맨은 고객이 찾아와 주문해 주기를 기다리지 않는다. 고객을 찾아 나서는 것, 그것이 바로 성공한 세일즈맨의 능력이다.
- **한스우베 퀼러**(Hans-Uwe L. Khler: 마케팅 전문 컨설턴트)

일류 세일즈맨이 되어라. 이류는 사업이 부진할 때만 마케팅하고, 일류는 일주일에 하루는 마케팅을 위해 시간을 비워둔다.
- **랠프 로버츠**(Ralph Roberts: 부동산 세일즈맨)

배우면 배울수록 더 많은 것을 얻게 된다.
- **하비 맥케이**(Harvey Mackay: 휴먼 네트워크 전문가, 비즈니스 연설가)

23
Attitude

세일즈는 사람에 관한 모든 것이다. 고객은 회사가 아니라 사람으로부터 구매한다. 고객에게 인정받을 수 있도록 커리어에 불을 당겨라.
- 존 맥티어(John Mactear: 해외무역 영업사원, 머큐리 인터내셔널 경영 컨설턴트)

프로 세일즈맨은 고객들이 무엇을 원하는지 찾아낸 뒤 그들이 원하는 것을 얻을 수 있도록 돕는다.
- 니도 쿠베인(Nido R. Qubein: 세일즈 컨설턴트)

골리앗을 이긴 다윗을 기억하라. 시장점유율 1위가 아니어도 1위 업체와 당당히 겨룰 수 있는 것이 영업맨이다.
- 허영봉(기아자동차)

좋은 매너는 바람직한 분위기를 창조하고 고객의 마음을 사로잡는 밑거름이 된다.
- 에드가 제프로이(Edgar K. Geffroy: 방판 세일즈맨, 세일즈 컨설팅 사 CEO)

세일즈맨으로서 성공하기 위해서는 반드시 갖추어야 할 가장 기본적인 4가지 조건인 이론무장(knowledge)과 정신무장(attitude), 기술무장(skill), 영업 생활화(habit)를 반드시 실천해야 한다.
- LIMRA(Life Insurance Marketing Research Association: 미국 보험마케팅협회)

`Attitude`

자신을 믿으면 다른 사람들도 당신을 믿는다. 자기애가 성공의 지름길이다.
- **톰 홉킨스**(Tom Hopkins: 부동산 세일즈맨, 세일즈&성공학 전문가)

성공한 사람들은 모두 뼈를 깎는 최선의 노력을 다했다는 공통점이 있다. 성공하려면 먼저 길을 간 선배들을 벤치마킹부터 하라.
- **러셀 머크**(Russell Merck: 보험 세일즈맨)

아이디어 발굴을 생활화하라. 위대한 세일즈맨은 모두 적극적으로 숨어 있는 좋은 아이디어를 끊임없이 찾는 사람들이다.
- **조 지라드**(Joe Girard: 자동차 세일즈맨)

나의 성공은 젊은 시절 세일즈하면서 배운 강한 인내력과 의지력이다. 나는 잡지 세일즈를 하면서 더욱 중요한 것은 불굴의 의지가 얼마나 가치 있는 것인가를 배웠다.
- **존 템플턴**(John Templeton: 월간지 세일즈맨, 템플턴그로스 펀드 설립자)

톱 세일즈맨들은 고객에게 무게중심을 둘 줄 아는 능력을 갖고 있으며 매우 강력하게 일을 추진해 나가는 힘이 있다.
- **빌 루이**(Bill Louie: 보험 세일즈맨)

위대한 성공은 대부분 맨 처음에는 초라한 시작에서 비롯되었다.
- **노먼 레빈**(Norman Levine: 보첨 세일즈맨)

세일즈는 한 우물을 파야 성공한다. 고객을 마음으로 따뜻하게 맞이하고 항상 현재하고 있는 영업을 평생 할 것이라는 신념을 불태우면서 장인정신을 갖는 것이 매우 필요하다.
- **시바타 가즈코**(芝田和子: 보험 세일즈맨)

톱 세일즈맨이 되려면 사람들의 자존심을 부추기기 위해 열심이어야 한다. 자신에 대한 믿음을 가진 사람들로부터 당신이 성취할 수 있는 것은 엄청나다.
- **샘 월튼**(Samuel Moore Walton: 잡화점 판매원, 월마트 창업자)

비즈니스에서 다른 사람보다 뛰어나다고 생각하지 않는다. 다른 것이 있다면 남보다 더 열심히 성공하는 방법을 배우려고 노력했고 그대로 실천에 옮겼을 뿐이다. 남보다 더 많이, 열심히 일하면 성공의 기회는 그만큼 증가한다. 학습은 위험을 감수하는 위급상황에서 자신의 결정에 믿음과 확신을 준다. 자기 분야에 대해 끊임없이 공부하는 사람이 성공한다.
- **시드니 프리드먼**(Sidney Friedman: 보험 세일즈맨)

내가 평생 동안 세일즈를 통해서 얻은 유일한 교훈은 모든 일은 시작하기 전에 철저히 준비하라는 것, 인생에서 성공을 바란다면 언제나 주어진 일에 최선을 다하고 한 우물을 파라는 것. 이것이 나의 세일즈 성공철학이다.
- **알프레드 그래넘**(Alfred Granum: 보험 세일즈맨)

Attitude

현재 머무는 조직의 오너가 될 생각을 하고 영업에 임하라. 그러면 머슴이 아닌 주인이 될 수 있다.
- **스즈키 야스토모**(鈴木康友: 보험 세일즈맨)

영업성공의 비결은 생생하게 상상하고 간절히 바라며 깊이 믿고 열의를 다해서 행동으로 실천하는 것이다.
- **폴 마이어**(Paul J. Meyer: 보험 세일즈맨, SMI(Success Motivation Institute) 설립자)

영업에 성공하려면 자기 신뢰와 세일즈 능력, 고된 노력, 그리고 활동량이 정비례 해야만 한다. 이 중 영업 성공의 가장 큰 변수는 자기신뢰이다.
- **토니 고든**(Tony Gordon: 보험 세일즈맨)

톱 세일즈맨이 되기 위해 가장 중요한 것은 포기하지 않는 끈기와 끊임없는 성실함이다.
- **호세 페르난데스**(Jose Fernandez: 보험 세일즈맨)

나는 후배들이 세일즈 비결을 물을 때 냉정하게 딱 잘라 말한다. 일단 한번 죽을힘을 다해 톱의 자리에 올라보라고. 그러면 누가 가르쳐주지 않아도 그 비결들이 한눈에 굽어보인다고. 꼭대기에 올라선 자만이 볼 수 있는 풍경을 어떻게 말로 설명해줄 수가 있겠냐고. 정상에 올라야만 보이는 풍경이 있다.
- **하라 잇베이**(原一平: 보험 세일즈맨)

27
`Attitude`

내가 이렇게 성공할 있었던 비결은 내가 하는 일에 대한 열정과 확고한 목표의식을 갖는 데 있다.
- **캐리 홀**(Carrie Hall: 보험 세일즈맨)

영업을 하면서 재미와 보람으로 느끼기 시작하는 것, 그것이 영업의 세계에서 성공할 수 있는 첫째 비결이다.
- **와다 히로미**(和田 博実: 브리태니커 세일즈맨)

가장 중요한 핵심가치에 치중하라. 그리고 그 가치에 따라 행동한다면 성공의 방점을 향해 치달을 것이다.
- **게리 시츠먼**(Gary Sitzmann: 보험 세일즈맨)

스스로 노력하지 않는 자는 진정한 자존심을 모른다. 성공을 하지 못하는 이유는 오직 하나. 바로 노력이 부족했기 때문이다.
- **브루스 에서링턴**(Bruce Etherington: 보험 세일즈맨)

성공한 사람들은 다른 사람들이 하기 싫어하는 일을 기꺼이 한 사람들이다. 진정한 성공은 순간순간을 즐기는 것이다.
- **마빈 펠드먼**(Marvin Feldman: 보험 세일즈맨)

성공하지 못할 거라는 그릇된 믿음을 버리는 것이 성공을 향한 첫걸음이다.
- **킹슬레이 워드**(Kingsley Ward: 캐나다 실업가)

세일즈는 고객과의 관계를 만들어내고 유지하며, 향상시켜 나가는 일을 꾸준히 추진하는 과정이다.
- **스티븐 블라운트**(J. Steven Blount: 보험 세일즈맨)

성공은 올바른 판단에서 오고 올바른 판단은 풍부한 경험으로부터 나온다.
- **시바타 가즈코**(芝田和子: 보험 세일즈맨)

세일즈란 '아니오'를 '예'로 바꾸는 과정이다.
- **댄 케네디**(Dan S. Kennedy: 세일즈맨, 세일즈 트레이너)

사고방식이 바뀌면 세상이 바뀐다는 것, 이것이 금세기 인류 최대의 발견이다.
- **윌리엄 제임스**(William James: 철학자)

만일 자신이 현재 상태를 변화시키겠다고 한다면 제일 먼저 해야 할 일은 자신이 현재 어떤 상태에 있는지를 아는 것이다.
- **조셉 오코너**(Joseph O'Conor: 전문 트레이너 코치)

항상 변하라. 받을 수 있는 모든 교육을 받고 무엇인가를 하라. 한곳에 머물러 있지 말고 일을 만들어라.
- **리 아이아코카**(Lido Anthony Iacocca: 전 크라이슬러 CEO)

29
Attitude

변화에 관한 신념은 하는 일에 지대한 영향을 미치므로 그 어떤 테크닉보다 더 중요하다.
- **팻 맥라건**(Pat McLagan: 맥라건 인터내셔널 CEO)

변화를 두려워하지 마라. 결코 배우기를 멈추지 마라. 트레이닝을 받고 새로운 기술을 익혀 활용하여 차별화된 모습을 보여라. 그것이 세일즈맨으로서의 성공로드맵이다.
- **솔로몬 힉스**(Solomon Hicks: 보험 세일즈맨)

변해야 할 상황이 오기 전에 먼저 스스로 변화하라.
- **잭 웰치**(Jack Welch: 전 GE CEO)

많이 알수록 경쟁력도 강해진다. 세미나에도 적극적으로 참석하고 다른 사람들의 강연을 열심히 들어라. 자기보다 앞서 있는 사람들의 이야기를 통해 배우는 것이 있을 것이다.
- **메이디 파카르자데**(Mehdi Fakharzadeh: 보험 세일즈맨)

물고기와 같이 헤엄을 치려면 상어처럼 보여선 안 된다.
- **브루스 에서링턴**(Bruce Etherington: 보험 세일즈맨)

성공의 열쇠는 누구에게나 주어져 있다. 단지 그 열쇠를 사용하지 않고 있을 뿐이다.
- **토니 고든**(Tony Gordon: 보험 세일즈맨)

Attitude

세일즈에서의 성공은 다른 사람의 생각을 예측하는 능력에 달려 있다.
- **제이 에이브러햄**(Jay Abraham: 마케팅 전문가, 제이 에이브러햄그룹 CEO)

어떤 분야든 열정과 성실함이 있으면 중간은 가지만 세일즈에서는 가장 유능한 세일즈맨이 될 수 없다. 톱 세일즈맨들은 그들만의 특별한 전략과 전술, 자기 확신을 갖고 있다.
- **이브라힘 엘피키**(Ibrahim Elfiky: 세일즈 마스터, 람세스 국제세미나 설립자)

인생에서 중요한 우선순위를 신중하게 결정하라. 그렇지 않으면 영업에서 이루려는 큰 성공도 비싼 대가를 치르게 될 수 있다.
- **마빈 펠드먼**(Marvin Feldman: 보험 세일즈맨)

미친 듯이 배워라.
- **허브 켈러허**(Herb Kelleher: 사우스웨스트항공 CEO)

보험업에서 처음 4년은 일하는 기간으로 여기지 말고 보험대학으로 여겨라. 그리고 경력 5년째를 시작 첫해로 삼고 그해 수입을 첫해의 변호사의 수입과 비교해보라. 누가 더 많이 버는가? 그때부터 앞으로 잠재된 수입의 양은 누가 더 많은가? 세일즈맨이 머무는 곳은 대학이다. 당신은 학교에 다니면서 월급을 받고 있는 것이다.
- **버트 마이즐**(Burt Meisel: 보험 세일즈맨)

31
`Attitude`

결코 배우려는 노력을 멈추지 마라.
- 제임스 에릭슨(James Erickson: 보험 세일즈맨, 생명보험사 CEO)

인생이란 느끼는 자에겐 비극이지만 생각하는 자에겐 희극이다.
- 라 브뤼에르(Jean de la Bruyère: 모랄리스트)

성공한 사람들은 어느 때이고 언제나 배우려 노력한다.
- 톰 스미스(Bad Tom Smith: 푸드라이언 CEO)

모든 사람에게서 배우는 사람이 현자이고 자기를 극복하는 사람이 강자이며 자족할 줄 아는 사람이 부자이다.
- 호설암(胡雪巖: 19세기 말 중국 상인)

자신이 한때 이곳에 살았음으로 해서 단 한 사람의 인생이라도 행복해지는 것, 이것이 진정한 성공이다.
- 랠프 왈도 에머슨(Ralph Waldo Emerson: 사상가)

황금은 땅 속에서보다 인간의 생각 속에서 더 많이 채굴된다.
- 나폴레온 힐(Napoleon Hill: 성공철학자)

인생에서 가장 성공한 사람은 대체로 가장 훌륭한 정보를 가지고 있는 사람이다.
- 벤저민 리즈레일리(Benjamin Lizreilly: 정치가)

Attitude

톱 세일즈맨이 되려면 사람들의 자존심을 부추기기 위해 열심이어야 한다. 자신에 대한 믿음을 가진 사람들로부터 당신이 성취할 수 있는 것은 엄청나다.
-샘 월튼(Samuel Moore Walton: 잡화점 판매원, 월마트 창업자)

33
Attitude

성공의 비결은 평범한 일조차 비범하게 처리하는 것이다.
- **존 록펠러**(John Davison Rockefeller: 사업가, 록펠러 재단 설립자)

사막이 아름다운 것은 어딘가에 샘이 숨겨져 있기 때문이다.
- **생텍쥐페리**(De Saint-Exupery: 조종사, 작가)

생각에 울타리를 치지 말고 자유롭게 넘나들며 그 날개를 활짝 펼쳐라.
- **존 맥스웰**(John C. Maxwell: 성공 컨설턴트)

내가 만나는 사람은 누구나 어떤 면에서 나보다 더 낫다. 그런 점에서 나는 그에게서 배운다. 성심성의를 가지고 남을 도와주면 반드시 남한테 도움을 받게 된다. 이것은 인생의 가장 아름다운 보상의 하나다.
- **랠프 왈도 에머슨**(Ralph Waldo Emerson: 사상가)

자신이 하는 일에 대하여 신념을 갖고 밀고 나가라. 내가 하고 싶은 것을 위해 노력하는 이 순간이야말로 영원히 아름답다.
- **요한 볼프강 괴테**(Johann Wolfgang von Goethe: 문학가)

당신이 자신의 가치를 알 때 결정은 더 이상 어려운 일이 아니다.
- **로이 디즈니**(Roy Disney: 월트 디즈니 CEO)

큰일을 가능하게 만드는 것은 사소한 일들이다. 어떤 작업이든 세심한 부분까지 주의를 기울여야만 일류를 만들 수 있다.
- **월리어드 메리어트**(J. Willard Marriot: 간이식당 운영, 메리어트 인터내셔널 창립자)

가치 있는 일을 달성시킬 수 있는 필수조건은 첫째 근면, 둘째 참고 견디는 것, 셋째 상식이다.
- **토머스 에디슨**(Thomas Alva Edison: 과학자)

생각은 인생의 소금이다. 음식을 먹기 전에 먼저 간을 보듯 행동하기 전에 먼저 생각하라.
- **에드워드 리튼**(Edward George Earle Lytton: 정치가)

일할 줄을 모르는 사람은 모터가 없는 자동차 같아 아무 소용이 없다. 또한 일만 하고 휴식을 모르는 사람은 브레이크가 없는 자동차처럼 위험하다.
- **존 포드**(John Martin Feeney: 영화감독)

언제나 일과 관련하여 폭넓은 호기심을 가져라. 나는 회사 안에서 아무도 하지 않는 멍청한 질문을 하기로 소문이 자자하다.
- **더글러스 아이베스터**(Douglas Ivester: 전 코카콜라 CEO)

장사는 돈을 얻고자 하는 게 아니라 사람을 얻고자 하는 것이다.
- **호설암**(胡雪巖: 19세기 말 중국 상인)

인생에서 일을 발견한 사람은 행복하다. 할 일을 찾아낸 자는 축복받은 자다. 다른 행복을 찾을 필요가 없기 때문이다. 노동이 있어야 비로소 안락이 있고 휴식도 있다.
- **토머스 칼라일**(Thomas Carlyle: 사상가, 역사가)

일을 즐겨라, 일을 사랑하라. 일에 미쳐라. 목표를 부여잡고 자기혁신을 통해 자신을 완전히 탈바꿈시켜라.
- **스티브 잡스**(Steven Paul Jobs: 애플 CEO)

일을 바르게 처리하는 방법은 한 가지뿐이다. 일을 바르게 보는 데도 한 가지 방법, 즉 일 전체를 보는 것뿐이다. 일에 대한 가장 큰 보상은 일을 통해 무엇을 얻었는가가 아니라 일을 하면서 어떤 사람이 되었느냐이다.
- **존 러스킨**(John Ruskin: 비평가)

일상에 있어서 기회가 적은 것이 아니다. 그것을 볼 줄 아는 눈과 붙잡을 수 있는 의지를 가진 사람이 나타나기까지 기회는 잠자고 있는 것이다.
- **로렌스 굴드**(Lawrence Gould: 골동품 판매원, 비즈니스 전문가)

비즈니스란 수익률을 극대화시키는 것이 목적이므로 가능한 한 최소한의 자본으로 장사를 해야 한다.
- **오카모토 시로**(岡本史郎: 마케팅 컨설턴트)

Attitude

무조건 열심히 노력하는 것보다 좀더 영악하고 현명해져라.
- **제이 에이브러햄**(Jay Abraham: 마케팅 전문가, 제이 에이브러햄그룹 CEO)

일을 사랑하라. 그러면 일이 의무나 고역이 아니라 즐거움으로 와 닿게 된다.
- **노먼 레빈**(Norman Levine: 보험 세일즈맨)

비즈니스에는 너무나 많은 방해 요소들이 있다. 내 자신이 누구인지에 늘 초점을 두어야 한다. 또한 고객들의 목표를 달성하도록 도와주기 위해 내가 무엇을 해야 하는지에 초점을 두어야 한다.
- **스티븐 블라운트**(J. Steven Blount: 보험 세일즈맨)

상거래의 메커니즘은 그 효과와 효율 추구에 따라 진화한다.
- **아더 앤더슨**(Arthur Andersen: 컨설팅사 CEO)

신념으로 진화하고 열정으로 비상하라.
- **김철웅**(푸르덴셜생명)

상식은 비즈니스의 적이다. 전술을 생각하는 사람은 상식만으로 충분하다. 무조건 이기면 되니까. 하지만 전략을 생각하는 사람은 때론 질 수도 있다. 전술적 사고로는 비즈니스에서 성공할 수 없다. 성공하려면, 돈을 벌려면 전략을 반드시 생각해야 한다.
- **사카모토 게이치**(坂本桂一: 마케팅 컨설턴트)

생명이 없는 사업은 허영이고, 생명이 없는 신뢰는 위선이다.
- **니시다 기타로**(西田幾多郞: 일본 철학자)

큰 상인은 돈을 쫓는 것이 아니라 신의를 쫓는 것이다. 장사란 이익을 남기기보다 사람을 남기기 위한 것이다. 사람이야말로 장사로 얻을 수 있는 최고의 이윤이다. 사람을 남기는 법을 알아야 진정한 상인이 될 수 있다.
- **임상옥**(林尙沃: 조선 말 거상)

작은 상인은 재물(財物)에 투자하고, 큰 상인은 인재(人才)에 투자한다.
- **호설암**(胡雪巖: 19세기 말 중국 상인)

비즈니스는 사랑과 같다. 좋을 때는 최고로 기분 좋고, 보통인 경우에도 괜찮은 편이다. 그러나 안 좋으면 심한 고통을 받는다.
- **조지 카토나**(George Katona: 심리경제학자)

기업을 성공시키는 비결은 필요를 채우는 것이다.
- **헨리 카이저**(Henry J. Kaiser: 자동차 제작사 카이저 프레이저 설립자)

중요한 핵심가치에 중점을 두어라. 그러면 그 가치에 따라 행동할 것이고 인생은 균형을 유지할 수 있을 것이다.
- **게리 시츠먼**(Gary Sitzmann: 보험 세일즈맨)

Attitude

사업에서 공격적인 태도는 우리들을 헛되이 흥분시킬 뿐이어서 논리적인 사고력을 상실케 하고 사람을 다루는 능력을 손상시킨다.
- **디오도어 루빈**(Thedore Isaac Rubin: 정신분석가)

비전 없이 성공한 기업은 없다.
- **짐 콜린스**(JimCollins: 경영학자)

정신적 가치보다 물질적 만족을 우선하는 사고방식으로 사업하는 사람은 절대 대성할 수 없다.
- **정주영**(미곡상 종업원, 현대그룹 창업자)

땀 흘려 번 돈만이 진짜 이익이다. 일은 생활의 수단이 아니라 영혼을 닦기 위한 수양의 장이다.
- **이나모리 가즈오**(稻盛和夫: 교세라그룹 CEO)

손안의 새 한 마리는 숲속의 새 두 마리 이상의 가치가 있다. 얻기 힘든 이익에 집착하지 말고 현재의 일에 최선을 다하라.
- **찰스 포크너**(Charles Faulkner: 신경언어 프로그래밍 전문가)

성공은 미지의 세계로 당신이 나갈 것을 요구한다. 그리고 미지의 세계에서 승리자가 될 것이라는 믿음을 요구한다.
- **게리 시츠먼**(Gary Sitzmann: 보험 세일즈맨)

사업을 하려면 근면하고 절약 검소해야 한다. 또 양호한 신용과 성실한 인간관계를 건립해야 한다. 판단 능력을 갖추는 것도 사업 성공의 중요한 조건이다.
- **리자청**(李嘉誠: 중국 창장(長江) 그룹 창립자)

하고자 하는 일은 반드시 착수하기 전에 충분히 연구하라.
- **데일 카네기**(Dale Carnegie: 세일즈맨, 인간관계 전문가, 성공 컨설턴트)

결정을 내리기 전까지는 여러 가지 대안을 놓고 이성적으로 신중하게 생각하라.
- **마빈 펠드먼**(Marvin Feldman: 보험 세일즈맨)

원하는 것을 마음속 깊이 생각하고 또 생각하면 그 바람은 현실로 나타난다. 갖고 싶은 것, 하고 싶은 것을 생각하라.
- **앤드류 매튜스**(Andrew Matthews: 동기부여 전문가)

창의적으로 사고하라. 승자들은 사전에 준비를 철저하게 한다.
- **톰 홉킨스**(Tom Hopkins: 부동산 세일즈맨, 세일즈&성공학 전문가)

다른 사람보다 더 많이 노력하면 성공의 기회는 그에 정비례하기 마련이다.
- **시드니 프리드먼**(Sidney Friedman: 보험 세일즈맨)

Attitude

열등의식은 세일즈맨 최대의 적이다.
- **C.H. 스퍼전**(Charles Haddon Spurgeon: 설교자)

세일즈맨으로 성공하기 위해 부유한 고객과 이미 준비된 연락망이 있어야 한다는 생각은 우습다. 영업에 필요한 사람은 자신이 원하는 바를 직시하고 추진하는 열정을 가진 사람이다.
- **게리 시츠먼**(Gary Sitzmann: 보험 세일즈맨)

지금이야말로 인생이라는 훌륭한 모험을 실행할 수 있는 유일한 기회다.
- **데일 카네기**(Dale Carnegie: 세일즈맨, 인간관계 전문가, 성공 컨설턴트)

촛불을 켜고 시장수요가 증가하기를 기도 드려라. 고객을 확보하라.
- **제프리 폭스**(Jeffrey J. Fox: 마케팅 컨설턴트)

비즈니스에서 성공이란 거의 다른 사람의 생각을 짐작하는 능력에 달려 있다.
- **디오도어 루빈**(Thedore Isaac Rubin: 정신분석가)

인생은 세일즈이다. 판매 없는 사업은 없다.
- **미국 세일즈 격언**

사업은 반드시 성공하지 않으면 안 된다. 실패란 것은 환경도 운도 아니다. 사업 방법이 부적당했기 때문이다.
- **마쓰시타 고노스케**(松下幸之助: 마쓰시타 전기 창업자)

당신이 가지고 있는 물건을 필요한 사람에게 파는 것은 비즈니스가 아니다. 당신이 가지지 않은 물건을, 필요로 하지 않는 사람에게 파는 것이 진짜 비즈니스다.
- **탈무드**(Talmud)

고객의 정서가 상품의 품질이나 브랜드와 마찬가지로 사업의 성공과 실패를 좌우하는 중요한 요소다.
- **자넬 발로**(Janelle Barlow: TMI CEO)

사업을 할 때 경쟁자는 자기보다 약간 위가 좋다.
- **고바야시 마사히로**(小林正博: 비즈니스 컨설턴트)

시장은 제대로 적응하지 못하는 기업을 밖으로 차내는 보이지 않는 발을 지니고 있다.
- **랑그로와**(Langlois: 경제학자)

많은 회사들이 일단 자기들 손을 떠난 제품이나 서비스에 무슨 일이 일어나는지를 전혀 모른다.
- **모리타 아키오**(盛田昭夫: 전 소니 CEO)

Attitude

팔리지 않는 상품은 상품이 아니라 박물관의 진열품에 불과하다.
- **테드 레빗**(Ted Levit: 하버드 경영대학원 교수)

기왕이면 세상을 놀라게 할 물건을 만들고 팔아라.
- **혼다 소이치로**(本田宗一郎: 자전거 수리점, 혼다그룹 창업자)

판매란 상품을 매개로 하여 마음을 파는 것이다.
- **혼조 하치로**(本荘 八郎: 이토우엔 사장)

당신이 판매하는 상품은 구매할 가치가 있다고 확신하는가? 자신은 사지도 않는 상품을 남에게 팔수는 없다.
- **버트 팔로**(Bert Palo: 보험 세일즈맨)

세일즈맨은 서비스를 매매함과 동시에 시간을 매매하는 사람이다.
- **나카타니 아키히로**(中谷彰宏: CM기획자)

세일즈맨은 누구에게 무엇을 파는 것이 아니라 단지 사람들이 사도록 만드는 것뿐이다.
- **로저 도슨**(Roger Dawson: 협상 심리학자)

세일즈를 단순한 직업이라고 생각하지 말고 나의 인생에서 성공을 가져다줄 제일 고마운 천직이라고 생각하라.
- **스즈키 야스토모**(鈴木康友: 보험 세일즈맨)

43
Attitude

세일즈는 인간이 할 수 있는 가장 위대한 예술행위다. 아마 이것은 인간의 노력 가운데 가장 고귀한 형태일 것이다.
- **윌리 앰브루스터**(Willi Ambrewster: 광고기획가)

세일즈맨의 역할은 여행사와 같다. 고객의 상황(출발지)과 목표(목적지)를 파악해 목적지까지 잘 인도해주는 가이드 역할을 해야 한다.
- **조지 피켓**(George Pickett: 보험 세일즈맨)

나는 세일즈맨이 되는 것이 인생의 큰 혜택이라고 생각한다. 왜냐하면 세일즈맨은 사람과 조화롭게 헤쳐 나가는 것을 알고 있어야 하기 때문이다.
- **엘머 레터맨**(Elmer Letterman: 보험 세일즈맨)

모든 인간은 예외 없이 누군가에게 무언가를 항상 세일즈하며 산다.
- **로버트 루이스 스티븐슨**(Robert Louis Stevenson: 영국 작가, 시인)

우리가 공장에서 만드는 것은 화장품이지만 우리 가게에서 파는 것은 화학적 가치가 아닌 아름다워질 수 있다는 희망이다. 나는 여성들에게 아름다움이라는 꿈과 희망을 판다.
- **찰스 레브론**(Charles Revlon: 레브론 화장품 설립자)

`Attitude`

무엇보다 우리가 하는 일이 세상에서 가장 훌륭한 사업이다.
- **메이디 파카르자데**(Mehdi Fakharzadeh: 보험 세일즈맨)

나는 사람들에게 이렇게 말한다. "내기를 걸까요? 당신이 거는 것의 무조건 열 배를 걸겠습니다. 우리가 하는 일보다 더 좋은 사업을 제게 보여준다면……."
- **메이디 파카르자데**(Mehdi Fakharzadeh: 보험 세일즈맨)

세일즈는 많은 사람들에게 평범함을 벗어나 비범함을 이루는 통로가 된다.
- **톰 버틀러 보던**(Tom Butler Bowdon: 인성계발 전문가)

세일즈맨은 좋은 상품을 가지고 그것을 필요로 하는 사람에게 소개하여 우리의 생활을 풍요롭고 편리하게 만들어주는 메신저다.
- **시마 모토히로**(嶋基裕: 휴대폰 판매원, 영업 컨설턴트)

우리는 모두 세일즈맨이다. 제품이나 서비스를 판매하기 위해 늘 고객을 방문해야 하는 직업을 갖고 있는 사람들은 물론, 누구나 자신의 생각, 꿈, 혹은 관점 등을 팔고 있다.
- **윌리 앰브루스터**(Willi Ambrewster: 광고기획가)

재능이란 바로 노력하려는 열망이다.
- **말콤 글래드웰**(Malcolm Gladwell: 저널리스트)

45
Attitude

인생은 세일즈의 연속이다.
- 엘머 휠러(Elmer Wheeler: 세일즈 트레이너)

상품이 팔리고 안 팔리고의 문제는 상품에 절반이 달려 있고 나머지 반은 판매자에게 달려 있다.
- 엘머 레터맨(Elmer Letterman: 보험 세일즈맨)

1퍼센트만 개선하고 변화시켜 나가도 우리의 삶은 커다란 성과를 이룰 수 있고 거의 모든 것을 크게 변화시킬 수 있다.
- 켄 블랜차드(Kenneth Blanchard: 자기계발 동기부여가)

영업실적을 따지기 이전에 내 노력과 이력서를 생각하라.
- 톰 피터스(Tom Peters: 경영 컨설턴트)

긍정적인 사고는 고객에게 호감을 주며 난관을 극복하는 원동력이 된다. "무엇이든 시도해보지 않으면 결코 성공할 수 없다"는 사실을 기억하라.
- 말콤 글래드웰(Malcolm Gladwell: 저널리스트)

직업 선택은 결혼과 같다. 일단 어느 한 직업에 발을 내딛었으면 그곳에서 인생을 걸어라. 그래야만 남들보다 성공할 확률이 높아진다.
- 클라우드 스터블필드(Claude Stubblefield: 보험 세일즈맨)

남들이 다하는 방법은 효과가 없다. 남들만큼의 노력만으로는 일류가 될 수 없다.
- 랠프 로버츠(Ralph Roberts: 부동산 세일즈맨)

자신의 약점을 극복하면 얼마든지 강점으로 바꿀 수 있다.
- 미야나가 히로시(宮永博史: CS 컨설턴트)

보험세일즈는 단순한 직업이 아니라 자신의 삶이다. 고객들을 평생 책임질 사람이 되어야 한다.
- 임재만(푸르덴셜생명)

신인으로서 처음 몇 년 동안 주력해야 할 일은 사람들을 무조건 많이 만나라는 것이다. 그 점을 반드시 명심하라.
- 메이디 파카르자데(Mehdi Fakharzadeh: 보험 세일즈맨)

이 일을 처음 시작하는 세일즈맨들에게 무엇보다 들려주고 싶은 말은 자신의 일에 대한 자부심을 갖고 일과 사람에 빠지라는 것이다.
- 메이디 파카르자데(Mehdi Fakharzadeh: 보험 세일즈맨)

모든 변화는 저항을 받는다. 특히 시작할 때는 더욱 그렇다.
- 앤드류 매튜스(Andrew Matthews: 동기부여 전문가)

Attitude

하고 싶은 것을 해야만 성공할 수 있다. 이것이 유일한 성공비결이다.
- **말콤 포브스**(Malcolm Forbes: 경제지 포브스 발행인)

전문지식으로 무장한 다음 자신이 무슨 업종에 종사하는지 만천하에 알려라. 만인에게 자신의 전문성을 알리는 것이 자신을 판매하는 가장 좋은 세일즈 비법이다.
- **랠프 로버츠**(Ralph Roberts: 부동산 세일즈맨)

세일즈란 배울 의지만 있으면 배울 수 있는 것이다.
- **나폴레온 힐**(Napoleon Hill: 성공철학자)

나는 세일즈를 시작하면서 두 가지를 맹세했다. "첫째, 목표는 기필코 달성한다. 둘째, 팔다가 못 팔면 내가 산다."
- **찰리 존스**(Chulie Jones: 보험 세일즈맨)

언제나 긍정적인 사고를 가져라. 비관적 시각을 가진 세일즈맨들은 첫해에 그만둔 비율이 낙관적인 세일즈맨들에 비해 두 배나 높다.
- **마틴 셀리그먼**(Martin E.P. Seligman: 긍정심리학 창시자)

인내와 끈기, 자제심과 성실성, 결단력은 성공의 기본 요소이다.
- **로버트 페트로**(Robert Petro: 미국 사업가, 심리치료사)

여러 사람과 접촉을 하는 사람은 자신의 평판이 얼마나 약속을 잘 지키느냐에 크게 좌우된다는 것을 금방 알게 된다.
- 조 지라드(Joe Girard: 자동차 세일즈맨)

입사 후 최고의 영업인이 되겠다는 목표에 내 자신을 던졌다. 그 목표가 내 삶을 이끌고 성공인생을 가져다주었다.
- 토니 고든(Tony Gordon: 보험 세일즈맨)

현명한 사람은 모든 것을 자신의 내부에서 찾고 어리석은 사람은 모든 것을 타인들 속에서 찾는다.
- 공자(孔子: 중국 고대 사상가)

사과나무 밑에 펼쳐놓은 보자기에는 사과밖에 받을 수 없고 별 밑에 펼쳐놓은 보자기에는 성진밖에 떨어지지 않는다.
- 생텍쥐페리(De Saint-Exupery: 조종사, 작가)

모든 사람에게서 배우는 사람이 현자이고 자기를 극복하는 사람이 강자이며 자족할 줄 아는 사람이 부자이다.
- 호설암(胡雪巖: 19세기 말 중국 상인)

승자는 언제나 답을 제시하지만 패자는 언제나 문제를 제기한다. 승자는 언제나 계획을 갖고 있지만 패자는 언제나 변명을 한다.
- 제임스 벨푸어(Arthur James Balfour: 정치가)

Attitude

우리는 천성적으로 자신과 남을 비교하도록 만들어져 있으며 우리의 행복과 불행은 우리 주변의 사물과 사람에 의해 달라진다.
- **요한 볼프강 괴테**(Johann Wolfgang von Goethe: 문학가)

행복의 세 가지 원칙은 첫째 어떤 일을 할 것, 둘째 가족을 사랑할 것, 셋째 하는 일에 희망을 가질 것이다.
- **임마뉴엘 칸트**(Immanuel Kant: 철학자)

성공한 사람들의 공통점은 자기가 맡은 일에 최선을 다했다는 것이다.
- **스티븐 코비**(Stephen R. Covey: 경영 컨설턴트)

피와 땀으로 얻은 것이 아니면 그 무엇도 가치가 없다. 피와 땀으로 얻은 것만이 완벽하게 자신의 일부가 되는 것이다.
- **제임스 가필드**(James Abram Garfield: 정치인)

최고의 인생을 살고 싶다면 열정과 소망을 버리지 마라. 어떤 상황에서도 기쁨과 행복을 빼앗기지 마라.
- **조엘 오스틴**(Joel Scott Hayley Osteen: 목사)

인생 최고의 성공한 사람들은 모두가 늘 명랑하고 희망에 가득 차 있는 사람이다.
- **찰즈 킹즐리**(Charles Kingsley: 종교가)

태양을 바라보고 살아라. 그대의 그림자를 못 보리라. 고개 숙이지 마라. 머리를 언제나 높이 두라. 세상을 똑바로 정면으로 바라보라.
- **헬렌 켈러**(Helen Adams Keller: 사회사업가)

세상에는 오직 한 가지의 성공만이 있다. 그것은 당신의 방식대로 사는 것이다.
- **크리스토퍼 몰리**(Christopher Darlington Morley: 문학가)

과거를 자랑하지 말고 내일을 구상하라. 신용과 전문성으로 나를 팔아라.
- **박용우**(ING생명)

눈 쌓인 들판을 걸어갈 때에는 모름지기 그 발걸음을 어지러이 하지 마라. 오늘 걷는 나의 이 발자국은 반드시 뒤에 오는 사람의 이정표가 되리니.
- **서산대사**(조선시대 스님)

현명하다는 것은 아름답게 꿈을 꾸는 것, 꿈이 있다는 것은 미래에 대한 희망이 있다는 것, 희망이 있다는 것은 이상이 있다는 것이요, 비전을 지닌다는 것이다.
- **프리드리히 실러**(Johann Christoph Friedrich von Schiller: 극작가)

51
Attitude

성공을 향한 최고의 연료는 일에 대한 정열과 노력이다.
- **스티븐 스코트**(Steven K. Scott: 아메리칸 텔레케스트 설립자)

인생을 살아가면서 가장 필요한 것은 권력도 돈도 아닌 자신만의 개성, 자기 방식, 자기 빛깔을 갖는 것이다.
- **야베 마사아키**(矢部 正顯: 경영전략가)

도움을 받는 사람보다 도움을 주는 사람이 되는 것이 지배력의 원천이다.
- **그라시안**(Balthasar Gracian: 신학자)

사람들은 재능과 노력이 성공을 가져다줄 것이라고 생각한다. 그러나 성공을 부르는 것은 생생하게 꿈꾸는 능력이다.
- **콘라드 힐튼**(Conrad Hilton: 행상인, 힐튼 호텔 창업주)

인생 최고의 성공을 이룬 사람들은 모두가 늘 명랑하고 희망에 가득 차 있는 사람이다.
- **찰즈 킹즐리**(Charles Kingsley: 신학자)

어떤 사람이 꿈을 향해 자신감을 갖고 전진한다면 그리고 상상해왔던 삶을 이어간다면 그는 예상치 못한 성공과 만나게 될 것이다.
- **헨리 데이비드 소로**(Henry David Thoreau: 철학자)

Attitude

당신이 마음속에 그린 꿈을 생생하게 상상하고 간절히 바라며 진심으로 믿고 열의를 다해 행동한다면 그것이 무슨 일이든 반드시 현실로 이루어진다. 할 수 있는 능력이 있는데도 불구하고 당신이 원하는 발전을 이루고 있지 못하다면 그것은 당신의 목적이 분명하지 않기 때문이다.
- **폴 마이어**(Paul J. Meyer: 보험 세일즈맨, SMI(Success Motivation Institute) 설립자)

일이 즐거우면 인생은 기쁨이 넘치는 낙원이고, 일이 의무이면 인생은 노예와 같은 지옥이다.
- **막심 고리키**(Maksim Gor'kii: 극작가)

보통 사람의 능력 이상으로 자신의 일에 몰두하지 않으면 정상의 위치에 어울리는 사람이 될 수 없다.
- **제임스 캐시 페니**(James Cash Penny: J. C. 페니 백화점 창립자)

일을 잘 완수하려면 일에 대해 진지하게 관심과 흥미를 가져라. 그것이 최상책이다.
- **윌리엄 A. 메닝거**(William Augustus Menninger: 의학자, 신부)

자기가 이루고 싶은 일의 최종 결과를 마음속에서 늘 상상하라. 그러면 그것을 달성할 수 있는 수단이 마치 마술이라도 사용하는 것처럼 용솟음치게 될 것이다.
- **엘머 휠러**(Elmer Wheeler: 세일즈 트레이너)

Attitude

당신이 바라는 것이 무슨 일이든 그것이 이미 마음속에서 완성되어 있는 것처럼 생각하고 그러라.
- 해롤드 셔먼(Harold Sherman: 성공 컨설턴트)

남들만큼의 노력만 가지고는 일류가 될 수 없다.
- 랠프 로버츠(Ralph Roberts: 부동산 세일즈맨)

만일 누군가가 그것을 절실히 원하고 그것을 위해 노력할 의지만 있다면 누구나 자신이 원하는 어떤 것도 이룰 수 있다.
- 리 아이아코카(Lido Anthony Iacocca: 전 크라이슬러 CEO)

사업가의 마인드를 갖추고 기회를 붙잡아 그것을 활용하는 사람들을 늘 주시하라.
- 존 나이스비트(John Naisbitt: 미래학자)

자신이 하는 일을 재미없어 하는 사람치고 성공하는 사람을 보지 못했다. 일의 대소를 불문하고 흥미를 갖고 책임을 다하면 반드시 성공한다.
- 데일 카네기(Dale Carnegie: 세일즈맨, 인간관계 전문가, 성공 컨설턴트)

성공의 비결은 어떤 직업을 갖고 있든 그 분야에서 제1인자가 되려고 하는 데에 있다.
- 앤드류 카네기(Andrew Carnegie: 철강회사 설립자)

자신에게 다가오는 일들의 책임은 모두 자신에게 달려 있다.
- **메이디 파카르자데**(Mehdi Fakharzadeh: 보험 세일즈맨)

사업을 하면 거기에서 너무나 많은 보상이 돌아온다. 자기 사업을 하는 데서 오는 자유와 독립성을 능가할 수 있는 것은 없다.
- **론 쇼**(Ron Shaw: 빠이롯드 세일즈맨, 빠이롯드 CEO)

사업에서 성공하려면 선교사도 되고 용병도 되어야 한다.
- **고르디 로스**(Gordi Ross: 보험 세일즈맨)

가게의 외관이나 상품의 전시방법만으로도 매출을 높일 수 있다. 사람의 매력 또한 마찬가지이다.
- **월터 파우엘**(Walter Powell: 사업가)

이 세상에는 두 종류의 사람들이 있다. 즉, 건실한 직업을 원하고 필요로 하며, 대중을 기꺼이 따라가기를 좋아하는 사람과, 다른 사람을 이끌어갈 필요를 느끼고 기회를 잡기를 원하고 앞으로 전진하기를 원하는 사람이다. 사업에 뛰어들지 않고는 배기지 못하는 위대한 기업가 정신으로 가득 찬 사람들은 후자이다.
- **론 쇼**(Ron Shaw: 빠이롯드 세일즈맨, 빠이롯드 CEO)

스스로 사업을 좌우하라. 사업에 의해 좌우되어서는 안 된다.
- **벤자민 프랭클린**(Benjamin Franklin: 인쇄소직공, 발명가)

자신이 좋아하는 일을 즐겁게 하고 있다면, 다른 사람들이 거기에 대해 어떻게 생각하는가는 중요하지 않다. 일을 사랑하게 되면 그 순간, 일은 해야만 하는 의무나 고역이 아니라 즐거움으로 변한다.
- **노먼 레빈**(Norman Levine: 보험 세일즈맨)

겸손, 인내, 용기, 영감, 이 네 가지가 비즈니스 성공과 인생 행복의 비결이다.
- **아트 링크레터**(Art Linkletter: TV호스트)

어떤 일이든 열정만으로도 90퍼센트의 문제를 해결할 수 있다.
- **도널드 트럼프**(Donald John Trump: 부동산 세일즈맨, 부동산 투자자)

언뜻 보기에 보잘것없는 일이더라도 전력을 다하라. 일은 정복할 때마다 실력이 붙는다. 작은 일을 훌륭히 해내면 큰일은 자연히 결말이 난다.
- **데일 카네기**(Dale Carnegie: 세일즈맨, 인간관계 전문가, 성공 컨설턴트)

자기 신뢰는 위대한 사업을 만드는 첫째의 필요조건이다.
- **로버트 우드 존슨**(Robert Wood Johnson: 존슨앤존슨 CEO)

비즈니스에서는 소질이나 재능보다 자세가 더 중요하다.
- **존 조던**(John Jordan: 조던 컴퍼니 CEO)

당신이 성공하고 싶다면, 이미 알려진 길을 따라가는 것보다 새로운 길을 개척하라.
- **존 록펠러**(John Davison Rockefeller: 사업가, 록펠러 재단 설립자)

무언가를 절실히 바라고 몰두하다 보면 우주 어딘가에 있는 지혜의 창고로부터 섬광처럼 창조적인 아이디어가 찾아온다.
- **이나모리 가즈오**(稻盛和夫: 교세라그룹 CEO)

100달러를 110달러로 만들기 위해서는 일을 해야 한다. 그러나 1억 달러를 1억 1천 달러로 만드는 일은 저절로 된다.
- **에드거 브론프맨**(Edgar Bronfman: 워너 뮤직 회장)

성공한 사업가들은 언제나 인재로 키워질 수 있는 사람에 대한 관찰과 접근을 게을리하지 않는다.
- **찰스 슈와브**(Charles Schwab: 철강회사 CEO)

자신이 비즈니스를 조종하지 않으면 그에 조종되어 밀려나게 된다.
- **말콤 포브스**(Malcolm Forbes: 경제지 포브스 발행인)

누군가를 위해서 일할 때는 진심으로 하라.
- **지그 지글러**(Zig Ziglar: 주방기구 세일즈맨, 성공철학자, 세일즈 훈련가, 동기부여 전문가)

비즈니스를 발전시키려면 먼저 나 자신의 마음부터 깨끗하게 청소해야 한다.
- **토드 던칸**(Todd Duncan: 자동차 세일즈맨, 던칸 그룹 설립자, 동기부여 전문가)

어떤 사업을 하든 어떤 일을 하든 성공은 이 말에 달려 있다. 필요를 찾아 그것을 충족시켜라.
- **노먼 빈센트 필**(Norman Vincent Peale: 성공 컨설턴트)

사람은 누구나 자기가 지금 무엇을 위해 일하고 살아가고 있는지를 잘 알고 있을 때 가장 행복하다.
- **이병철**(정미소 운영, 삼성그룹 창업주)

전쟁에는 반드시 승자와 패자가 있다. 판매전은 승패의 연속이며, 패하면 끝장이다. 판매는 오직 1등뿐이다.
- **란체스터**(Frederick William Lanchester: 공학자. 란체스터 자동차 창립자)

성공하는 세일즈맨과 실패하는 세일즈맨을 구분하는 가장 중요한 요소는 바로 일에 임하는 태도이다.
- **알프레드 그래넘**(Alfred Granum: 보험 세일즈맨)

판매는 시장이나 고객의 상황에 따라 좌우되는 것이 아니라, 세일즈맨의 정신 자세에 달려 있다.
- **클레멘트 스톤**(W. Clement Stone: 손해보험 그룹 에이온 코퍼레이션 창업자)

Attitude

일단 잡지를 팔겠다고 결정했다면 잡지가 팔리는 것만큼 나 스스로도 팔아야 한다는 것과 강한 의지를 가져야 한다는 점을 세일즈를 하면서 알았다.
- **존 템플턴**(John Templeton: 월간지 세일즈맨, 템플턴그로스 펀드 설립자)

세일즈는 고객이 아닌 세일즈맨에게 달려 있다. 항상 판매에 성공한다는 마음가짐이 모든 것을 결정한다.
- **댄 케네디**(Dan S. Kennedy: 세일즈맨, 세일즈 트레이너)

아무것도 팔 것이 없다고 생각되면 맥박을 짚어보라. 당신은 아마 죽었을지도 모르니까.
- **윌리 앰브루스터**(Willi Ambrewster: 광고기획가)

영업을 하면서 즐거움과 재미를 전혀 느끼지 못하게 된다면 그만두어야 한다. 결국에는 후회할 테니까.
- **빌 루이**(Bill Louie: 보험 세일즈맨)

야망의 집중, 판매의지, 필승의지 등이 충분히 강할 때 모든 장애를 뛰어넘어 성공의 길로 달리는 햇불을 높이 치켜들 수 있다.
- **버트 쉴라인**(Bert Sheline: 제니스라디오, GE 세일즈맨)

모든 개개인의 성공은 마음에서부터 비롯된다.
- **클레멘트 스톤**(W. Clement Stone: 손해보험 그룹 에이온 코퍼레이션 창업자)

Attitude

판매를 취미로 만들어라. 그것이야말로 중요한 태도다. 자신을 믿으면 다른 사람들도 당신을 믿는다.
- **톰 홉킨스**(Tom Hopkins: 부동산 세일즈맨, 세일즈&성공학 전문가)

마음가짐이 가장 중요한 요소다. 우리가 하는 일에 대한 인식을 마음속에 늘 갖고 있는 마음가짐이 필요하다.
- **론 워커**(Ron Walker: 보험 세일즈맨)

세일즈맨은 샐러리맨이 아니므로 무엇보다 중요한 것은 자기 확신이다. 자신에게 스스로 동기를 부여하고 자신을 믿지 못한다면, 우리 일에서는 성공할 수 없다.
- **하워드 캐칭스**(Howard Catchings: 보험 세일즈맨)

때로는 큰 성장을 위해 모든 것을 끊고 자신만의 길을 나설 필요도 있다.
- **브루스 에서링턴**(Bruce Etherington: 보험 세일즈맨)

어느 누구의 성공이든 그것은 바로 자신이 자기 안에 가지고 있는 것에 따라 결정된다.
- **솔로몬 힉스**(Solomon Hicks: 보험 세일즈맨)

나의 능력을 이용할 수 있는 사람은 바로 나 자신뿐이다.
- **지그 지글러**(Zig Ziglar: 주방기구 세일즈맨, 성공철학자, 세일즈 훈련가, 동기부여 전문가)

옳은 태도를 가졌다면 어떤 환경에서든 현 상황을 즐길 수 있다.
- **시바타 가즈코**(芝田和子: 보험 세일즈맨)

나의 영업에 임하는 도전정신은 성공하려는 욕망과 그리고 내 자신을 발전시키고 내 자녀들에게 본보기가 되고자 하는 마음으로부터 나온다.
- **카렌 스타위키**(Karen Stawicki: 보험 세일즈맨)

당신이 위대한 일이 일어나길 바라면 정말 위대한 일이 일어난다.
- **매리 케이 애시**(Mary Kay Ash: 주방용품 세일즈맨, 메리케이 코스메틱 창업자)

다른 사람이 하나만큼 노력을 기울일 때 그 두 배에 이르는 노력을 기울여라. 비즈니스 세계에서 남보다 두 배 더 많이 기울인 노력은 다섯 배의 성과가 되어 돌아온다. 성과를 비약적으로 끌어올리는 '끓는 점'은 1과 2 사이에 있기 때문이다.
- **사카모토 게이치**(坂本桂一: 마케팅 컨설턴트)

성공은 자신의 운명을 조절할 수 있는 강한 열정과 결단력으로부터 시작한다.
- **게리 시츠먼**(Gary Sitzmann: 보험 세일즈맨)

일에 대한 호기심과 열정은 성공을 향한 가장 기본적인 자질이다.
- **알프레드 그래넘**(Alfred Granum: 보험 세일즈맨)

Attitude

영업의 성공과 실패는 열의가 있고 없음에 달려 있다.
- **에드가 제프로이**(Edgar K. Geffroy: 방판 세일즈맨, 세일즈 컨설팅 사 CEO)

오늘 계약하지 않으면 총살당한다고 생각하면 계약을 하지 못할 사람은 아마 없을 것이다.
- **미국 세일즈 격언**

보이지 않는 과녁은 맞출 수 없으며, 이미 존재하지 않는 목표는 볼 수 없다.
- **지그 지글러**(Zig Ziglar: 주방기구 세일즈맨, 성공철학자, 세일즈 훈련가, 동기부여 전문가)

특별한 비전을 가져라. "당신은 왜 이 일을 하는가? 이 일에서 무엇을 성취하고 싶은가?" 원하는 것이 무엇인지 명확할 때, 이미 성공은 시작된 것이다. 누구도 나에게 최고가 되라고 말한 사람은 없었다. 그 목표는 내가 정했고, 내가 해낸 것이다.
- **토니 고든**(Tony Gordon: 보험 세일즈맨)

스스로 한계를 긋지 않는 이상 얼마나 높은 곳까지 오를 수 있느냐에 대한 상한선은 없다.
- **클레멘트 스톤**(W. Clement Stone: 손해보험 그룹 에이온 코퍼레이션 창업자)

더 크게 더 높이 더 많이 생각하라.
- **마빈 펠드먼**(Marvin Feldman: 보험 세일즈맨)

Attitude

일을 재미있게 즐기면서 하는 것이 최고의 성공이다.
- **남상분**(현대해상)

희망만큼 효과가 좋은 약은 없다. 그리고 내일이 더욱 나아질 것이라는 기대만큼 강력한 영양제는 없다.
- **오리슨 스웨트 마든**(Orison Swett Marden: 호텔 CEO, 성공 컨설턴트)

목표달성 능력을 갖추는 데 필요한 것은 특별한 재능이 아니라 노력을 통해 얻을 수 있는 만큼의 역량이다.
- **피터 드러커**(Peter Drucker: 경영학자)

그대의 하루하루를 그대의 마지막 날이라고 생각하라. 그러면 기대하지 않은 시간만큼 오늘을 얻어 기쁨을 맛볼 것이다.
- **호라티우스**(Quintus Horatius Flaccus: 시인)

가능한 한 기대치를 높게 잡아라. 톱 세일즈맨은 성공적인 목표를 세우고 성공적인 결과를 기대한다. 자신에 대한 확고한 신념은 저항할 수 없는 설득력을 갖는 마술과 같은 약속이다.
- **댄 케네디**(Dan S. Kennedy: 세일즈맨, 세일즈 트레이너)

다른 사람에게 내가 어떤 사람인지는 내 자신에게 내가 어떤 사람인가보다 결코 중요하지 않다.
- **미셸 드 몽테뉴**(Michel Eyquem de Montaigne: 사상가)

`Attitude`

나는 이 세상에서 다른 어떤 능력을 가진 사람보다도 사람을 다루는 능력이 있는 이에게 더 많은 급료를 지불할 것이다.
- **존 록펠러**(John Davison Rockefeller: 사업가, 록펠러 재단 설립자)

성공이란 당신이 가장 즐기는 일을 당신이 '감탄하고 존경하는 사람들' 속에서 당신이 가장 원하는 방식으로 행하는 것이다.
- **브라이언 트레이시**(Brian Tracy: 잡화 세일즈맨, 비즈니스 컨설턴트)

인생은 무엇을 손에 쥐고 있는가에 달린 것이 아니라 믿을 만한 사람이 누구인가에 달려있다. 내가 알지도 보지도 못한 사람에 의하여 내 인생의 진로가 변할 수도 있다.
- **샤를 드 푸코**(Charles de Foucauld: 탐험가)

위대한 업적을 이룬 것은 힘이 아니라 불굴의 노력이다.
- **사무엘 존슨**(Samuel Johnson: 평론가)

자기 자신을 팔아라. 판매하는 상품이 경쟁자와 동종일 경우 차별화 방법은 자기 자신을 마케팅하는 방법 이외에는 없다.
- **랠프 로버츠**(Ralph Roberts: 부동산 세일즈맨)

먼저 자신에 취하고 사람에 빠지고 일에 미쳐라.
- **가모리 기미히토**(加森公人: 관광회사 CEO)

믿음 없이 하는 일은 아무리 좋은 일이라도 아무런 가치가 없다. 맡은 일에 대한 가치부여를 확실히 하라.
- **폴 마이어**(Paul J. Meyer: 보험 세일즈맨, SMI(Success Motivation Institute) 설립자)

상품에 대한 확고한 신념은 당신의 영업 성공에 보이지 않는 무기가 된다.
- **노먼 레빈**(Norman Levine: 보험 세일즈맨)

나의 성공에 가장 큰 힘이 되어준 것은 "꼭 해내고야 말겠다"는 자신감과 해내기 위해서는 일에 대해 미치광이가 되도록 열정을 쏟는 마니아 정신이었다.
- **폴 마이어**(Paul J. Meyer: 보험 세일즈맨, SMI(Success Motivation Institute) 설립자)

세일즈맨으로서 성공의 척도란 다른 사람의 인생에서 당신 자신을 재현해내는 당신의 능력이다.
- **솔로몬 힉스**(Solomon Hicks: 보험 세일즈맨)

영업실적은 자신이 판매하는 상품에 대한 사랑과 믿음을 알려주는 척도와 같다. 훌륭한 영업인은 자신의 상품을 그 누구보다도 사랑하고 신뢰한다. 성공한 세일즈맨치고 자기애와 상품애로 무장되지 않은 사람은 없다.
- **시바타 가즈코**(芝田和子: 보험 세일즈맨)

세일즈맨으로 성공하기 위해 나는 이제부터 나 자신과 싸워 나가야 한다.
- **하라 잇베이**(原一平: 보험 세일즈맨)

만약 당신이 세일즈맨으로 성공하려면 변화를 주도하여 부정적인 상황에서 긍정적인 결과를 얻어낼 수 있어야 한다.
- **댄 케네디**(Dan S. Kennedy: 세일즈맨, 세일즈 트레이너)

앞으로 다가오는 새로운 날들의 주인은 바로 당신 자신이다.
- **토마스 바샵**(Thomas Baschab: 경영 트레이너)

어떠한 긴박한 상황이 발생해도 그 상황을 용감하게 창조적으로 변화시켜라.
- **게리 시츠먼**(Gary Sitzmann: 보험 세일즈맨)

세일즈맨으로서의 성공은 그 밖의 다른 어떤 분야에서도 수준 높은 절제력과 결단력, 용기를 요구한다.
- **톰 버틀러 보던**(Tom Butler Bowdon: 인성계발 전문가)

세일즈맨에게 가장 어려운 업무는 처음 판매를 시작할 때이다. 용기를 갖고 방문 공포증을 과감하게 떨쳐 버려라.
- **톰 프랜츠**(Tom Frantz)

Attitude

세일즈맨의 자아 이미지는 성공 여부에 직접적인 영향을 미친다. 이 세상 어느 누구도, 당신의 허락 없이 열등감을 느끼도록 만드는 사람이 없다는 사실을 분명이 깨닫는다면, 당신은 엄청난 힘을 얻게 될 것이다.

- **지그 지글러**(Zig Ziglar: 주방기구 세일즈맨, 성공철학자, 세일즈 훈련가, 동기부여 전문가)

권유하는 차가 최고라는 강한 자부심이 없었다면 지금이 없었을 것이다.

- **허영봉**(기아자동차)

세일즈가 쉬운 일이라고 말하는 사람은 아무도 없다. 만약 쉬운 일이었다면 모든 사람들이 다 성과를 올릴 수가 있을 것이다. 그러나 오랜 시간 동안 열심히 일을 하면 당신은 반드시 당신의 목표를 달성하게 될 것이다. 당신이 성취할 수 있는 목표에는 어떤 한계나 제한점이 결코 부과되지 않는다.

- **스티븐 블라운트**(J. Steven Blount: 보험 세일즈맨)

기회는 어디에도 있다. 낚싯대를 던져놓고 항상 준비하라. 없을 것처럼 보이는 곳에 언제나 고기는 있다.

- **오비디우스**(Naso Ovidius: 고대 로마 시인)

인간은 실패하기 위해서가 아니라 성공하기 위해서 태어난다.

- **헨리 데이비드 소로**(Henry David Thoreau: 철학자)

우리가 어떤 것을 원할 때 이를 위해 가장 값비싸게 치르는 대가는 그것을 요청하는 일이다. 당신의 신념에 요청을 혼합하면 당신은 원하는 바를 성취할 수 있다.
- 랠프 왈도 에머슨(Ralph Waldo Emerson: 사상가)

내 성공의 비밀을 털어놓겠다. 내 모든 힘은 끈기 이외에는 아무것도 없다.
- 루이 파스퇴르(Louis Pasteur: 생물학자)

성공한 사람들은 다른 사람의 능력을 최대한 활용하면서 최선의 상태에서 일하게 만드는 방법을 안다. 결코 그들을 '두렵게 하거나 위협'하지 않고도 말이다. 오히려 업무를 잘 수행하도록 도와주는 것이 효과적이라고 믿는다.
- 니키 조이(Nicki Joy: 영업 전문자문가)

성공해서 만족하는 것은 아니라 만족하고 있었기 때문에 성공한 것이다.
- 알랭(Alain: 프랑스 철학자, 평론가)

확신과 힘과 열정을 가진 사람은 환경에 저항하면서 앞으로 나아가므로 쉽게 패배하지 않는다.
- 빈센트 반 고흐(Vincent van Gogh: 화가)

Attitude

용기는 다른 모든 것들을 보증하는 인간이 지닌 첫 번째 자질이다.
- **윈스턴 처칠**(Winston Churchill: 정치가)

꿈이 있는 한, 이 세상은 도전해볼 만하다. 꿈은 희망을 버리지 않는 사람에겐 선물로 주어진다. 어떠한 일이 있더라도 꿈을 잃지 마라.
- **아리스토텔레스**(Aristoteles: 철학자)

우리가 인생을 항해할 때 그 목표를 결정하는 것은 평온한 바다도 투쟁도 아닌 의지이다. 그 어떤 우연이나 운명도 의지가 굳은 인간의 단호한 결심을 꺾거나 방해할 수 없다.
- **엘라 윌콕스**(Ella Wheeler Wilcox: 시인)

사람은 그 마음속에 정열이 불타고 있을 때가 가장 행복하다. 아직 마음속에 정열이 불타고 있을 때 더 높은 목표에 도전하라.
- **에픽테토스**(Epictetus: 철학자)

인간의 가장 위대한 업적은 명예나 성공이 아니라 변하지 않을 것 같은 운명에 위대한 용기로 맞서는 것이다.
- **빅토르 프랑클**(Viktor Frankl: 심리학자)

도전은 그대를 반짝반짝 윤을 내어 찬란한 보석이 되게 한다.
- **존 밀턴**(John Milton: 시인)

노력을 멈추지 않는 한 끝나는 건 없다. 우리를 구속하는 것은 덧없는 두려움이다. 어떤 경우에도 위험에 부딪히기를 두려워하지 말고 용기를 배울 기회로 삼아라.
- **브라이언 다이슨**(Brian Dyson: 코카콜라 CEO)

어떠한 직업도 당신의 미래를 보장하지 않는다. 당신의 미래를 보장하는 것은 직업이 아니라 당신 자신이다.
- **빌 코스비**(Bill Cosby: 영화배우)

시장에서 성공하려면 뛰어난 기술만으로는 부족하다. 제품이나 서비스를 상품화하려는 개발자의 강한 의지와 실행력이 필요하다.
- **미야나가 히로시**(宮永博史: CS 컨설턴트)

될 수도 있고 안 될 수도 있다. 그러나 충분히 시도한다면 성공할 것이다. 고된 현실일수록 도전하려는 모험을 감행한다면 더 좋은 내일이 다가온다.
- **버트 마이즐**(Burt Meisel: 보험 세일즈맨)

불굴의 의지를 가져라. 불굴의 의지야말로 매일매일의 일상생활에 엄격한 규율을 가져다주는 요소다. 의지가 강한 사람은 궁극적으로 인생을 성공으로 이끈다.
- **존 템플턴**(John Templeton: 월간지 세일즈맨, 템플턴그로스 펀드 설립자)

Attitude

성공하겠다고 다른 사람에게 말하면 그만큼 실패의 가능성은 더 적어진다.
- **토드 던칸**(Todd Duncan: 자동차 세일즈맨, 던칸 그룹 설립자, 동기부여 전문가)

중요한 결정에 대해 책임지는 일은 결정을 내리는 것보다 더 어려운 법이다.
- **버트 마이즐**(Burt Meisel: 보험 세일즈맨)

전대미문의 성공을 앞두고 있는 자신을 생각하라. 명백하고 영광스러운 삶이 당신 앞에 놓여 있다. 도전하라! 그리고 쟁취하라!
- **앤드류 카네기**(Andrew Carnegie: 철강회사 설립자)

마음속에 큰 성공을 기리고 있다면 지금 당신이 머문 안전지대를 떠나는 용기가 필요하다.
- **스티븐 블라운트**(J. Steven Blount: 보험 세일즈맨)

마음속에 늘 확신과 신념을 갖고 있어야 한다. 긍정적이고 열정적이어야 한다. 긍정과 열정만 있으면 그 무엇이든 이겨낼 수 있다.
- **쟌느 아멜리**(Jeanne Ameli: 보험 세일즈맨)

세일즈맨들은 모두 다 꿈을 갖고 있다. 이러한 꿈은 바로 자신에게 동기의식을 자극하는 요인이 된다.
- **스티븐 블라운트**(J. Steven Blount: 보험 세일즈맨)

71
Attitude

용기는 두려움이 없기 때문에 취하는 행동이 아니라 그러한 행동을 취하는 것이 옳고 바람직한 일이라는 것을 알기 때문에 취하는 행동이다.
- **조 지라드**(Joe Girard: 자동차 세일즈맨)

세일즈를 하면서 매일매일 설렘을 느끼는 활기찬 생활을 하고 있다고 생각하라. 자신이 느끼는 설렘이나 두근거림을 고객들과 나누기 위해 노력하라. 그것이 자신의 삶을 지탱시켜 주는 원동력이자 즐거움이다.
- **와다 히로미**(和田 博実: 브리태니커 세일즈맨)

다른 사람에게 신뢰를 주려면 남을 이해시키려고 하기 전에 자신이 먼저 이해해야 한다.
- **스티븐 코비**(Stephen R. Covey: 경영 컨설턴트)

남의 신임을 받지 못하면 성공을 향해 뻗어 나아갈 길은 영영 막히고 만다.
- **노먼 빈센트 필**(Norman V. Peale: 동기부여 전문가)

사람은 다른 사람으로부터 믿음과 신뢰를 잃었을 때 가장 비참해진다.
- **벤자민 플랭클린**(Benjamin Franklin: 발명가)

Attitude

어떤 일이든 열정만으로도 90퍼센트의 문제를 해결할 수 있다.
- **도널드 트럼프**(Donald John Trump: 부동산 세일즈맨, 부동산 투자자)

Attitude

나는 나의 머리만 쓰는 것이 아니라, 내가 빌릴 수 있는 머리도 쓴다.
- 조지 매튜 아담스(George Mattew Adams: 광고회사 CEO)

세일즈가 우선 무엇을 하는 일인지를 정확히 이해해야 하고 자신의 장단점을 적절히 결합하여 행동으로 옮겨야 한다. 나보다 먼저 성공한 사람들을 잘 살펴보면 보통의 이들과 다른 획기적인 무언가가 있다. 이를 바탕으로 고객에 대한 신뢰를 이끌어내야 한다.
- **톰 홉킨스**(Tom Hopkins: 부동산 세일즈맨, 세일즈&성공학 전문가)

우리가 팔아야 할 첫 번째 상품은 바로 우리 자신이다.
- 레이 크록(Ray Kroc: 악기장사, 주방용품 영업사원, 맥도널드 창업자)

하이 트러스트(High Trust) 세일즈맨은 세일즈를 위한 세일즈를 하지 않는다. 그저 부자가 되려고 세일즈를 하지 않는다. 자신의 일이 다른 사람의 삶을 더 윤택하게 만든다고 믿기 때문에 세일즈를 한다.
- **토드 던칸**(Todd Duncan: 자동차 세일즈맨, 던칸 그룹 설립자, 동기부여 전문가)

일에 미쳐야만 뜻하는 일이 실현된다.
- 폴 마이어(Paul J. Meyer: 보험 세일즈맨, SMI(Success Motivation Institute) 설립자)

`Attitude`

내가 일에 대해 열성과 집념을 보이는 것은 돈 때문만은 아니다. 그것이 나에게 부여된 일이요, 직업인으로서의 의무이기 때문이다.
-하라 잇베이(原一平: 보험 세일즈맨)

어떻게 파는가가 아니라 어떻게 나를 기억시키는가가 중요하다.
-허영봉(기아자동차)

세일즈 달인은 타고 나지 않는다. 스스로의 노력에 의해 만들어질 뿐이다.
-톰 홉킨스(Tom Hopkins: 부동산 세일즈맨, 세일즈&성공학 전문가)

지금 당신이 무엇에 미쳐 있는지를 점검해보라. 왜냐하면 당신이 미쳐 있는 그것은 반드시 실현되기 때문이다.
-폴 마이어(Paul J. Meyer: 보험 세일즈맨, SMI(Success Motivation Institute) 설립자)

성공하는 사람들은 그들의 일을 사랑하고 일에 가치를 부여하면서 전력을 쏟는다. 성공을 위한 중요한 요소는 현재 하는 일에 대한 집념과 하고자 하는 강한 의지와 노력이다.
-마크 피셔(Mark Fisher: 골프영업, 자기계발 전문가)

당신은 당신이 고용한 사람, 딱 그 한 사람이다.
-레이 크록(Ray Kroc: 악기장사, 주방용품 영업사원, 맥도널드 창업자)

Attitude

대부분의 사람들은 99까지만 하고 만다. 물이 끓으려면 100도가 돼야 하는데. 전부를 거는 데 필요한 건 10이나 100이 아니라 바로 그 1이다.
-최진성(현대자동차)

불분명한 목표와 방향이 없는 노력과 용기는 낭비일 뿐이다.
-존 케네디(John F. Kennedy: 정치가)

훌륭한 세일즈맨이 없다면 아무리 새로운 아이디어로 개발한 훌륭한 상품이라 하더라도 시장에서 성공할 수 없다.
- 데일 카네기(Dale Carnegie: 세일즈맨, 인간관계 전문가, 성공 컨설턴트)

낙관적으로 생각하면서 가슴 깊이 바라고 열정을 쏟으면 반드시 이루어진다.
-오리슨 스웨트 마든(Orison Swett Marden: 호텔 CEO)

인생 성공의 비결 4요소는 겸손, 인내, 용기, 영감이다. 최선의 방식으로 일을 처리하는 사람들에게 가장 최선의 결과가 주어진다.
-아트 링크레터(Art Linkletter: TV 호스트)

세일즈는 고객을 위한 진실된 마음으로 열심히 일하면 그 마음이 언젠가는 통하여 큰 보답을 주는 매력 만점인 직업이다.
-정영조(메트라이프생명)

Attitude

내가 가지고 있는 가장 위대한 자산은 자신이다. 세일즈도 자신을 통한 인간관관계의 결과물이다. 따라서 그만큼 자기관리가 중요하다.
-**톰 홉킨스**(Tom Hopkins: 부동산 세일즈맨, 세일즈&성공학 전문가)

누구나 생기가 넘치는 사람을 좋아한다. 눈동자가 살아 있고, 행동도 살아 있고, 목소리가 발랄한 패기있는 색시한 사람이다. 이런 사람은 특히 영업직에 잘 맞는다.
-**윤석금**(브리태니커 세일즈맨, 웅진그룹 회장)

한 곳에 머물러라. 입사한 후 최소한 4~5년 이상 근속해야 고객의 신뢰가 쌓인다.
-**임재만**(푸르덴셜생명)

영업하면서 세 가지를 다짐했다. 연고 판매는 하지 않는다. 남보다 더 부지런히 발로 뛴다. 정직하게 고객을 대한다. 평범한 내용이었지만 초심을 잘 지킨 게 중요했다.
-**정송주**(기아자동차)

고개를 숙이고 길의 가장자리를 걸어보라. 잘 나갈 때 겸손한 태도로 다른 사람을 대하지 않으면 존경받을 수 없다.
-**오쿠다 히로시**(奧田碩: 도요타 자동차 CEO)

Attitude

세일즈는 세상에서 가장 공정한 직업이다. 바로 이것이 영업의 매력이다. 영업직만큼 열심히 뛴 만큼 보상이 확실하게 주어지는 업종은 없다.
- **임희성**(현대자동차)

작은 일에도 성실히 임하고 뒷모습조차 전문가답게 보여라.
-**김철웅**(푸르덴셜생명)

세일즈는 세상에서 가장 공정한 직업입니다. 바로 이것이 영업의 매력이다. 영업직만큼 열심히 뛴 만큼 보상이 확실하게 주어지는 업종은 없다.
- **임희성**(현대자동차)

10년은 버텨라. 최소 10년이라는 생각으로 영업전선에 뛰어들어라.
-**허영봉**(기아자동차)

2
Performance

목표를 세웠다면 그 즉시 움직여라

목표 없는 인생은 빛 없는 불과 같다. 자기분야에서 성공한 사람들의 공통점은 뚜렷한 목표의식을 갖고 있었다는 점이다. 그들은 자신의 고귀한 꿈과 인생의 목표를 잊지 않고 그 꿈과 목표를 이루기 위해서 최선을 다하는 삶을 살아온 결과 성공의 방점을 확실하게 찍었다. 목표를 명확히 하면 잠재능력 개발과 사고에 긍정적인 영향을 미쳐 목표한 것의 30퍼센트 이상의 실적을 거두고 일에 대한 집념은 5배 이상 강해진다고 한다. 세일즈의 목표는 나의 가치를 표현하고 측정하는 수단이며, 목표 달성은 그 사람의 인품을 보여주는 그릇이라는 것을 잊지 마라.

10분 후와 10년 후의 자신의 모습을 동시에 생각하라.
- **피터 드러커**(Peter Drucker: 경영학자)

마음속에서 즐거운 듯이 만면에 웃음을 띠우고 어깨를 쭉 펴며 크게 심호흡을 하자. 그러고나서 노래를 부르자. 노래가 아니면 휘파람이라도 좋다. 휘파람이 아니면 콧노래라도 좋다. 그래서 자신이 사뭇 즐거운 듯 행동하라.
- **데일 카네기**(Dale Carnegie: 세일즈맨, 인간관계 전문가, 성공 컨설턴트)

목표를 향해 매진해 나가면서 이루려고 애쓸 때 소득과 챔피언의 자리는 저절로 다가온다. 언제 그 꿈이 달성될지 모른다 해도 결코 포기하면 안 된다. 목표는 꿈에 도달하는 계단이다.
- **솔로몬 힉스**(Solomon Hicks: 보험 세일즈맨)

목표를 달성하기 위해 지켜야 하는 가장 중요한 비즈니스 기술은 첫째 긍정적인 정신력을 유지하는 일, 둘째 나 자신을 믿는 일, 그리고 열심히 일하는 것이다.
- **스티븐 블라운트**(J. Steven Blount: 보험 세일즈맨)

만일 당신이 어떤 일을 어떻게 해야 할 것인지 생각했다면 이미 그 일을 절반 이상 이룬 것과 다를 바 없다.
- **헨리 카이저**(Henry J. Kaiser: 카이저 프레이저 설립자)

승리는 목적에 이르는 하나의 단계이며 장애물을 제거하는 것에 지나지 않는다. 목표를 잃으면 승리도 공허하게 된다.
- **네루**(Pandit Jawaharlal Nehru: 정치가)

어제는 어젯밤에 끝났다. 오늘은 새로운 시작이다. 새날은 새로운 기회이다. 잊는 기술을 배워라. 그리고 앞으로 나아가라.
- **노먼 빈센트 필**(Norman Vincent Peale: 성공 컨설턴트)

나에게 동기부여를 해주는 요인은 매일 밤 다음 날에 대한 준비를 하는 일이다.
- **캐시 데이븐포트**(Kathy Davenport: 보험 세일즈맨)

나는 하루 중 98퍼센트는 내가 하는 일에 긍정적인 생각을 한다. 그리고 나머지 2퍼센트는 어떻게 하면 매사에 긍정적이 될 수 있을까 궁리한다.
- **릭 피티노**(Rick Pitino: 성공 컨설턴트)

나의 영업 좌우명은 "한 달에 10건의 청약서를 반드시 작성할 것. 결코 이보다 덜 해서는 안 됨. 정말로 열심히 하면 이것은 반드시 달성할 수 있는 숫자"이다. 나는 70년 동안 영업하면서 한시도 이를 잊은 적이 없다.
- **클라우드 스터블필드**(Claude Stubblefield: 보험 세일즈맨)

인생의 정확한 목표를 설정하라. 단조로운 인생을 단호히 거부하라.
- **에릭 웨이언메이어**(Erik Weihenmayer: 등반가)

내일의 일을 훌륭하게 하기 위한 최선의 준비는 바로 오늘 해야 할 일을 훌륭하게 완수하는 것이다.
- **엘버트 허버드**(Elbert Hubbard: 책 외판원, 로이크로프터 출판사 설립자)

나는 내 자신이 생산적인 하루를 준비하면서 갖추게 되는 모든 지식과 정보들로 인해 스스로에 대한 만족감과 자신감이 생기고 많은 용기를 갖게 된다. 또한 내가 하고 있는 일을 더욱 사랑하게 되고, 고객들에게 필요한 계획들을 수립하는 데 있어 도움이 되어줄 수 있다는 사실이 기쁘다.
- **캐시 데이븐포트**(Kathy Davenport: 보험 세일즈맨)

나는 매일의 활동에 초점을 둔다. 오늘이 바로 목표달성을 하는 마감일이라고 생각하며 영업에 임한다.
- **밥 테웨스**(Bob Tewes: 보험 세일즈맨)

지난달에는 무슨 걱정을 했었지? 작년에는? 그것 봐라. 기억조차 못하고 있잖니? 그러니깐 오늘 네가 걱정하고 있는 것도 별로 걱정할 일이 아닌 거야. 잊어버려라. 내일을 향해 사는 거야!
- **리 아이아코카**(Lido Anthony Iacocca: 전 크라이슬러 CEO)

자기 몸값을 높이려면 일찍 출근해서 열심히 늦게까지 일하라.
- 브라이언 트레이시(Brian Tracy: 잡화 세일즈맨, 비즈니스 컨설턴트)

하루의 계획은 아침에 세워라. 오늘은 자신에게 상을 주는 날로 삼으면 하루가 즐겁다.
- 야마모토 후지미쓰(山本藤光: 제약회사 영업사원, 경영 컨설턴트)

오늘 나는 모든 어려움과 난관을 인내하고 주목할 것이다. 지금보다도 더 높은 곳을 향하여 모든 도전을 받아들일 것이다.
- 주얼 테일러(Jewel Diamond Taylor: 비즈니스 카운슬러)

세상에 태어나서 한 번도 좋은 생각을 가져보지 않은 사람은 없다. 다만 그것이 계속되지 않을 뿐이다. 어제 맨 끈은 오늘 허술해지기 쉽고 또 내일에는 풀어지기 쉽다. 나날이 다시 끈을 동여매야 하듯이 사람도 그가 결심한 일은 나날이 거듭하여 동여매야 변치 않는다.
- 존 스튜어트 밀(John Stuart Mill: 경제학자)

날마다 하루를 마칠 때쯤이면 나는 다음날 해야 할 일들의 목록을 만듦으로써 내일에 대한 계획을 세운다. 약속 시간을 확정하고 내 생각을 조직적으로 정리하는 것이다.
- 카렌 스타위키(Karen Stawicki: 보험 세일즈맨)

우리는 흔히 내일 내일 하고들 있지만 이 내일이라는 것은 영원히 이어지는 것이므로 오늘 하지 않으면 아무것도 못하게 된다.
- **앤드류 카네기**(Andrew Carnegie: 철강회사 설립자)

나는 매월 10건 달성이라는 계획을 늘 지켰다. 내가 좋은 성과를 거둘 수 있었던 것은 목표와 그 달성을 위한 계획 수립에 있다.
- **웨인 콜린스**(Wayne Collins: 보험 세일즈맨)

판매 성공률은 당신이 얼마나 많은 건수의 판매를 시도했고 각 건당 계약 크기가 얼마나 되는지에 비례한다. 이로써 당신의 생산성은 결정된다.
- **빌 루이**(Bill Louie: 보험 세일즈맨)

세일즈 훈련은 가장 강력한 판매력이다.
- **에스티 로더**(Estee Lauder: 화장품 기업 에스티 로더 창업주)

말만 하고 행동하지 않는 사람은 잡초로 가득 찬 정원과 같다.
- **제임스 하우웰**(James Howell: 문필가)

확실한 목표를 세운 후 열정과 야망을 품고 일에 전력해 나가면 꿈은 이루어진다.
- **조지 피켓**(George Pickette: 보험 세일즈맨)

목표가 크고 장기적이어야 성취감도 크고 자신의 능력을 극대화시킬 수 있다. 단기적인 목표는 일시적인 장애물에 부딪혀도 쉽게 포기하게 되고 작은 목표는 작은 성취감만 느끼게 할 뿐이다.
- **지그 지글러**(Zig Ziglar: 주방기구 세일즈맨, 성공철학자, 세일즈 훈련가, 동기부여 전문가)

세상에서 가장 힘든 일은 모든 사람이 생각하지 않고 말하는 것을 생각하면서 말하는 것이다.
- **알랭**(Alain: 프랑스 철학자, 평론가)

남보다 더 나은 성공한 인생을 살기 위해서는 어떤 시간이든 줄곧 계획을 세우고 그것에 맞추려고 노력하라.
- **아놀드 베네트**(Arnold Bennette: 소설가)

목표 없이 인생을 허송세월 한다면 그 일생은 물론 단 하루라도 인생의 존귀한 것도 모르고 말 것이다. 인생은 흘러가는 것이 아니라 성실로 내용을 이루어가는 것이다.
- **존 러스킨**(John Ruskin: 비평가)

그 어떠한 것도 결코 나를 방해하도록 내버려두지 마라. 일단 귀에 고객들의 이름이 들리게 되면 바로 이름이 적힌 명단을 손에 쥐고 다음 단계로 취해야 할 행동으로 바로 옮겨라.
- **빌 루이**(Bill Louie: 보험 세일즈맨)

목표를 이룰 수 있다는 용기가 있다면 당신은 무엇이든지 이룰 수 있다.
- **토니 고든**(Tony Gordon: 보험 세일즈맨)

말이 적으면 적을수록 일은 많이 하게 된다. 진실함과 단순함처럼 사람들을 하나로 모으는 것은 없다.
- **레프 니콜라예비치 톨스토이**(Lev Nikolaevich Tolstoi: 시인, 소설가)

행동은 감정에 따르는 것 같지만 실제로 행동과 감정은 병행한다. 행동을 조정함으로써 감정을 간접적으로 조정할 수 있다.
- **윌리엄 제임스**(William James: 심리학자)

육감과 경험에 의존하는 세일즈맨은 결코, 어떤 경우에도 시스템을 갖춘 세일즈맨의 수입을 따라잡을 수 없다. 최고의 세일즈맨들은 시스템에 따라 활동한다. 그들은 다양한 방법으로 꾸준하게 세일즈를 유도해낼 수 있는 시스템을 갖추고 있다.
- **댄 케네디**(Dan S. Kennedy: 세일즈맨, 세일즈 트레이너)

인생은 하루하루를 그냥 흘러가게 하며 보내는 것이 아니라 하루하루를 내가 가진 무엇으로 채워가야 하는 것이다. 그것은 바로 성실이다.
- **존 러스킨**(John Ruskin: 비평가)

성실한 한마디의 말은 백만 마디의 헛된 찬사보다 낫다.
- 데일 카네기(Dale Carnegie: 세일즈맨, 인간관계 전문가, 성공 컨설턴트)

일의 중심을 먼저 파악하면서 우선순위를 매겨 실천하면 무엇이든 해낼 수 있다.
- 브루스 에서링턴(Bruce Etherington: 보험 세일즈맨)

한번 결정하면 그 일의 장점만 봐라. 그러면 자연스럽게 그 장점들을 더욱 잘 활용할 수 있고 나아가 그 점이 사업성공의 비결로 이어진다.
- 가모리 기미히토(加森公人: 관광회사 CEO)

세일즈 분야에서 오래도록 일하겠다고 생각하면 오늘 당장 실적을 올려야겠다는 초조감이 사라지고, 긴 안목으로 성적을 올려야겠다는 생각으로 바뀔 것이며 종국에는 자신이 원하는 방향으로 이루어질 것이다.
- 모리 쓰루오(森鶴夫: 세일즈 컨설턴트)

성공하는 사람들은 신속한 결단력의 소유자이다. 부를 축적하는 데 실패한 사람들은 예외 없이 결단이 느리다. 우유부단은 성공을 가로막는 최대의 적이다.
- 나폴레온 힐(Napoleon Hill: 성공철학자)

새달은 새로운 시작이다. 매일도 새로운 시작이다. 새날은 새로운 기회이다.
- 노먼 빈센트 필(Norman V. Peale: 동기부여 전문가)

맨손으로 시작해서 최고의 성과를 올리고 싶다면 복잡한 이론보다 명쾌한 행동으로 승부하는 게릴라가 되어라.
- 제이 콘래드 레빈슨(Jay Conrad Levinson: 마케팅 전문가)

무슨 일이든 적당한 기회가 있다. 일이란 기회를 잘 잡아 자연스럽게 추진해야지 억지로 이루려고 해서는 안 된다.
- 호설암(胡雪巖: 19세기 말 중국 상인)

자신의 신념과 방식대로 일을 추진하라. 위대한 일은 거기에서부터 탄생한다.
- 시드니 프리드먼(Sidney Friedman: 보험 세일즈맨)

판매성공의 80퍼센트는 내면에서 일어나고 있는 생각에 따라 결정된다. 즉 자신에 대해 어떻게 생각하고 있는지 그리고 자신과 자기 직업에 대해 어떻게 느끼고 있는지에 따라 결정된다. 자기 자신과 자신의 능력에 관한 사고방식을 긍정적으로 전환시키면 성과를 증가시킬 수 있다.
- 브라이언 트레이시(Brian Tracy: 잡화 세일즈맨, 비즈니스 컨설턴트)

세일즈를 시작하기 전에 올바른 목적을 마음에 두고 미리 준비하라. 완벽한 준비는 성공의 필요조건이다.
- **제리 애커프**(Jerry Acuff: 세일즈 컨설턴트)

다른 사람이 가지 않은 길을 찾아가라. 그러면 기회의 문은 언제든 열릴 것이다.
- **브루스 에서링턴**(Bruce Etherington: 보험 세일즈맨)

세일즈를 하다보면 무척 어렵거나 사실상 불가능해 보이는 기술을 발휘해야 할 때도 있다. 목표를 명확하게 설정해놓지 않거나, 우선순위를 매기는 방법을 모르면 잠재력을 완전히 발휘하기 힘들다. 목표와 달성 시점을 명확하게 설정해 반드시 하고야 말겠다는 태도로 임하는 세일즈맨은 불가능해 보이는 일도 이룰 수 있다.
- **데일 카네기**(Dale Carnegie: 세일즈맨, 인간관계 전문가, 성공 컨설턴트)

성공하기를 원한다면 절대로 쉬지 말고 앞만 보고 달려라. 세일즈맨이 된 이후 나는 오로지 일에만 전념했다. 결국 나는 목표를 달성하고 나서야 편안한 가정생활로 돌아왔다.
- **스티븐 소모기**(Stephen Somogyi: 보험 세일즈맨)

마음속에 목표를 세우고 실천하면 엄청난 성과를 올릴 수 있다.
- **앤 어소시에이츠**(Anne Associates: 세일즈맨, 인간관계 전문가)

Performance

목표가 크고 장기적이어야 성취감도 크고 자신의 능력을 극대화 시킬 수 있다. 단기적인 목표는 일시적인 장애물에 부딪혀도 쉽게 포기하게 되고 작은 목표는 작은 성취감만 느끼게 할 뿐이다.
- **지그 지글러**(Zig Ziglar: 주방기구 세일즈맨, 성공철학자, 세일즈 훈련가, 동기부여 전문가)

목적 없이 산다는 것은 위험한 일이다. 또한 목적이 있더라도 그것이 낮은 것이라면 역시 위태롭다. 왜냐하면 목적이 희미하거나 있어도 낮은 것은 죄악에 가까이 서 있기 때문이다.
- 존 워너메이커(John Wanamaker: 의류판매원, 워너메이커 백화점 설립자)

목표를 세워라. 그리고 반드시 그것을 이룰 수 있다고 스스로를 믿어라. 신념을 갖고 세일즈맨으로서의 미래 계획과 스스로의 인생을 설계하라.
- 잔느 아멜리(Jeanne Ameli: 보험 세일즈맨)

효과적이고 효율적인 비즈니스 계획이 없다면 모든 성과는 우발적인 것에 불과하다.
- 토드 던칸(Todd Duncan: 자동차 세일즈맨, 던칸 그룹 설립자, 동기부여 전문가)

최종 목표뿐만 아니라 최초의 한 걸음을 어떻게 내딛는가도 중요하다.
- **디오도어 루빈**(Thedore Isaac Rubin: 정신분석가)

확실한 판매목표를 설정하라. 나는 일주일에 최소한 12건의 면담약속을 하는데 이는 언제나 예외 없이 지키는 일이다. 이렇게 하여 매주 4~5건의 판매를 달성한다.
- 호세 페르난데스(Jose Fernandez: 보험 세일즈맨)

기억하지 못하는 목표와 실천은 단지 이상에 지나지 않는다.
- **에스티 로더**(Estee Lauder: 화장품 기업 에스티 로더 창업주)

자신의 성공을 측정할 때 남과 비교하지 말고 자신의 목표를 기준해 지금 어디에 있는지를 평가하라.
- **프란 재코비**(Fran Jacoby: 보험 세일즈맨)

나는 항상 목표들을 구체적으로 기록하기 때문에 그러한 목표들 자체가 내 자신에게 동기를 부여할 뿐만 아니라 나로 하여금 중심을 잃지 않도록 도와준다.
- **스티븐 블라운트**(J. Steven Blount: 보험 세일즈맨)

당신의 마음속에 가장 먼저 채워져야 할 것은 영업목적이다. 고객은 목적의식에서 비롯된 에너지와 열정에 반응한다.
- **브라이언 트레이시**(Brian Tracy: 잡화 세일즈맨, 비즈니스 컨설턴트)

영업의 정석은 먼저 목표를 확실하게 갖고 일에 미치도록 열정을 쏟는 것이다.
- **프랭크 베트거**(Frank Bettger: 보험 세일즈맨, 성공 컨설턴트)

실력을 쌓아 확실히 내공을 다져라. 그래야만 고객은 당신을 더욱 신뢰할 것이다.
- **솔로몬 힉스**(Solomon Hicks: 보험 세일즈맨)

수확의 기쁨은 그 흘린 땀에 정비례한다.
- 윌리엄 블레이크(William Blake: 문학가)

우리들 생에 있어서 행복은 일 년을 마무리할 때 연초 때의 자신보다 더 나아졌다고 느끼는 것이다.
- 레프 니콜라예비치 톨스토이(Lev Nikolaevich Tolstoi: 시인, 소설가)

험한 언덕을 오르려면 처음에는 서서히 걸어야 한다. 신중하되 천천히 하라. 최선을 다해 노력하라. 그 나머지는 운명에 맡겨라.
- 윌리엄 셰익스피어(William Shakespeare: 극작가)

성공한 사람들이 공통적으로 갖고 있는 것은 자신의 능력과 존재를 성과로 연결시키기 위해 끊임없이 노력하는 실행 능력뿐이다.
- 피터 드러커(Peter Drucker: 경영학자)

성공은 항상 좋은 판단의 결과이고 좋은 판단은 경험의 결과이며 경험이란 가끔은 잘못된 판단의 결과임을 기억하라.
- 앤서니 라빈스(Anthony Robbins: 동기부여 전문가)

개개인에게 최고의 선택은 그 자신이 성취할 수 있는 곳에서 최고가 되는 것이다.
- 아리스토텔레스(Aristoteles: 철학자)

다리를 움직이지 않고는 좁은 도랑도 건널 수 없다. 산은 반드시 올라오는 자에게만 정복당한다.
- **알랭**(Alain: 프랑스 철학자, 평론가)

아침에 눈을 뜨면 공기 중에 녹아 있는 신선함과 생명의 풋풋함을 호흡하라. 아침 공기는 불쾌하거나 우울하던 그 전날의 기분을 완전히 소멸시키고 새로운 희망의 소리를 들려준다.
- **쇼펜하우어**(Arthur Schopenhauer: 철학자)

우리는 현재 상태에 머물러 있는 한 우리가 되려는 그 무엇이 될 수 없다.
- **오프라 윈프리**(Oprah Gail Winfrey: 방송인)

대담하게 자기의 운명에 도전하라. 그러면 물새 등에 물이 흘러버리듯 인생의 물결은 가볍게 뒤로 사라진다.
- **오토 비스마르크**(Otto von Bismarck: 정치가)

제자리라도 지키려면 온 힘으로 달려야 하고 더 앞으로 나아가려면 지금보다 두 배는 더 빨리 뛰어야 한다.
- **루이스 캐럴**(Lewis Carroll: 수학자)

주머니에 손을 넣고 성공이란 사다리를 올라갈 수는 없다.
- **미국 속담**

인간은 그 생활의 90퍼센트는 과거에, 7퍼센트는 현재에 두고 살아간다. 인간이 미래를 위하여 생활하는 것은 겨우 3퍼센트만 남게 된다.
- **존 스타인벡**(John Ernst Steinbeck: 미국 문학가)

삶이란 변화의 연속을 통해 도전을 창조해내는 것으로 이를 이루려면 반드시 성장해야 한다.
- **워렌 위어스비**(Warren Wiersbie: 설교자)

오늘 계란 하나를 가지는 것보다 내일 암탉 한 마리를 가지는 쪽이 낫다.
- **토머스 플러**(Thomas Fuller: 성직자, 역사학자)

성공이란 그 결과로 평가함이 아니라 그에 공들인 노력의 총계로써 재야 한다. 수고와 노동 없이 구해질 수 있는 것치고 진정 가치 있는 것은 없다.
- **토머스 에디슨**(Thomas Alva Edison: 과학자, 발명가)

성공하는 사람들이란 자기가 바라는 환경을 찾아내는 사람들이다. 발견하지 못하면 자기가 만들면 된다. 성공의 열쇠는 누구에게나 주어져 있다.
- **조지 버나드 쇼**(George Bernard Shaw: 문학비평가)

꿀벌이 꽃에서 꿀을 창조하듯 사람은 습득한 남의 지식을 기초로 하여 새로운 자기 길을 창조해야 한다.
- 프랜시스 베이컨(Francis Bacon: 철학자)

1퍼센트만 개선하고 변화시켜 나가도 우리의 삶은 커다란 성과를 이룰 수 있고 거의 모든 것을 크게 변화시킬 수 있다.
- 켄 블랜차드(Kenneth Blanchard: 경영 컨설턴트)

단번에 정상에 오르려 하지 말고 지금 한 걸음, 오늘 몇 걸음씩 조심조심 올라가다 보면 어느 사이엔가 정상에 서 있을 것이다. 확실한 목표를 설정하여 성공하라.
- 폴 마이어(Paul J. Meyer: 보험 세일즈맨, SMI(Success Motivation Institute) 설립자)

성공한 사람들은 남이 많이 간 길을 무시하고 지금까지 아무도 가지 않았던 길을 택한다. 남과 구별되고 싶어하며 결국 그렇게 된다.
- 애브래햄 링컨(Abraham Lincoln: 정치인)

성공의 길을 걸어가기 위해서는 제 힘을 알고 결코 무리하지 않으며 묵묵히 한 길을 걸어가야 한다. 평범하지만 이것이 곧, 성공이 나오는 요술주머니이다.
- 벤자민 플랭클린(Benjamin Franklin: 발명가)

내 안에 떠오른 이미지를 완성하려는 열망적인 몰입과 강한 실천행동이 큰 성공을 낳는다.
- **랠프 왈도 에머슨**(Ralph Waldo Emerson: 사상가)

당신은 성공한 사람이 가진 모든 것을 갖고 태어났다. 자신을 다스리고 말하라. 나는 할 수 있다.
- **에드가 게스트**(Edgar A. Guest: 문학가)

자신의 날갯짓만큼 더 높이 나는 새는 없다.
- **윌리엄 블레이크**(William Blake: 문학가)

세상의 넓은 싸움터에서, 생활의 야영장에서 묵묵히 쫓기는 소가 되지 말고 투쟁하는 영웅이 되어라.
- **롱펠로우**(Henry Wadsworth Longfellow: 문학자)

지금을 산다는 건 결과를 두려워하지 않고 행동으로 옮긴다는 의미이다. 중요한 건 당신이 어떻게 시작했는가가 아니라 어떻게 끝을 맺는가이다.
- **앤드류 매튜스**(Andrew Matthews: 동기부여 전문가)

사람들이 꿈을 이루지 못하는 한 가지 이유는 그들이 생각을 바꾸지 않고 결과를 바꾸고 싶어하기 때문이다.
- **존 맥스웰**(John C. Maxwell: 성공 컨설턴트)

일이 어렵기 때문에 해낼 용기가 없는 것이 아니라 그것을 해낼 용기가 없기 때문에 일이 어려운 것이다. 용기는 별로 인도하고 두려움은 죽음으로 인도한다.
- **루시우스 세네카**(Lucius Annaeus Seneca: 철학자)

할 수 있거나, 할 수 있다고 생각하는 무엇이든 그것을 시작하라. 용기는 그 안에 천재성, 힘, 그리고 마술을 갖고 있다.
- **요한 볼프강 괴테**(Johann Wolfgang von Goethe: 문학가)

용기를 다해 싸웠으나 아무런 갈채가 없을지라도 대의를 위한 모험 없이 편안한 만족 속에 사는 것보다는 낫다.
- **에드가 게스트**(Edgar A. Guest: 문학가)

당신이 일을 성취하려면 날마다 조금씩 추진하라. 그러면 반드시 성취해낼 수 있다.
- **윌리엄 홀**(William Hall: 의료선교사)

비즈니스 세계에서 "최선을 다하고 있다"는 말은 아무 소용이 없는 말이다. 단지 성과만이 요구될 뿐이다.
- **윈스턴 처칠**(Winston Churchill: 정치가)

일을 빨리 성공리에 끝내려면 한시라도 빨리 시작하라.
- **호레이스 그릴리**(Horace Greelay: 인쇄공, 뉴욕 트리뷴 지 발행인)

| Performance |

행동은 모든 성공의 기본 열쇠이다. 일단 계획했으면 지체 없이 행동하지 않으면 안 된다.
- **파블로 피카소**(Pablo Ruiz Picasso: 화가)

모든 일에는 데드라인이 있다. 마감날짜가 없는 일을 결코 없다. 비록 마감날짜가 없는 일이라고는 해도 자신의 인생에는 마감이 있기 때문이다.
- **아놀드 베네트**(Arnold Bennette: 소설가)

일이란 기다리는 사람에게 갈 수도 있지만 끊임없이 찾아나서는 자만이 획득한다.
- **애브래햄 링컨**(Abraham Lincoln: 정치인)

누군가가 어떤 일을 할 수 있느냐고 물으면 그 자리에서 할 수 있다고 답하라. 그러고는 그 일을 어떻게 할 수 있는지 알아내려 최선을 다하라.
- **테오도어 루즈벨트**(Theodore Roosevelt: 정치인)

당신이 꿈꾸는 것이 있다면 그것을 글로 적어놓고 실천에 옮겨라. 단지 생각과 말만 해서는 큰 꿈을 실현할 수 없다. 자신이 되고자 하는 것을 생생하게 기록하고 간절히 바라고 강하게 밀어붙인다면 그것이 무슨 일이든 반드시 이루어진다.
- **폴 마이어**(Paul J. Meyer: 보험 세일즈맨, SMI(Success Motivation Institute) 설립자)

해야 할 일을 하고 있는가! 이것은 가장 중요한 과제이다. 당신은 지금 당신이 해야 할 일을 하고 있는지 뒤돌아볼 때이다.
- **파스칼**(Blaise Pascal: 수학자)

더 크게 성공하려면 끊임없이 당신의 사업과 인생에 대한 영역을 확장해 나가야 한다.
- **프란 재코비**(Fran Jacoby: 보험 세일즈맨)

그대가 만일 빵을 만드는 제과업자이거든 빵공장을 굳게 지켜라. 사람은 한 가지 일로 꿋꿋이 나간다면 반드시 대성할 수 있다.
- **나탄 로스차일드**(Nathan Rothschild: 금융가)

수많은 사람들이 인생에서 출세하지 못하는 이유는 기회가 문을 두드릴 때 뒤뜰에 나가 네잎 클로버를 찾기 때문이다.
- **월터 크라이슬러**(Walter P.Chrysler: 철도수리공, 크라이슬러 창립자)

두 가지 사업을 두고 무엇을 할 것인가 망설이는 사람은 결국 아무 일도 하지 못한다.
- **윌리엄 워즈워드**(William Wordsworth: 시인)

아무것도 아닌 것의 100퍼센트보다는 무엇인가의 50퍼센트가 훨씬 낫다.
- **브라이언 셔**(Brian Sher: 마케팅 전문가, 비즈니스 코치)

우정으로 쌓은 사업보다는 사업으로 쌓은 우정이 더 낫다.
- **존 록펠러**(John Davison Rockefeller: 사업가, 록펠러 재단 설립자)

조직원 모두 단결하고 서로를 배려하면서 한마음이 되어 경영의 목적을 향해 공동 목표를 공유한 것이 내 성공의 원천이다.
- **이나모리 가즈오**(稻盛和夫: 교세라그룹 CEO)

남보다 많이 걷고 뛰었고, 세일즈하지 않을 때는 세일즈 이야기를, 그 이야기조차 하지 않을 때는 세일즈 생각을 했다.
- **하라 잇뻬이**(原一平: 보험 세일즈맨)

나는 일을 할 때 내 자신에게 동기를 부여하기 위해 하루의 계획 수립과 신념화 훈련, 실천, 피드백 등 다양한 기술들을 사용한다.
- **랜디 스톨츠**(Randy Stoltz: 보험 세일즈맨)

가만히 앉아서 잘 되기만을 기다려선 절대 안 된다. 무조건 필드로 나가 행동으로 옮겨라.
- **프랭크 베트거**(Frank Bettger: 보험 세일즈맨, 성공 컨설턴트)

세일즈맨이 성공하기 위해 가장 필요한 것은 강렬한 목표의식과 일에 대한 열정이다. 비슷한 환경에 놓인 두 사람 중 성공하는 쪽은 항상 목표의식이 투철한 쪽이다.
- **엘머 레터맨**(Elmer Letterman: 보험 세일즈맨)

Performance

수많은 사람들이 인생에서 출세하지 못하는 이유는 기회가 문을 두드릴 때 뒤뜰에 나가 네잎 클로버를 찾기 때문이다.
- **월터 크라이슬러**(Walter P.Chrysler: 철도수리공, 크라이슬러 창립자)

> Performance

오로지 판매만이 살 길이다.
- 마이클 시멘스크(Michael Simensk: 필립 모리스 CEO)

세일즈가 일어나기 전에는 아무것도 이루어지지 않는다.
- 레드 모틀레이(Red Motley: 비즈니스 컨설턴트)

강물을 보고 고기를 탐내기보다는 집에 돌아가 그물을 엮어라.
- 유안(劉安: 중국 한나라 학자)

입사한 첫 달에 10건의 계약을 달성한다면 그 이후부터 계속해서 매달 10건을 달성할 수 있다. 모든 건 시작이 중요하다.
- 대니 오닐(Danny O-Neal: 보험 세일즈맨)

자신의 영업실적 수준은 자신이 판매하는 상품에 대한 믿음을 나타내주는 지표이다.
- 시바타 가즈코(芝田和子: 보험 세일즈맨)

장애물을 부숴라. 거침없이 행동하라. 경쟁에서 눈길을 떼지 마라.
- 에스티 로더(Estee Lauder: 화장품 기업 에스티 로더 창업주)

시도하지 않으면 아무것도 할 수 없다. 선택은 당신에게 달려 있다.
- 지그 지글러(Zig Ziglar: 주방기구 세일즈맨, 성공철학자, 세일즈 훈련가, 동기부여 전문가)

일에 대한 욕망은 매우 강력한 동기와 힘이 된다. 새롭게 시도할 때의 과감한 행동보다 더 강력한 것은 없다.
- **하워드 캐칭스**(Howard Catchings: 보험 세일즈맨)

훌륭한 결심이란 행동이 뒤따르지 않으면 안 된다. 행동이 뒤따르지 않는다면 모처럼의 좋은 결심도 전혀 의미 없는 것이 되고 만다.
- **클레멘트 스톤**(W. Clement Stone: 손해보험 그룹 에이온 코퍼레이션 창업자)

나는 아침마다 스스로에게 이런 질문을 한다. "오늘 하루를 멋진 날로 보내기 위해 나는 무엇을 할 수 있을까?"라고. 그리고 하루 일과를 마치면 이렇게 질문한다. "자, 내일을 오늘과는 다른 날로 만들기 위해 난 무엇을 할 수 있을까?"라고.
- **카렌 스타위키**(Karen Stawicki: 보험 세일즈맨)

과감하게 선언하고, 확실히 수행하라. 당신에게 꿈을 꿀 용기와 현실적인 계획을 세울 지혜와 그것을 끝까지 실천할 의지가 있다면, 당신은 인생에서 원하는 것이 무엇이든 이룰 것이다.
- **시드니 프리드먼**(Sidney Friedman: 보험 세일즈맨)

오늘과 모든 날을 위해 당신의 일을 계획하라. 그런 다음 오늘과 모든 날에 당신의 계획을 실행에 옮겨라.
- **노먼 빈센트 필**(Norman Vincent Peale: 성공 컨설턴트)

목표를 달성하기 위해서라면 무엇이든 기꺼이 희생할 각오가 되어 있어야 한다. 나는 잡지 세일즈를 하면서 내 자신을 모두 던졌다.
- 존 템플턴(John Templeton: 월간지 세일즈맨, 템플턴그로스 펀드 설립자)

계획을 끝마치기 전에 하루를 시작하지 마라. 계획을 완성하기 전에 한 주를 시작하지 마라. 계획을 준비하기 전에 한 달을 시작하지 마라. 계획하고 살라. 문제를 생각하지 말고 기회를 생각하라.
- 짐 론(Jim Rohn: 사업철학자)

불분명한 목표와 방향이 없는 노력과 용기는 낭비일 뿐이다.
- 존 케네디(John F. Kennedy: 정치가)

나는 영업 목표를 일주일 단위에서 하루 단위로 바꿔 세웠다. 언제나 오늘 할 일은 반드시 오늘 하고야 만다는 절박한 마음으로 아침을 맞이했다. 그랬더니 놀랍게도 생산성이 두 배 이상으로 뛰었다. 다른 노력은 없었다. 사람을 더 만나는 것도 아니었다. 그저 절박함으로 하루하루에 충실했을 뿐이었다.
- 토니 고든(Tony Gordon: 보험 세일즈맨)

사람은 어떻게 시작하는가로 평가되지 않고 어떻게 끝을 내는가로 평가된다.
- 메이디 파카르자데(Mehdi Fakharzadeh: 보험 세일즈맨)

출근하기 전 정장을 입는 순간이 나의 비즈니스가 시작되는 출발점이다. 그 이유는 이 순간이말로 내가 오늘 하루 동안 고객들의 세계에 접하여 그들과 친구가 되는 준비 시점이기 때문이다.
- 테리 브라이트보드(Terry L. Breitbord: 보험 세일즈맨)

실패를 걱정하지 말고 먼저 부지런히 목표를 향하여 노력하라. 노력한 만큼 보상을 받을 것이다.
- 노먼 빈센트 필(Norman Vincent Peale: 성공 컨설턴트)

내가 가장 좋아하는 것은 꼭대기에 서는 것이다. 정상에 서는 것이다. 어느 분야에서든 1인자가 되어 보지 않고는 결코 터득할 수 없는 노하우가 있게 마련이다.
- 하라 잇베이(原一平: 보험 세일즈맨)

세일즈를 길게 할 생각을 하고 장기목표를 세워라. 그리고 세부적으로 단기목표를 설정하여 하나씩 실천해 나가야 한다. 목표를 달성하기 위해서는 항상 불가능에 도전하지 않으면 안 된다.
- 이이즈까 데이꾜(飯塚帝京: 보험 세일즈맨)

성공한 사람들은 자신의 팀이 BHAG(Big, Hairy, Audacious, Goal: 크고 위험하며 대담한 목표)를 가지고 있는지 확인한다. 목표를 달성하려면 현실적으로 당신을 재평가해야 한다는 사실을 기억하라.
- 니키 조이(Nicki Joy: 영업전문 자문가)

하나의 성공은 또 다른 성공으로 이어지므로 맨 처음 뚜렷한 목표를 갖고 성공의 꼭짓점을 찍는 것이 중요하다.
- **게리 시츠먼**(Gary Sitzmann: 보험 세일즈맨)

중요한 것은 무엇(what)이 아니라 어떻게(how)이다. 계획보다 실천방법을 모색하는 것이 중요하다.
- **사카모토 게이치**(坂本桂一: 마케팅 컨설턴트)

누구든 열심히 일한다. 하지만 열심히 일하는 것으로는 안 된다. 필요한 것을 위해 열심히 해야 한다. 지금 무엇이 필요한가를 생각하라. 목표를 실현시키기 위해서 무엇을 해야 하는지 구체적으로 생각하고 행동하라.
- **나카무라 가즈하루**(中村和晴: 부동산 세일즈맨)

어느 분야든 상위 10퍼센트에 속하는 사람들은 대부분 최하위 10퍼센트에서 시작했다. 자신의 분야에서 최고가 되겠다고 당장 결심하라. 그 목표를 달성할 때까지 끊임없이 노력하라.
- **브라이언 트레이시**(Brian Tracy: 잡화 세일즈맨, 비즈니스 컨설턴트)

나는 나를 이끄는 한 가지 목적이 필요하다. 꿈을 이루기 위한 노력을 게을리하지 마라.
- **스티브 잡스**(Steven Paul Jobs: 애플 CEO)

좀더 발전적인 모습을 보이기 위해 필요한 요소는 목표와 열정이다.
- **스티븐 리브킨**(Steve Rivkin: 마케팅 전문가)

항상 오늘만을 위하여 일을 하는 습관을 만들어라. 내일은 저절로 찾아온다. 새로운 내일의 힘은 오늘의 결과로 찾아오는 것이다.
- **카를 힐티**(Carl Hilty: 스위스 사상가, 법률가)

내일의 일을 훌륭하게 하기 위한 최선의 준비는 바로 오늘 해야 할 일을 훌륭하게 완수하는 것이다.
- **엘버트 허버드**(Elbert Hubbard: 책 외판원, 로이크로프터 출판사 설립자)

리더의 자질은 그가 스스로 세운 기준에 의해 드러난다.
- **레이 크록**(Ray Kroc: 악기장사, 주방용품 영업사원, 맥도널드 창업자)

나는 매일매일 계획을 수립한다. 고객에게 전화하고 인터뷰 약속 시간을 정하는 것 등에 대하여 구체적인 시간계획표를 짠다. 나는 하루를 마감하기 전에 다음날 할 일에 대한 계획을 완전히 마무리해 놓는다. 사무실을 떠나기 전에 그날 한 일에 대해 점검을 한다. 이렇게 할 때마다 나는 내가 그날 하고자 계획했던 모든 일들을 다 했다는 것을 늘 확인하게 되기 때문에 하루하루가 내게 있어 성공적인 날로 마무리되는 기쁨을 갖는다.
- **리차드 폴슨**(Richard Paulsen: 보험 세일즈맨)

지금이야말로 일할 때다. 지금이야말로 싸울 때다. 지금이야말로 나를 더 훌륭한 사람으로 만들 때이다. 오늘 그것을 못하면 내일 그것을 할 수 있겠는가.
- **토마스 아 켐피스**(Thomas a Kempis: 독일 신학자)

오늘부터 인생의 새로운 규칙을 정하여 만나는 사람들에게 조금 더 친절한 사람이 되도록, 늘 노력하는 사람으로 남도록 하라.
- **제임스 베리**(James Berry: 극작가)

변명 중 가장 어리석고 못난 변명은 시간이 없어서라는 변명이다.
- **토머스 에디슨**(Thomas Alva Edison: 과학자, 발명가)

매일 이렇게 외쳐보라, "나는 오늘 기분이 좋다! 나는 오늘 건강하다! 나는 오늘 멋있다!"라고. 그러면 저절로 긍정적인 사고를 갖게 되고 자신감이 생겨 일이 잘될 것이다.
- **클레멘트 스톤**(W. Clement Stone: 손해보험 그룹 에이온 코퍼레이션 창업자)

리더십은 전략과 인격의 효과적인 결합이다. 그러나 이 중에 하나를 버려야 한다면 전략을 버려라.
- **노먼 슈워츠코프**(Herbert Norman Schwarzkopf: 군인)

유행을 따르지 말고 만들어라. 기발한 아이디어로 차별화하라.
- **피터 반 스포크**(Peter Ban Spoke: 자영업자. 존스 소다 창립자)

일을 융통성 있게 잘 추진하려면 적어도 당신만의 세 가지 비법을 알아둘 필요가 있다.
- **스티브 안드레아스**(Steve Andreas: 심리컨설턴트)

비즈니스는 무조건 많이 팔아야 살아남는다.
- **황광위**(궈메이(國美)전기 회장)

사업에 성공하려면 그만두어야 할 목록이 해야 할 목록보다 훨씬 더 중요하다.
- **짐 콜린스**(JimCollins: 경영학자)

일하고 있는 시간에는 매 1분 1초에 심혈을 기울여 일해야 한다. 너무나 많은 사람들이 직업을 갖고 있음에도 불구하고 일하지 않는 경우가 많다.
- **샘 프리드먼**(Sam Friedman: 보험에이전트)

광역전이나 종합전의 싸움터에서는 병력을 집중시킨 팀이 확률적으로 더 유리하다.
- **프레드릭 윌리엄**(Frederick William Lanchester: 공학자. 랜체스터자동차 창립자)

기업이 이해당사자들의 동참을 유도할 수 있다면 해당 기업이 성취할 수 있는 결과물이 훨씬 나아질 것이다.
- **리처드 에델만**(Richard Edelman: 에델만 CEO)

자신이 하는 일을 즐겁게 한다면 이는 성공의 다리를 확실히 놓은 것이다.
- **노먼 레빈**(Norman Levine: 보험 세일즈맨)

나는 매일 아침마다 지역신문의 비즈니스 난과 지역사회 난을 집중적으로 본다. 그 이유는 내 고객 가운데 어느 누가 무슨 특별한 일을 했는지, 즉 내가 아침에 전화를 걸어 "과연 대단한 일을 하셨습니다"라고 칭찬해줄 만한 일을 한 고객이 있는지 찾기 위해서다.
- **린우드 브로사드**(Linwood Broussard: 보험 세일즈맨)

기업이란 평범한 사람들로 하여금 비범한 성과를 달성케 하는 조직이다. 사람은 팀에 소속되어 있을 때 더 큰 성과물을 창출할 수 있다.
- **앨런 래플리**(Alan George Lafley: P&G 회장)

경영의 목적은 사람들이 성과를 내는 능력을 발휘하게 하는 데 있다.
- **피터 드러커**(Peter Drucker: 경영학자)

기업의 성공 여부는 소비자에게 멋진 상품이 아니라 멋진 경험을 줄 수 있느냐가 중요하다.
- **에드워드 잰더**(Edward J. Zander: 모토로라 CEO)

Performance

매월, 매년 영업실적을 늘리기 위해서는 끝없는 인간관계 구축만이 길이다. 계속 달려 나가는 수밖에 없다.
- **오카다**(岡田: 보험 세일즈맨)

나는 내 자신이 생산적인 하루를 준비하면서 갖추게 되는 모든 지식과 정보들로 인해 스스로에 대한 만족감과 자신감이 생기고 많은 용기를 갖게 된다. 또한 내가 하고 있는 일을 더욱 사랑하게 되고, 고객들에게 필요한 계획들을 수립하는 데 있어 도움이 되어줄 수 있다는 사실이 기쁘다.
- **캐시 데이븐포트**(Kathy Davenport: 보험 세일즈맨)

세일즈를 하면서 매일매일 설렘을 느끼는 활기찬 생활을 하고 있다고 생각하라. 자신이 느끼는 설렘이나 두근거림을 고객들과 나누기 위해 노력하라. 그것이 자신의 삶을 지탱시켜주는 원동력이자 즐거움이다.
- **와다 히로미**(和田 博実: 브리태니커 세일즈맨)

고객을 방문하면서 반드시 활동일지를 작성해 기록으로 남겨두고 이를 정기적으로 연구 검토하여 좀더 효율적인 영업방법을 꾸준히 모색해 나가라. 고객을 방문할 때마다 그 과정을 완전하게 기록하는 것을 무조건적으로 의무화하고 피드백을 하는 영업습관이 성공의 지름길이다.
- **프랭크 베트거**(Frank Bettger: 보험 세일즈맨, 성공 컨설턴트)

성공은 인생이란 여정을 최대한 성실하고 진실하게 살아가는 과정을 말한다. 매일 주어진 24시간을 최선을 다해서 살아가고 있는 사람들이야말로 성공한 사람이다.
- **존 템플턴**(John Templeton: 월간지 세일즈맨, 템플턴그로스 펀드 설립자)

자신의 꿈을 시각화하라. 만일 당신이 마음의 눈으로 이미 성공한 거래, 이미 달성된 이윤, 이미 이룬 미래 자신의 모습 등을 볼 수 있다면 실제로 그런 일이 일어날 가능성이 높아진다. 이미 성공한 모습을 마음속으로 생생하게 그리는 습관은 목표를 달성하는 가장 강력한 수단이다.
- **에스티 로더**(Estee Lauder: 화장품 기업 에스티 로더 창업주)

장기적 비전을 위해 단기적 손해를 감수한다. 이것이 성공의 비결이다.
- **빌 게이츠**(William H. Gates: 마이크로소프트 창업자)

매일 아침마다 나 자신에게 동기부여를 해주는 것은, 내가 화장대 거울에 붙여둔 인생의 목표들이다. 나는 목록에 적힌 목표들을 달성할 때마다 그 달성한 목표들은 하나씩 명단에서 지워나간다. 그리고 다시 또 목표를 적어 거울에 붙인다.
- **캐시 데이븐포트**(Kathy Davenport: 보험 세일즈맨)

Performance

장애물을 부숴라. 거침없이 행동하라. 경쟁에서 눈길을 떼지 마라.
- **에스티 로더**(Estee Lauder: 미용크림 세일즈맨, 에스티 로더 CEO)

누구나 자신의 목표를 이루기 위해서는 필요한 무엇인지 다 배울 수 있다. 한계란 없다.
- **브라이언 트레이시**(Brian Tracy: 잡화 세일즈맨, 비즈니스 컨설턴트)

현재 정상에서 얼마나 떨어져 있는가는 은행계좌에 들어 있는 액수로 평가할 수 있는 것이 아니다. 지난번에 거둔 실적 또는 지난번에 놓친 기회 이후로 얼마나 더 올라왔는지를 기준삼아 정상까지 남은 거리를 평가해야 한다.
- **토드 던칸**(Todd Duncan: 자동차 세일즈맨, 던칸 그룹 설립자, 동기부여 전문가)

월급을 주는 것은 고용주가 아니라 고객이다.
- **헨리 포드**(Henry Ford: 포드자동차 창립자)

바보들은 항상 행동하지 않는 결심만 한다.
- **팻 맥라건**(Pat McLagan: 맥라건 인터내셔널 CEO)

마냥 사무실에 앉아만 있으면 아무 일도 일어나지 않는다. 활동만이 성과를 가져온다.
- **가이 베이커**(Guy E. Baker: 보험 세일즈맨, BTA그룹 CEO)

운이란 땀 흘린 대가이다. 당신이 땀을 많이 흘릴수록 더 많은 행운이 따라온다.
- **레이 크록**(Ray Kroc: 악기장사, 주방용품 영업사원, 맥도널드 창업자)

무리하게 실적을 만들지 말라. 무리하면 체력적으로 오래 버티지 못한다. 자신과의 약속만큼만 계약하라.
-**임재만**(푸르덴셜생명)

생각나면 즉시 행동에 옮겨라. 많은 영업사원이 밤에 생각을 하고 다음 날 실천에 옮기지 않는다.
-**정송주**(기아자동차)

처음 시작하면서 월 10대 이상은 팔아야겠다고 스스로 약속했는데 첫 일 년은 월 6대 이상 실적이 오르지 않았다. 자신과의 약속을 어겨 사직을 생각했지만 고비를 참고 넘긴 것이 주효했다.
-**정송주**(기아자동차)

아마추어는 계획은 크나 실천이 없다. 프로는 계획이 작아도 반드시 행동한다.
-**김석봉**(석봉 토스트 CEO)

실적이 안 나오면 아무리 피곤해도 무조건 고객을 찾아 나선다.
-**박노진**(대우자동차판매)

리더십이란 자신의 목표나 부하와 공유된 목표를 추구하기 위해 설득이나 모범을 통해 한 단체를 유도하는 과정이다.
- **존 챔플린 가드너**(John Champlin Gardner: 소설가)

관리는 성공의 사다리에 올라가기 위한 효율성이며, 리더십은 그 다리가 적절한 벽에 세워져 있는지를 결정하는 것이다.
- **스티븐 코비**(Stephen R. Covey: 경영 컨설턴트)

오로지 홀로 해내려 하거나 또 그렇게 함으로써 모든 명성을 혼자 받기를 원한다면 결코 위대한 리더가 될 수 없다.
- **앤드류 카네기**(Andrew Carnegie: 철강회사 설립자)

기업의 성패는 리더의 조직원을 이끌고 나가는 능력과 열정에 달려 있다.
- **토머스 왓슨**(Thomas J. Watson: IBM 창업자)

리더가 조직원을 기업의 가장 큰 재산이요, 얼굴이라 생각하면 그 기업은 성공한다.
- **하워드 슐츠**(Howard Schultz: 스타벅스 CEO)

리더십은 다른 사람들이 나서도록 뒤에서 밀어주는 것이다. 리더로 성공하려면 두려움을 뛰어넘을 수 있는 용기를 가져라.
- **넬슨 만델라**(Nelson Mandela: 정치가)

직원은 배우다. 일단 막이 오르면 그들에게 맡겨두라. 사원 스스로가 감동해 열심히 하지 않으면 기업은 성장하지 못한다.
- **야마다 아키오**(山田昭男: 미라이 공업 창립자)

지도자는 지식이나 재능이 없음을 걱정하기보다는 열의와 열성이 없음을 두려워해야 한다.
- **마쓰시타 고노스케**(松下幸之助: 마쓰시타 전기 창업자)

판매조직의 성공은 3가지 요소의 균형에서 나온다. 바로 목표, 세일즈맨, 리더십이다.
- **로저 도슨**(Roger Dawson: 협상 심리학자)

리더십은 당신이 성취하고 싶은 일을 다른 사람이 원해서 하도록 만드는 기술이다.
- **아이젠하워**(Dwight Eisenhower: 정치가)

이익을 모든 동료들과 공유하고 그들을 동반자로 대우하며 섬기는 리더로 행동하는 것이야말로 진정한 리더십이다.
- **샘 월튼**(Samuel Moore Walton: 잡화점 판매원, 월마트 창업자)

새해가 되면 판매목표를 전년대비 30% 정도 상향시켜 세우고 이를 기초로 월별 목표를 세워 매일 아침마다 점검 한다. 목표를 세우지 않으면 긴장이 안 돼 자기관리가 안 된다.
- **박노진**(대우자동차판매)

Performance

고객을 1년 365일 하루도 빠지지 않고 5명 이상 방문하여 상담했는데도 불구하고 실적이 잘 오르지 않았다. 지난 1년 동안의 영업활동일지와 실적부를 낱낱이 분석해보았다. 그 결과 놀라운 사실을 발견했다. 내가 성사시킨 계약의 70퍼센트는 첫 방문에서 이루어졌으며 23퍼센트는 두 번째 방문에서 종결되어졌다는 것을 알았다. 그리고 그 이상 찾아가야 했던 거래는 단지 7퍼센트에 불과했다. 나는 단지 7퍼센트의 효과를 위해서 하루의 반나절을 다 쏟고 있었던 것이다. 해답은 명백했다. 즉시 나는 두 번의 방문을 초과하는 모든 고객 방문을 끊고 새로운 가망고객을 찾기 위해서 시간을 냈다. 결과는 거짓말 같았다. 매 방문의 현금가치는 28달러에서 42.7달러로 올랐다.

- **프랭크 베트거**(Frank Bettger: 보험 세일즈맨, 성공 컨설턴트)

3
Habit

습관이 곧 세일즈다

"습관은 제2의 천성으로서 제1의 천성을 파괴하는 것이다"라는 파스칼의 말처럼 한번 몸에 밴 습관은 그 습관의 쓰임새에 따라 그 흔적이 자신의 인품은 물론 인생의 성패까지도 좌우한다. 세일즈맨으로서 좋은 습관을 몸에 익히는 것은 영업의 성패를 가름하는 척도가 된다. 고객을 일편단심 내 편으로 만드는 능력도 좋은 습관을 움트게 하는 과정이 엮는 가운데 이루어진다. 지식이 많고 태도가 올바르고 컨설팅 능력이 뛰어나다고 해서 성공을 보장하지는 못한다. 성공의 초석은 좋은 영업습관을 만드는 데 있다.

세일즈도 하나의 트레이닝이다. 체계적인 훈련을 통해 세일즈의 달인이 될 수 있다.
- **톰 홉킨스**(Tom Hopkins: 부동산 세일즈맨, 세일즈&성공학 전문가)

나는 영업 경력이 30년 이상 지났지만 처음 시작할 때의 자세로 내 시장과 업계 전반에 대한 경향과 변화를 연구한다.
- **솔로몬 힉스**(Solomon Hicks: 보험 세일즈맨)

태어나면서부터 판매능력을 타고나는 세일즈맨은 없다. 다만 야구선수나 피아니스트가 최고가 되기 위해 피나는 연습과 훈련을 하듯 위대한 프로 세일즈맨 역시 끊임없는 노력을 통해 만들어질 뿐이다.
- **니도 쿠베인**(Nido R. Qubein: 세일즈 컨설턴트, 컨설팅 회사 CEO)

자라나는 손톱이 먼저 생긴 손톱을 밀어내는 것처럼 나중에 생긴 버릇이 앞서의 버릇을 정복한다.
- **에라스무스**(Desiderius Erasmus: 인문학자)

반드시 영업 원칙을 지켜라. 지키기 어려울 수도 있지만 정말로 좋은 기회를 잡기 직전에 그만두는 세일즈맨을 많이 봤다. 특히 신인은 처음 5년 동안을 지속해 나가기 위해서는 필요한 원칙들을 수행하는 습관을 반드시 길러야 한다.
- **시드니 프리드먼**(Sidney Friedman: 보험 세일즈맨)

연습을 하면 할수록 운도 더 따르게 되어 있다.
- **토머스 제퍼슨**(Thomas Jefferson: 교육자, 정치가)

발걸음이 쌓이지 않으면 천리 길에 이르지 못하고 작은 흐름이 쌓이지 않으면 큰 강을 이루지 못한다.
- **순자**(荀子: 중국 고대 사상가)

나의 성공은 나의 근면함에 있었다. 나는 평생 동안 단 한 조각의 빵일지라도 결코 앉아서 먹지 않았다.
- **다니엘 웹스터**(Daniel Webster: 정치가)

아무리 보잘것없는 것이라 하더라도 한 번 약속한 일은 상대방이 감탄할 정도로 정확하게 지켜야 한다. 신용과 체면도 중요하지만 약속을 어기면 그만큼 서로의 믿음이 약해진다. 그러므로 약속은 무슨 일이 있어도 꼭 지켜야 한다.
- **데일 카네기**(Dale Carnegie: 세일즈맨, 인간관계 전문가, 성공 컨설턴트)

습관은 제2의 천성으로 제1의 천성을 파괴한다. 한 가지 나쁜 버릇은 열 가지 나쁜 버릇을 만들어낸다.
- **파스칼**(Blaise Pascal: 수학자)

사람은 습관으로 인해서 서로 그 성과의 차이가 생겨나는 것이다.
- **공자**(孔子: 중국 고대 사상가)

Habit

게으름처럼 해롭고 치명적인 습관은 없다. 우유부단한 것이 습관화되어 있는 사람보다 더 비참한 사람은 없다. 그럼에도 불구하고 몸에 붙기 쉽고 끊기 어려운 습관도 없다.
- **윌리엄 제임스**(William James: 심리학자)

가장 훌륭한 생활을 선택하라. 좋은 습관은 인생을 즐겁게 해 준다.
- **에픽테토스**(Epictetus: 철학자)

다른 사람의 좋은 습관을 최대한 내 습관으로 만드는 것이 성공 비결이다.
- **빌 게이츠**(William H. Gates: 마이크로소프트 창업자)

일상의 삶의 형태를 바꾸기 전에는 삶을 변화시킬 수 없다. 성공의 비밀은 자기 일상에 있다.
- **존 맥스웰**(John C. Maxwell: 성공 컨설턴트)

의식적으로 좋은 습관을 가지려고 노력하라. 안 그러면 자신도 모르는 사이에 나쁜 습관을 지니게 된다.
- **디오도어 루빈**(Thedore Isaac Rubin: 정신분석가)

좋은 습관은 우리가 인생에서 할 수 있는 가장 훌륭한 투자이다.
- **스티븐 코비**(Stephen R. Covey: 경영 컨설턴트)

습관은 마치 나무의 껍질에 새겨진 글자가 그 나무가 자람에 따라 점점 커지는 것과 같다.
- 사뮤엘 스마일즈(Samuel Smiles: 저널리스트)

습관은 제2의 자연으로서 제1의 자연에 비해 결코 약한 것이 아니다.
- 미셸 드 몽테뉴(Michel Eyquem de Montaigne: 사상가)

산은 옮길 수 있어도 습관은 바꾸기 어렵고 바다는 메울 수 있어도 욕심은 채우기 어렵다.
- 중국 속담

노력을 중단하는 것보다 더 위험한 것은 없다. 그것은 좋은 습관을 잃는 것이다. 습관은 버리기는 쉽지만 다시 들이기는 어렵다.
- 빅토르 위고(Victor Marie Hugo: 문학가)

생활은 습관이 짜낸 하나의 천에 불과하다.
- 헨리 아미엘(Henri Fredric Amiel: 철학자)

항상 오늘만을 위하여 일을 하는 습관을 만들어라. 내일은 저절로 찾아온다. 새로운 내일의 힘은 오늘의 결과로 찾아오는 것이다.
- 카를 힐티(Carl Hilty: 스위스 사상가, 법률가)

Habit

실패한 사람과 성공한 사람의 차이는 단지 그들의 습관에 있다.
- **오그 만디노**(Og Mandino: 성공철학자)

습관을 만드는 것은 우리 자신이다. 그 다음에는 습관이 우리를 지배한다.
- **존 드라이덴**(John Dryden: 시인)

나는 할 수 있다. 나는 해낸다. 나에게는 저력이 있다. 나에게는 오직 전진뿐이다. 이런 신념에서 나오는 습관이 당신의 목표를 달성시킨다.
- **단테**(Alighieri Dante: 시인)

항상 글로 기록하는 습관을 가져라. 글로 남겨진 것은 우리에게 실천을 강요하기 때문에 모든 일을 충실하게 만든다.
- **리 아이아코카**(Lido Anthony Iacocca: 전 크라이슬러 CEO)

새로운 습관은 새로운 운명을 열어준다. 오늘 그릇된 한 가지 습관을 고친다는 것은 새롭고 강한 성격으로 출발한다는 것을 의미한다.
- **라이너 마리아 릴케**(Rainer Maria Rilke: 시인)

습관이란 인간으로 하여금 무슨 일이든 가능하게 만든다.
- **도스토예프스키**(Fyodor Dostoyevsky: 소설가)

습관의 고리는 도저히 깰 수 없을 정도로 무거워지기 전까진 너무 가벼워서 느끼지 못한다.
- **워렌 버핏**(Warren Edward Buffett: 버크셔 해서웨이 CEO)

하고 싶지 않은 일을 매일 무엇인가 하도록 하라. 이것이 당신의 의무를 고통 없이 행하는 습관을 얻는 황금률이다.
- **마크 트웨인**(Samuel Langhorne Clemens: 소설가)

오늘 하루 좋은 행동의 씨를 뿌려서 좋은 습관을 거두어 들여라. 좋은 습관으로 성격을 다스리는 날부터 운명은 새로운 문을 열 것이다.
- **르네 데카르트**(Rene Descartes: 철학자)

사람이 한 가지 일만 열정적으로 잘해도 성공적이고 행복한 인생을 살아갈 수 있다. 주어진 현재의 일에 최선을 다하라.
- **브라이언 트레이시**(Brian Tracy: 잡화 세일즈맨, 비즈니스 컨설턴트)

일은 매일매일 가장 작은 단위로 쪼개 실천하는 것이 가장 큰 효과를 낳는다.
- **버트 마이즐**(Burt Meisel: 보험 세일즈맨)

시간은 자신에게 있어서 가장 소중한 재산이다.
- **마하트마 간디**(Mohandas Karamchand Gandhi: 민족주의 지도자)

만일 당신이 적어도 1개월 앞의 일을 계획하여 이제까지 해온 일과 앞으로 해버리려고 생각하고 있는 일을 비교 연구한다면 1개월마다 뚜렷한 진보의 자취를 볼 수 있을 것이다.
- **헨리 포드 2세**(Henry Ford II: 포드자동차 CEO)

늘 종이와 펜을 갖고 다녀라. 정보의 입력과 출력에서 메모보다 더 좋은 기억매체는 없다.
- **스즈키 야스토모**(鈴木康友: 보험 세일즈맨)

습관의 고리는 도저히 깰 수 없을 정도로 무거워지기 전까지는 너무 가벼워 느끼지 못한다.
- **워런 버핏**(Warren Edward Buffett: 버크셔 해서웨이 회장)

필승의 의지를 지닌 세일즈맨은 무한한 미래를 향한 고속도로를 걷고 있는 것이다.
- **버트 쉴라인**(Bert Sheline: 제니스라디오, GE 세일즈맨)

'적당히'란 그물 사이로 귀중한 시간들을 헛되이 빠져 나가는 것처럼 우매한 짓은 없다.
- **정주영**(미곡상 종업원, 현대그룹 창업자)

시간을 질질 끄는 인간은 성공이라는 기차를 놓치게 된다.
- **사뮤엘 스마일즈**(Samuel Smiles: 저널리스트)

시간은 금보다 귀하다. 시간은 오로지 머물지 않는 시간 자체인 것이다.
– 에두아르 에리오(Édouard Herriot: 프랑스 정치가)

그대는 인생을 사랑하는가? 그렇다면 시간을 낭비하지 마라. 시간은 인생을 구성한 재료니까. 멋진 인생을 만들기 위해서는 주어진 시간이라는 재료를 잘 활용할 줄 알아야 한다.
– **벤자민 플랭클린**(Benjamin Franklin: 발명가)

우리는 일 년 후면 다 잊어버릴 슬픔을 간직하느라고 무엇과도 바꿀 수 없는 소중한 시간을 버리고 있다. 소심하게 굴기에 인생은 너무나 짧다. 아침잠은 시간의 지출이다. 이렇게 비싼 지출은 달리 없다.
– **앤드류 카네기**(Andrew Carnegie: 철강회사 설립자)

이 세상에서 가장 중요한 시간은 바로 지금 이 순간이다. 전력을 다해서 시간에 대항하라.
– **레프 니콜라에비치 톨스토이**(Lev Nikolaevich Tolstoi: 시인, 소설가)

시간, 당신은 이 귀한 상품을 억만장자가 가진 것만큼 갖고 있다. 그런데도 당신은 얼마나 귀중한 것을 갖고 있는지 깨닫지 못한다.
– **체스터 필드**(Chester Field: 정치가)

Habit

항상 글로 기록하는 습관을 가져라. 글로 남겨진 것은 우리에게 실천을 강요하기 때문에 모든 일을 충실하게 만든다.
- **리 아이아코카**(Lido Anthony Iacocca: 크라이슬러 전 CEO)

인간은 항상 시간이 모자란다고 불평을 하면서 마치 시간이 무한정 있는 것처럼 행동한다. 우리에게 생명을 주는 그 시간은 그 생명을 빼앗기 시작함을 모른다.
- **루시우스 세네카**(Lucius Annaeus Seneca: 철학자)

시간을 이용할 줄 아는 사람은 하루를 사흘로 통용한다. 소비된 시간은 존재하고 이용된 시간은 생명이다. 마치 이 순간을 최후의 것인 양 생각하라! 어떠한 순간도 더 이상이 될 수 없다는 생각은 하지 마라.
- **게오르그 짐멜**(Georg Simmel: 사회학자)

시간은 과거도 미래도 아닌 현재이다. 지금 이 순간의 시간은 지나면 다시 돌아오지 않는다. 매일 매일은 새로운 시작이다. 세상에서 가장 큰 선물은 시간이다.
- **피터 드러커**(Peter Drucker: 경영학자)

하루를 유익하게 보낸 사람은 하루의 보물을 파낸 것이다. 하루를 헛되이 보냄은 내 몸을 헛되이 소모하고 있다는 것을 기억해야 한다.
- **헨리 아미엘**(Henri Fredric Amiel: 철학자)

시간을 선택하는 것이 시간을 절약하는 것이다.
- **프랜시스 베이컨**(Francis Bacon: 철학자)

시간은 모든 것의 불가사의한 원자재이다. 그것이 있으면 모든 것이 가능하고 없으면 모든 것이 불가능하다.
- **노먼 빈센트 필**(Norman V. Peale: 동기부여 전문가)

삼십 분이란 티끌과 같은 시간이라고 말하지 말고 그동안이라도 티끌과 같은 일을 처리하는 것이 현명한 방법이다.
- **요한 볼프강 괴테**(Johann Wolfgang von Goethe: 문학가)

시간은 모든 것을 데리고 가버린다. 그뿐만 아니라 시간은 사람의 마음마저 가져가 버린다.
- **베르길리우스 마로**(Publius Vergilius Maro: 고대 로마 시인)

하루 10분을 잘 활용하라. 그러면 그 10분이 모든 일을 성공으로 이끄는 원동력이 될 것이다.
- **제임스 가필드**(James Abram Garfield: 정치인)

매일 자신이 되고 싶다고 생각하는 인물이 되는 것에 마음을 집중시키자. 오래된 습관을 새로운 습관으로 바꿔놓지 않으면 안 된다.
- **윌퍼드 피터슨**(Wilfred Peterson: 창의력개발 전문가)

날마다 꼼꼼하게 적어 온 활동일지가 영업활동의 최대 무기이다.
- **이혜선**(현대해상)

시간을 잘 활용하고 싶다면 먼저 무엇이 가장 중요한지를 알아야 하고 그 다음엔 모든 것을 바쳐야 한다.
- **리 아이아코카**(Lido Anthony Iacocca: 전 크라이슬러 CEO)

항상 오늘만을 위하여 일하는 습관을 만들어라. 내일은 저절로 찾아온다. 새로운 내일의 힘은 오늘의 결과로 찾아오는 것이다.
- **카를 힐티**(Carl Hilty: 스위스 사상가, 법률가)

나는 아침마다 스스로에게 이런 질문을 한다. "오늘 하루를 멋진 날로 보내기 위해 나는 무엇을 할 수 있을까?"라고. 그리고 하루 일과를 마치면 이렇게 질문한다. "자, 내일을 오늘과 다른 날로 만들기 위해 난 무엇을 할 수 있을까?"라고.
- **카렌 스타위키**(Karen Stawicki: 보험 세일즈맨)

책에 투자하라. 자신의 발전은 물론 현재와 미래의 고객에게도 영향을 준다. 당신의 내일 모습은 오늘 읽는 책에 따라 달라진다는 것을 명심하라.
- **토드 던칸**(Todd Duncan: 자동차 세일즈맨, 던칸 그룹 설립자, 동기부여 전문가)

생각을 바꾸면 행동이 바뀌고 행동을 바꾸면 습관이 바뀌고 습관을 바꾸면 성품이 바뀌고 성품이 바뀌면 운명이 바뀐다.
- **사뮤엘 스마일즈**(Samuel Smiles: 저널리스트)

0.001%라도 계약가능성을 높일 수만 있다면 기존의 나를 바꿔야 한다.
- **박용우**(ING생명)

일을 하루아침에 이루려고 조급하게 서두르지 마라. 어떤 생각 한 가지가 단번에 큰 성과를 가져오는 것은 아니다. 나무가 클수록 그 뿌리가 깊듯 모든 위대한 과업은 오랜 준비가 필요하다.
- **공자**(孔子: 중국 고대 사상가)

새로운 경험을 쌓을 때마다 어떠한 잘못이 밝혀지므로 그만큼 성공은 가깝게 된다.
- **존 키츠**(John Keats: 시인)

영업에서 성공하려면 항상 유연하게 대처하면서 끊임없는 노력이 수반되어야 한다. 오늘 성공한 세일즈 기술이 내일의 성공도 가져다준다는 보장은 없다.
- **시바타 가즈코**(芝田和子: 보험 세일즈맨)

내일의 계획을 모두 메모해 두니까 이제 잊으려 해도 잊을 리 없다는 안심이 되어 사업상의 문제로 시달리는 일은 없다. 메모하는 것은 성공을 위한 시금석이다.
- **보세르**(Jean de Boschere: 문학가)

새로운 각오로 새로운 오늘 하루를 맞이하라.
- **시바타 가즈코**(芝田和子: 보험 세일즈맨)

성공 비결을 묻는 사람들에게 해줄 수 있는 단 한 마디는 색인카드다. 메모야말로 성공의 비결이다.
- **하비 맥케이**(Harvey Mackay: 휴먼 네트워크 전문가, 비즈니스 연설가)

자신과 매일 어떻게 영업할 것인지, 무엇을 실천에 옮길 것인지 약속하라. 그리고 그 약속을 지키도록 노력하라.
- **마빈 펠드먼**(Marvin Feldman: 보험 세일즈맨)

매일 아침 일어나자 마자 "내가 나를 살 수 있나?"를 스스로 물어보라. 살 수 있다는 확신이 설 때까지 멈추지 말고 자문하라. 당신이 자신을 언제든 살 수 있다면 고객도 당신의 가치를 살 것이다.
- **조 지라드**(Joe Girard: 자동차 세일즈맨)

무심코 뿌린 말의 씨가 어디선가 뿌리를 내렸을지 모른다고 생각하면 두렵다. 언제나 진실되고 언제나 때에 맞고 언제나 책임 있는 말을 갈고 닦아라.
- **라빈드라나드 고르**(Rabindranath Tagore: 인도의 시인, 사상가)

시간을 선택하는 것이 시간을 절약하는 것이다.
- **프랜시스 베이컨**(Francis Bacon: 철학자)

요즘 호황 업종이 어디인가를 먼저 공부한 뒤 그곳으로 달려가 새로운 자동차 고객을 찾아내는 것이 판매왕의 비결이다.
-**정송주**(기아자동차)

자신과 매일 어떻게 영업할 것인지, 무엇을 실천에 옮길 것인지 약속하라. 그리고 그 약속을 지키도록 노력하라.
- **마빈 펠드먼**(Marvin Feldman: 보험 세일즈맨)

내가 받은 유산은 얼마나 길고 넓은가? 시간은 나의 재산이며 나의 들판은 곧 시간이다. 시간에 충실한 것, 그것이 곧 행복이다.
- **랠프 왈도 에머슨**(Ralph Waldo Emerson: 사상가)

자기의 시간에 최선을 다한 사람은 모든 시대를 산 사람이다.
- **프리드리히 실러**(Johann Christoph Friedrich von Schiller: 극작가)

영업왕이 된 비결은 성실을 기반으로 꾸준히 자신만의 이미지를 만들고 전략적인 면에도 신경 쓰면서 몸소 체험하고 터득하며 배우는 것이다.
-**최진성**(현대자동차)

시간의 걸음걸이에는 세 가지가 있다. 미래는 주저하면서 다가오고 현재는 화살처럼 날아가고 과거는 영원히 정지하고 있다.
- **프리드리히 실러**(Johann Christoph Friedrich von Schiller: 극작가)

삶의 가치는 얼마나 오래 살았는가에 있지 않고 시간을 얼마나 잘 사용했는가에 있다.
- **미셸 드 몽테뉴**(Michel Eyquem de Montaigne: 사상가)

성공은 하루의 시간을 가장 잘 활용하는 사람에게 찾아온다.
- **알프레드 그래넘**(Alfred Granum: 보험 세일즈맨)

주중에는 광고를 통해 나를 알리고 토요일엔 하루 종일 AS 업무에 매달리고, 일요일엔 고객들의 경조사를 챙긴다. 그야말로 5분 대기조 같이 일한다. 일이라고 생각하면 못한다. 취미라 생각하고 일로 스트레스를 푼다.
- **임희성**(현대자동차)

새달은 새로운 시작이다. 매일도 새로운 시작이다. 새날은 새로운 기회이다.
- **노먼 빈센트 필**(Norman V. Peale: 동기부여 전문가)

오늘이란 너무 평범한 날인 동시에 과거와 미래를 잇는 가장 소중한 시간이다.
- **요한 볼프강 괴테**(Johann Wolfgang von Goethe: 문학가)

지금 나의 시간을 값지게 보내려면 뭘 해야 할지 끊임없이 물어라.
- **브라이언 트레이시**(Brian Tracy: 잡화 세일즈맨, 비즈니스 컨설턴트)

인생은 하루하루를 그냥 흘러가게 보내는 것이 아니고 하루하루를 내가 가진 무엇으로 채워가야 하는 것이다. 그것은 바로 성실이다.
- **존 러스킨**(John Ruskin: 비평가)

시간을 잘 활용하고 싶다면 먼저 무엇이 가장 중요한지를 알아야 하고 그 다음엔 모든 것을 바쳐야 한다.
- **리 아이아코카**(Lido Anthony Iacocca: 전 크라이슬러 CEO)

인생이 아무리 나빠 보여도 삶이 있는 한 희망이 있다.
- **스티븐 호킹**(Stephen William Hawking: 물리학자)

나는 하루에도 몇 번씩 나의 내적, 외적인 생활이 얼마나 많은 사람들의 노력 위에 이루어지고 있는지 깨닫는다.
- **알베르트 아인슈타인**(Albert Einstein: 물리학자)

오늘 하나의 어려운 일을 참고 극복해냈다면 그 순간부터 그 사람은 강한 힘의 소유자인 것이다. 곤란과 장애물은 언제나 새로운 힘의 근원인 것이다.
- **버틀란드 러셀**(Bertrand Arthur William Russell: 수학자)

우리는 똑같은 강물 속에 두 번 들어 갈 수 없다.
- **헤라클레이토스** [Herakleitos: 그리스 철학자)

오늘이란 너무 평범한 날인 동시에 과거와 미래를 잇는 가장 소중한 시간이다.
- **요한 볼프강 괴테**(Johann Wolfgang von Goethe: 문학가)

영원히 살 것처럼 꿈을 꾸고 내일 죽을 것처럼 오늘을 살아라.
- **제임스 딘**(James Byron Dean: 영화배우)

오늘은 승자들의 단어이고, 내일은 패자들의 단어다. 당신의 인생을 바꾸는 말은 바로 '오늘'이라는 단어다.
- **로버트 기요사키**(Robert Kiyosaki: 제록스 세일즈맨, 비즈니스 컨설턴트)

인생이란 마음속으로 그리는 미래의 삶을 사는 것이 아니다. 현재를 삶으로써 진정한 미래의 삶을 살 수 있다.
- **랠프 왈도 에머슨**(Ralph Waldo Emerson: 사상가)

오늘의 나는 어제의 내가 한 선택의 결과이다. 내일의 나는 오늘의 내가 한 선택의 결과이다.
- **스티븐 코비**(Stephen R. Covey: 경영 컨설턴트)

시작점은 상관없다. 어디로 가고 있는가가 더 중요하다. 상상만큼 우리들의 미래는 커진다. 상상은 한계가 없다. 무한대다.
- **브라이언 트레이시**(Brian Tracy: 잡화 세일즈맨, 비즈니스 컨설턴트)

성공은 하루의 시간을 가장 잘 활용하는 사람에게 찾아온다.
- **알프레드 그래넘**(Alfred Granum: 보험 세일즈맨)

당신에게 다가오는 모든 순간을 소중히 여겨라. 시간은 아무도 기다려주지 않는다. 어제는 이미 지나간 역사이며, 미래는 누구도 알 수 없는 신비일 뿐, 오늘이야말로 당신에게 주어진 최고의 선물이다. 그래서 우리는 현재(Present)를 선물(Present)이라 한다.
- **더글러스 아이베스터**(Douglas Ivester: 코카콜라 CEO)

No Yesterday(과거는 필요없다). Not Tomorrow(내일도 아니다). Just Right Now(오직 오늘 뿐이다).
- **콘라드 힐튼**(Conrad Hilton: 행상인, 힐튼 호텔 창업주)

나에겐 매일 매일이 최고의 날이다! 나는 1퍼센트의 가능성에서도 인생의 성공을 본다.
- **조 지라드**(Joe Girard: 자동차 세일즈맨)

나는 하루에도 몇 번씩 나의 내적, 외적인 생활이 얼마나 많은 사람들의 노력 위에 이루어지고 있는지 깨닫는다.
- **알베르트 아인슈타인**(Albert Einstein: 물리학자)

과거에 얽매이지 마라. 오로지 앞만 보고 가는 것이 성공 비결이다.
- **노먼 레빈**(Norman Levine: 보험 세일즈맨)

오늘 이 하루를 헛되이 보낸다면 곧 당신은 뒤처질 것이다. 적극적으로 사는 하루하루가 결국 당신의 인생을 결정 짓는 아주 중요한 순간순간의 연속이다.
- **다니엘 폴링**(Danielle Falling: 목사)

아침에 눈을 뜨면 공기 중에 녹아 있는 신선함과 생명의 풋풋함을 호흡하라. 아침 공기는 불쾌하거나 우울하던 그 전날의 기분을 완전히 소멸시키고 새로운 희망의 소리를 들려준다.
- **쇼펜하우어**(Arthur Schopenhauer: 철학자)

성공은 인생이란 여정을 최대한 성실하고 진실하게 살아가는 과정을 말한다. 매일 주어진 24시간을 최선을 다해서 살아가고 있는 사람들이 진정 성공한 사람이다.
- **존 탬플턴**(John Templeton: 월간지 세일즈맨, 템플턴그로스 펀드 설립자)

내가 헛되이 보낸 오늘 하루는 어제 죽어간 이들이 그토록 바라던 하루이다. 단 하루면 인간적인 모든 것을 멸망시킬 수 있고 다시 소생시킬 수도 있다.
- **소포클레스**(Sophocles: 시인)

내일은 시련에 대응하는 새로운 힘을 가져다 줄 것이다.
- **카를 힐티**(Carl Hilty: 스위스 사상가, 법률가)

Habit

나에겐 매일 매일이 최고의 날이다! 나는 1퍼센트의 가능성에서도 인생의 성공을 본다.
- **조 지라드**(Joe Girard: 자동차 세일즈맨)

Habit

당신이 교육받은 원칙들을 실제로 적용하기 위해 노력하고 또 많은 사람들을 꾸준히 만난다면 반드시 성공할 것이다.
- **노먼 레빈**(Norman Levine: 보험 세일즈맨)

매력 있는 프로 세일즈맨은 거래가 성립되었을 때 미소로 답하고, 거절을 당했을 때에도 역시 미소를 짓는다. 사람들을 이해하고 좋아할 뿐만 아니라 사람들로 하여금 자기를 이해하고 좋아하도록 한다. 지속적인 관심, 흔들리지 않는 감정, 일관된 말 그리고 꾸준한 습관을 가지고 있다.
- **버트 쉴라인**(Bert Sheline: 제니스라디오, GE 세일즈맨)

모든 성공한 사람들은 그들이 가진 것을 파는 방법을 알고 있다. 열정과 조직화는 세일즈의 기본이다. 날마다 계획하고 실행하고 검토하는 영업습관이 성공의 지름길이다.
- **프랭크 베트거**(Frank Bettger: 보험 세일즈맨, 성공 컨설턴트)

그날그날 해야 할 일들을 달성하고 철저히 기록을 관리해나가는 것이 영업성공의 비결이다.
- **존 로드**(John Lord: 보험 세일즈맨)

지식 쌓는 것을 습관화하라. 독서를 게을리하지 마라. 아는 것이 세일즈맨의 가장 큰 힘이다.
- **메이디 파카르자데**(Mehdi Fakharzadeh: 보험 세일즈맨)

성공적인 세일즈는 타고난 유머감각뿐만 아니라 한 달에 10건 이상의 계약체결을 습관화하는 것, 고객에 대한 정직과 진지함에 있다.
- **엘렌 클라크**(Ellen Clark Marshall: 보험 세일즈맨)

잠에서 깨어나 "그래 오늘은 또 뭔가를 해보지 뭐. 그리고 어떻게 될지 지켜보는 거야. 그래도 별수 없더라도 적어도 나는 무엇인가를 시도해봤다고 말할 수 있어" 따위의 말을 중얼거려서는 안 된다. 성공하려는 강한 열정을 가지고 오늘을 맞이하고 보내는 것이 중요하다.
- **찰스 포크너**(Charles Faulkner: 신경언어 프로그래밍 전문가)

겸손하고 성실한 배움의 자세야말로 세일즈의 달인으로 변화시키는 가장 큰 무기이다.
- **아말 소카**(Amal Sokkar: 보험 세일즈맨)

세일즈 화법 없이 계약을 체결하려는 것은 총알 없이 전쟁터에 나가는 것과 같다.
- **스티븐 블라운트**(J. Steven Blount: 보험 세일즈맨)

언제 어떤 고객들의 질문에 맞닥뜨려도 당황하지 않도록 미리 다양한 질문을 예상하여 답변을 준비해둬라.
- **말콤 글래드웰**(Malcolm Gladwell: 저널리스트)

감성지능(Emotional Intelligence)으로 상황을 다루는 세일즈맨이 높은 IQ를 갖고 상황을 다루는 세일즈맨보다 성공할 수 있는 확률이 훨씬 더 높다. IQ와는 달리 감성지능은 연습을 통해 그 수치를 높일 수 있다.
- **다니엘 골먼**(Daniel Goleman: 미국 심리학자)

말하는 능력은 고객을 상대하는 비즈니스맨에게는 가장 중요한 무기이다.
- **다니엘 웹스터**(Daniel Webster: 언론인)

엄격한 규율에 따라 생활한다면 사실들을 좀더 날카롭게 인식하면서 고객들에게 설득력 있는 논리를 제시할 수 있다. 그럼으로써 당신이 판매하는 제품이 다른 제품보다 우월하다는 점을 고객들에게 심어줄 수 있다.
- **존 템플턴**(John Templeton: 월간지 세일즈맨, 템플턴그로스 펀드 설립자)

천을 사서 두 개로 쪼개 팔아 이윤을 남기고, 거기서 번 돈으로 더 큰 천을 사 더 많이 쪼개 팔아라.
- **탈무드**(Talmud)

훌륭한 화술은 실망하고 화난 고객들을 충성고객으로 바꿀 수 있다.
- **윌리엄 하트**(William Shakespeare Hart: 저술가)

Habit

나는 매일 밤 다음 날에 대한 준비를 하기 위해 '일일 의무사항 기록장'을 사용한다. 거기에는 하루 동안 연락하거나 만나야 하는 이름들과 전화번호, 그들과 이야기를 나눌 주제들이 적혀 있다. 점수를 기록하는 공간도 있는데, 총점 20점을 만점으로 하여 그날 의무사항을 지켜나간 상황을 체크하여 만점을 획득한 날은 훌륭히 잘 보낸 날로 자축한다.
- **캐시 데이븐포트**(Kathy Davenport: 보험 세일즈맨)

세일즈 분야에서 가장 중요한 것은 판매되는 시스템을 파악하는 것이다. 나는 처음에 이 분야에 관해 전혀 경험이 없었다. 매일 성공한 세일즈맨들의 스토리를 읽고 벤치마킹한 후에 나에게 맞는 시스템을 만들어 남들보다 3~4배 높은 매출을 올렸다.
- **브라이언 트레이시**(Brian Tracy: 잡화 세일즈맨, 비즈니스 컨설턴트)

일반적으로 세일즈맨들은 세미나를 개최하기까지 너무나 많은 시간과 돈이 필요하다고 생각한다. 하지만 세미나는 정말로 성공할 수 있도록 도움을 주는 가장 중요한 요소가 된다.
- **레슬리 토머스**(Leslie Thomas: 보험 세일즈맨)

고객에게 이익을 제공하고 그 활동으로부터 수익을 창출하는 새로운 사업설계를 만드는 데 전력하라. 그래야만 더 많은 가치를 창출할 수 있다.
- **에이드리언 슬라이워츠키**(Adrian J. Slywotzky: 머서 매니지먼트컨설팅 CEO)

영업 성공은 세일즈 능력과 활동량의 정비례에 달려 있다.
- **토니 고든**(Tony Gordon: 보험 세일즈맨)

팔리지 않는 것을 발명하고 싶지 않다. 판매는 효용의 증거이며 효용이 곧 성공이다.
- **토머스 에디슨**(Thomas Alva Edison: 과학자, 발명가)

비즈니스의 세계에서는 누구나 두 종류의 코인을 지불 받는다. 곧 현금과 경험이다. 먼저 경험을 취하라. 그러면 현금은 뒤따라 오게 마련이다.
- **헤롤드 제닌**(Harold Geneen: ITT 최고 경영자)

영업에 대한 자신감은 깨닫고 행동하는 데서 생겨난다.
- **니시데 히로코**(西出博子: 비즈니스매너 강사)

절대로 많은 말을 하지 마라. 고객에게 많은 말을 하도록 만들어라. 그래야만 고객의 허점을 낚아채 옭아매는 반론을 펼 수 있다.
- **시드니 프리드먼**(Sidney Friedman: 보험 세일즈맨)

먼저 자기 자신을 팔고, 둘째 필요를 팔고, 셋째 해결책을 팔고 직접 판매를 마무리 지어라. 우리는 진짜 문제에 진짜 해결책을 판다.
- **델포스 스미스**(Delfos Smith: 사업가)

상품을 판매하는 일은 나에게 결코 어렵지 않다. 왜냐하면 나는 상품이 지닌 가치를 믿기 때문이다.
- **아말 소카**(Amal Sokkar: 보험 세일즈맨)

우리가 하는 영업은 힘든 일이다. 당신에게는 용기, 영업지침, 지식, 상담기술, 그리고 고객의 지원이 필요하다.
- **레온 슬로틴**(Leon Slotin: 보험 세일즈맨)

고객들은 당신과 별로 통화하고 싶지 않을 수 있다. 고객으로 하여금 전화 받기를 꺼리게 하는 요인은 시간낭비에 대한 두려움 때문이다. 반드시 고객에게 도움과 이익을 받을 수 있다는 확신이 들도록 만들어야 한다.
- **론 워커**(Ron Walker: 보험 세일즈맨)

글을 쓸 때는 첫째, 무엇을 쓰든 짧게 써라. 그러면 볼 것이다. 둘째, 명료하게 써라. 그러면 읽힐 것이다. 셋째, 그림같이 써라. 그러면 오래 기억에 남을 것이다.
- **조셉 퓰리처**(Joseph Pulitzer: 출판업자, 퓰리처 상 창시자)

고객들이 당신과 함께 보내는 시간을 꽤 즐기고 있는 것 같도록 만들어라. 출근 전 외출복을 입는 순간부터 오늘 만날 고객만을 생각하라.
- **테리 브라이트보드**(Terry L. Breitbord: 보험 세일즈맨)

세일즈 관련 업무에 관심을 기울이며 자신만의 경험을 살려 특별한 세일즈 노하우로 만들어라.
- **다이애나 부허**(Dianna Booher: 세일즈 컨설턴트, 부허 컨설턴트 창립자)

하루를 시작하면서 내가 가장 먼저 정보를 얻는 곳은 바로 지역신문이다. 지역신문은 가장 효과적인 비즈니스 정보 툴이다.
- **글렌 자고징스키**(Glenn Jagodzinske: 보험 세일즈맨)

효과적인 접근판매가 중요하다. 그러나 그보다는 얼마만큼 말에 진실성과 성실성을 담고 있는지가 전달하고자 하는 내용보다 더 중요할 때가 많다.
- **밴 팰드맨**(Ben Feldman: 보험 에이전트)

비즈니스를 확장시키는 방법은 세 가지밖에 없다. 고객 수를 늘리는 것, 평균 매출액을 늘리는 것, 고객이 주문하는 횟수를 늘리는 것이 그것이다.
- **제이 에이브러햄**(Jay Abraham: 마케팅 전문가, 제이 에이브러햄그룹 CEO)

기업들은 시장의 힘이 생산자에서 소비자로 넘어갔다는 사실을 인식해야 한다. 기업전략과 관련된 중요한 결정은 기업이 하는 것이 아니라 소비자들이 이미 하고 있다.
- **존 스컬리**(John Scully: 애플컴퓨터 CEO)

씨를 뿌리지 않으면 수확도 할 수 없다.
- **야마모토 후지미쓰**(山本藤光: 제약회사 영업사원, 경영 컨설턴트)

사람은 광산에서 금을 캘 수 있다. 그러나 인간이 캘 수 있는 더 값진 금은 인간이 인간의 두뇌로부터 캐는 금이다.
- **달비**(R.V. Darby: 보험 세일즈맨)

영업에서 성공이란 상품으로서의 물건과 서비스에 공감하는 사람을 많이 모으는 것이다.
- **우이 요시유키**(宇井義行: 외식업 컨설턴트)

진짜 장사는 갖지 않은 물건을 필요로 하지 않는 사람에게 파는 것이다.
- **탈무드**(Talmud)

남보다 특별한 성공을 거두는 사람들은 자신의 초점을 '나'에서 '너'로 옮기는 것만으로도 성공적인 사업을 이끌어 나간다.
- **제이 에이브러햄**(Jay Abraham: 세일즈 컨설턴트, 제이 에이브러햄그룹 CEO)

사람들은 단순하게 말하면 다른 사람들이 자신을 단순한 사람이라고 여기지는 않을까 걱정한다. 그러나 사실은 정반대이다. 명석하고 굳건한 사람들만이 단순해질 수 있다.
- **잭 웰치**(Jack Welch: 전 GE CEO)

비즈니스란 사람을 얻는 일이요, 사람을 설득하는 일이다.
- **한스우베 퀼러**(Hans-Uwe L. Khler: 마케팅 전문 컨설턴트)

비즈니스보다 먼저 사람을 키워야 성공한다.
- **지그 지글러**(Zig Ziglar: 주방기구 세일즈맨, 성공철학자, 세일즈 훈련가, 동기부여 전문가)

서비스 업계의 가중 중요한 요소는 상품과 판매자(서비스 제공자), 판매사의 이미지다.
- **콘라드 힐튼**(Conrad Hilton: 행상인, 힐튼 호텔 창업주)

다른 사람의 마음에 열렬한 욕구를 불러일으켜라. 이것을 할 수 있으면 전 세계를 얻을 수 있다.
- **데일 카네기**(Dale Carnegie: 세일즈맨, 인간관계 전문가, 성공 컨설턴트)

우리가 팔아야 하는 것은 스테이크가 아니라 사람들의 입에 군침을 돌게 하는 지글지글 끓고 있는 고기 냄새이다. 당신은 어떤 물건을 파는 게 아니라 그 물건의 효용가치를 선전하는 것이다.
- **엘머 호일러**(Elmer Hoiler: 하버드 경영대학원 교수)

고객의 성향, 그들의 니즈와 구매심리를 진정으로 깊이 돌봐라. 금전적 성공은 그 뒤에 따라온다. 돈을 위해서만 일한다면, 돈을 벌지 못할 것이다.
- **버트 마이즐**(Burt Meisel: 보험 세일즈맨)

제품의 특징을 팔지 말고 그 장점을 팔아라.
- **래리 킹**(Larry King: CNN 사회자)

성공으로 가는 열쇠는 상호간의 정직과 신뢰가 오고가는 데 있다. 정직과 신뢰는 상호간의 관계에 힘을 부여할 뿐만 아니라 그 힘을 계속 유지하도록 만드는 요소다.
- **모니 카나한**(Moonie Carnahan: 보험 세일즈맨)

경쟁자로 넘쳐나는 시장에서 돋보이는 존재가 되기 위해서는 당신의 경쟁자가 제공하지 못하는 특별한 혜택이나 이점을 고객에게 제공해야 한다. 당신이 경쟁자보다 우월하게 제공할 수 있는 혜택이나 이점이 무엇인지 알아내라.
- **제이 에이브러햄**(Jay Abraham: 세일즈 컨설턴트, 제이 에이브러햄그룹 CEO)

신뢰관계는 대답을 함으로써 이뤄지는 것이 아니다. 그것은 명예를 지킴으로써 즉, 약속을 반드시 수행함으로써 이뤄진다.
- **모리에 카나한**(Morie Carnahan: 보험 세일즈맨)

영업을 잘하려면 두 가지만 명심하면 된다. 첫째, 고객들은 정당한 가격을 원한다. 둘째, 고객들은 자기가 좋아하는 세일즈맨에게 상품을 구매한다. 즉, 고객이 좋아하는 세일즈맨이 정당한 가격을 제시하면 계약은 당연히 성사된다.
- **조 지라드**(Joe Girard: 자동차 세일즈맨)

물건을 팔지 말고 고객의 꿈을 찾아줘라.
- **프랭크 베트거**(Frank Bettger: 보험 세일즈맨, 성공 컨설턴트)

세일즈맨은 언제나 시간을 잘 지키는 매너를 지녀야 한다. 그것이 신뢰를 가져오는 초석이다.
- **프레드 하그만**(Fred Hagman: 보험 세일즈맨)

마케팅에서 가장 강력한 무기는 고객의 기억에 한 단어, 즉 KISS(Keep It Simple, Stupid)를 심는 것이다.
-**잭 트라우트**(Jack Trout: 마케팅 전략가)

물건을 살 때마다 판매원이 하는 행동을 관찰하여 좋은 판매방법을 발견해 활용하라.
- **이베이 홀배스**(Ivey Horvath: 성공 컨설턴트)

구매에 결정타가 될 만한 효과적인 세일즈 대화법을 삼단논법으로 만들어 고객을 함락시켜라.
- **모리 쓰루오**(森鶴夫: 세일즈 컨설턴트)

사람들의 습관 속에 제품을 끼워 넣을 수만 있다면 소비자들은 평생 습관적으로 그 제품을 사용하게 될 것이다.
- **앤드루 로버트슨**(Andrew Robertson: 광고대행사 BBDO CEO)

꿀로 더 많은 벌들을 끌어 모아라.
- **에스티 로더**(Estee Lauder: 화장품 기업 에스티 로더 창업주)

고객에 알맞은 화법을 만들어 전문가다운 자연스러운 모습을 연출하는 프로정신을 갖고 고객을 대해야만 고객의 마음을 움직일 수 있다.
- **이이즈까 데이꾜**(飯塚帝京: 보험 세일즈맨)

고객들에게 내가 많이 안다는 것을 보여주기 전에 내가 그들에게 관심이 많다는 것을 먼저 보여주어라. 가장 많이 베푸는 사람이 가장 많이 받는다.
- **프란 재코비**(Fran Jacoby: 보험 세일즈맨)

영업력은 사람과 사람을 연결하는 모든 상황에서 큰 힘을 발휘한다. 영업력을 갖춘 유능한 세일즈맨은 대인관계가 좋을 수밖에 없다.
- **시마 모토히로**(嶋基裕: 휴대폰 판매원, 영업 컨설턴트)

훌륭한 사람은 오직 자기가 할 수 있는 일을 하는 사람이다. 그러나 그렇지 못한 사람은 할 수 있는 일은 하지 않고 할 수 없는 일만 늘 바란다.
- **로망 롤랑**(Romain Rolland: 소설가)

말하기보다는 경청으로 공동의 광장을 만들어라. 주의를 환기시켜 심리적 유인책을 던져라.
- **미우라 유우고**(三村侑弘: 마케팅 컨설턴트)

상대방을 설득할 때 자기 의견을 먼저 말하는 쪽이 패배한다.
- **미우라 유우고**(三村侑弘: 마케팅 컨설턴트)

이메일을 보낼 때는 정확한 문법과 철자, 단정한 용어를 사용하며 간결, 명확하게 내용을 전달해야 한다.
- **린다 골드맨**(Linda Goldman: 에티켓 컨설팅전문가)

당신의 비즈니스 레터는 내용 전달 이상의 의미가 있다. DM은 상대방의 마음을 움직이는 가장 좋은 감성 툴이다.
- **산드라 스마이드**(Smythe: Sandra: 에티켓 컨설팅 전문가)

제품을 잘 팔기 위해서는 간단명료한 세일즈 화법을 개발해야 한다.
- **하워드 슐츠**(Howard Schultz: 스타벅스 회장)

한 문장으로 모든 말을 할 수 있는 기술이 화법이다. 화법은 세일즈맨 자신의 능력을 돋보이게 함은 물론 말 속에 숨겨진 의미를 고객 스스로 깨닫게 해준다.
- **한스우베 퀼러**(Hans-Uwe L. Khler: 마케팅 전문 컨설턴트)

고객을 대할 때는 똑바로 서서 어깨는 뒤로 한 채 가슴을 내밀고 상대방의 눈을 똑바로 바라보면 그 사람에 대해 정말로 반갑다는 의미를 전달할 수 있어 상대방은 성공적이고 자신 있는 모습을 느끼게 된다.
- **앤드류 우드**(Andrew Wood: 비즈니스 컨설턴트)

제 시간에 선사하는 장미 한 송이가 늦어버린 장미 천 송이보다 낫다.
- **짐 론**(Jim Rohn: 사업철학자)

상품 자체에 대한 설명보다는 그 상품이 가져다줄 유익함을 설명하라.
- **얼 프리베트**(Earl Privett: 보험 세일즈맨)

당신의 무지가 성공의 기회를 날려버릴 수 있다. 당신은 상품에 대해 그 누구보다도 더 잘 알아야 한다.
- **톰 홉킨스**(Tom Hopkins: 부동산 세일즈맨, 세일즈&성공학 전문가)

생각해보라. 우리의 일은 우선 자본이 필요하지 않다. 사람들에게 가서 말을 하면서 그들의 문제를 해결할 수 있도록 돕는 것이 우리의 일이다.
- **메이디 파카르자데**(Mehdi Fakharzadeh: 보험 세일즈맨)

인생은 세일즈의 연속이므로 다른 사람에게 먼저 요구하지 않으면 대답은 항상 'NO'일 것이다.
-**패트리샤 프립**(Patricia Fripp: 헤어스타일리스트)

내가 한 번만 더 권유하면 이 사람이 상품을 가입할지도 모른다. 여기서 멈추면 나는 결코 나의 꿈인 백만장자가 될 수 없다.
-**달비**(R. V. Darby: 보험 세일즈맨)

기본에 충실하면서 두려워 말고 몸으로 부딪혀 실천하는 자세가 제일 중요하다. 오늘 못 팔면 죽는 생각으로 임하라.
-**이종은**(쌍용자동차)

4
Attraction

무조건 많이 만나 끌어당겨라

고객과의 첫 만남은 세일즈의 싹을 틔워나가는 첫 번째 요소이다. 세일즈는 사람을 자주, 그리고 많이 만나야만 일이 성사되고 해결된다. 고객을 만나 결실을 맺느냐에 따라 세일즈 성패의 길이 확연히 갈린다. 처음 고객을 평생 고객으로 만드는 기술은 그 어떤 세일즈 요소보다 우선해야 할 세일즈맨의 과제이다. 첫인상은 성공을 낳는 소중한 씨앗이다. 고객의 마음을 어루만지는 손수건이 되어준다면 고객과 친밀한 관계를 맺을 수 있다.

누구든 당신의 꽉 쥔 주먹과 악수할 수는 없다.
- **골다 메이어**(Golda Mabovitz: 이스라엘 총리)

누구의 고객도 고정되어 있지 않다. 시장은 먼저 찾는 자의 것이다.
- **루치아노 베네통**(Luciano Benetton: 의류업체 베네통 설립자)

세일즈맨에게 있어 일한다는 의미는 새로운 사람들을 만나는 데 매 순간의 시간을 쓴다는 의미다.
- **샘 프리드먼**(Sam Friedman: 보험 세일즈맨)

사람에게서 사람으로, 소개에서 소개로, 이렇게 하면 가망고객 발굴은 끝이 없다.
- **엘머 레터맨**(Elmer Letterman: 보험 세일즈맨)

영업은 오직 한 가지로 귀결된다. 그것은 바로 사람들을 많이 만나는 일이다.
- **월터 텔보트**(Walter Talbot: 보험 세일즈맨)

가망고객을 찾아내기 위해서는 어떤 방법으로든 최선을 다해야 한다.
- **클라우스 로스**(Klaus Roth: 보험 세일즈맨)

세일즈맨의 하루 일과 중 가장 큰 부분을 차지하는 것은 사람을 만나는 것이다. 하루에 8시간 근무한다면 하루에 8시간 동안 사람들을 만나 그들과 이야기하는 데 몽땅 써보라. 그러면 바로 첫해에 커미션 10만 달러 달성은 내가 보증한다.
- **메이디 파카르자데**(Mehdi Fakharzadeh: 보험 세일즈맨)

아무도 만나지 않는다면 5년 후에도 당신은 지금과 똑같은 사람으로 남아있을 것이다.
- **찰스 존스**(Charles David Jones: 동기부여 전문가)

갈 데가 없는 세일즈맨은 그만둬라. 전날 무엇을 어떻게 했고 내일을 위해 무엇을 준비했는지 반성하라.
- **하라 잇페이**(原一平: 보험 세일즈맨)

비즈니스의 목적에서 올바른 정의는 단 하나밖에 없다. 그것은 고객 창조이다.
- **피터 드러커**(Peter Drucker: 경영학자)

기억해둬라. 당신은 단지 고객을 만나 판매하는 것이 아니다. 당신은 당신이 만나서 몇 번이고 판매할 고객을 개발하고 있는 것이다.
- **알프레드 그래넘**(Alfred Granum: 보험 세일즈맨)

상대적으로 세일즈 능력이 있으면서도 중도에 탈락한 세일즈맨들에게 "판매 활동 중에 가장 어려웠던 것은 무엇인가?"라고 질문했더니 무려 3배나 높고 많았던 대답이 바로 '유망고객의 발견'이었다.
- **LIMRA**(Life Insurance Marketing Research Association: 미국 보험마케팅협회)

톱이 되려면 자기혁신을 통해 지속적으로 신규고객을 발굴해 나가야 한다.
- **헤르만 지몬**(Hermann Simon: 지몬쿠허&파트너스 설립자)

세일즈에서 중요한 것은 경쟁자와 비교하여 얼마나 많은 고객을 확보하느냐이다.
- **알 리스**(Al Ries: 마케팅 전략가)

가까운 연고부터 공략하라. 당신의 가장 큰 우군은 연고자이다. 하지만 연고자를 대할 때에는 맞선 볼 때 이성을 대하듯 해야 한다.
- **시바타 가즈코**(芝田和子: 보험 세일즈맨)

고객 창출은 언제 어디서나 인간적인 정서의 단계에서 다룰 수 있는 과제이다.
- **자넬 발로**(Janelle Barlow: 마케팅 전문가)

Attraction

성공엔 왕도가 없다. 개척 또 개척뿐이다.
- **스티븐 소모기**(Stephen Somogyi: 보험 세일즈맨)

영업을 더욱 성공리에 이끌어내려면 소개를 통해 새로운 시장을 발굴하고 개발해야 한다. 특히 기존고객 중 기업을 운영하는 CEO를 주 타깃으로 삼아라.
- **시바타 가즈코**(芝田和子: 보험 세일즈맨)

마케팅 슈퍼스타는 불경기에 시장을 공격한다. 이들은 불경기가 되면 불필요한 비용을 줄이는 대신 신규고객 유치를 위한 비용을 계획적이고도 신중하게 늘린다.
- **제프리 폭스**(Jeffrey J. Fox: 마케팅 컨설턴트)

가능한 한 빨리 세분화된 시장을 찾아라. 이것저것 시도하여 일단 자신에게 효과가 있는 것이 무엇인지를 찾고 나면 그곳에 집중하라.
- **마빈 펠드먼**(Marvin Feldman: 보험 세일즈맨)

지인에게 영업을 하면 한두 달은 높은 실적을 낼 수 있겠지만 롱런하기는 어려울 거라는 판단에 일부러 일면식도 없는 고객들을 꾸준히 찾아갔다.
- **임재만**(푸르덴셜생명)

Attraction

기존시장과 신규시장 그리고 새로운 지역에서 새로운 고객을 발굴하라.
- **제프리 폭스**(Jeffrey J. Fox: 마케팅 컨설턴트)

만약 다른 사람 눈에 띄지 않는 곳을 스스로의 노력으로 찾아낸다면, 기회의 문은 어디서든 열릴 것이다. 어디에 가면 유망고객들을 찾을 수 있는지 유심히 살펴라.
- **브루스 에서링턴**(Bruce Etherington: 보험 세일즈맨)

고객발굴은 영업 성공의 가장 기초가 된다는 사실을 잘 알기 때문에 성공한 세일즈맨들은 그것을 해낼 방법을 반드시 찾아낸다.
- **마빈 펠드먼**(Marvin Feldman: 보험 세일즈맨)

톱 세일즈맨은 고객이 주문을 가지고 찾아와 주기를 기다리지 않는다. 고객을 찾아 나서는 것, 그것이 바로 성공한 세일즈맨들의 능력이다.
- **한스우베 퀼러**(Hans-Uwe L. Khler: 마케팅 전문 컨설턴트)

직장에서 가장 영향력 있는 사람을 협력자로 만드는 데 전력하라. 그 사람을 당신의 고객 리스트에 되도록 빨리 올릴 수 있도록 진정한 가치를 보여줘라.
- **클라우드 스터블필드**(Claude Stubblefield: 보험 세일즈맨)

나는 늘 자신의 분야에서 성공한 고객들에 대하여 연구한다.
- **리처드 폴슨**(Richard Paulsen: 보험 세일즈맨)

만약 당신이 가지고 있는 고객들의 유형에 만족하지 못한다면 당신의 고객을 바꿔라. 고객 리스트에 누가 들어가느냐에 따라 누가 나오는가가 결정될 것이다.
- **스테판 드리**(Stefan Didry: 보험 세일즈맨)

밖에 나가서 날마다 하루에 다섯 명 이상의 사람들에게 자신의 이야기를 정직하게 할 수 있다면 그 사람은 영업에서 성공할 수밖에 없다.
- **월터 텔보트**(Walter Talbot: 보험 세일즈맨)

대부분의 세일즈맨들은 10년이 지나면 고객발굴 활동을 더 이상 하지 않는다. 20년이 지난 내가 기존고객들과 일을 하는 것은 비즈니스의 50퍼센트다. 나머지 50퍼센트는 유망고객을 발굴하는 데 집중한다.
- **스티븐 소모기**(Stephen Somogyi: 보험 세일즈맨)

물고기가 보트 위로 직접 뛰어들게 하라. 가망고객이 꾸준히 흘러 들어오게 할 가장 좋은 방법은 그들이 당신을 직접 찾도록 하는 것이다.
- **시드니 프리드먼**(Sidney Friedman: 보험 세일즈맨)

Attraction

가망고객을 꾸준히 발굴하는 길만이 사업 성공의 최선책이다.
- **지그 지글러**(Zig Ziglar: 주방기구 세일즈맨, 성공철학자, 세일즈 훈련가, 동기부여 전문가)

고객발굴을 잘하는 비결은 끊임없이 새로운 마케팅 방법을 모색하는 것이다.
- **시드니 프리드먼**(Sidney Friedman: 보험 세일즈맨)

고객을 많이, 빨리 확보하려면 두 가지 집단에서 찾아라. 하나는 당신이 알고 있는 사람들(이미 만났던 사람들)과 다른 하나는 당신이 이미 아는 사람이 아니라 알 수 있는 사람, 즉, 접근하기 쉬운 사람들이다.
- **브루스 에서링턴**(Bruce Etherington: 보험 세일즈맨)

평생 성공한 세일즈맨이 되려면 최대한 많은 신규고객을 확보해야 한다. 경력 초기부터 10년까지는 신규고객을 늘리면서 고객의 말을 듣고 이해하는 학습과정이라 생각하라.
- **조지 피켓**(George Pickette: 보험 세일즈맨)

세일즈맨은 1년 365일을 영업한다는 자세를 갖고 생활해야 한다. 언제나 일상생활에서 영업에 필요한 소재와 고객을 발굴하도록 노력하라.
- **스즈키 야스토모**(鈴木康友: 보험 세일즈맨)

사람을 많이 만나라. 단, 많이 만나되 살 만한 가능성이 있는 고객을 만나라.
- **프랭크 베트거**(Frank Bettger: 보험 세일즈맨, 성공 컨설턴트)

자원봉사활동에 적극 참여하라. 이는 고객을 발굴하고 확보하는 측면에서 매우 중요하다.
- **조지 피켓**(George Pickette: 보험 세일즈맨)

최고의 고객을 목표로 하지 않으면, 아무 고객하고나 비즈니스를 할 가능성이 높다.
- **토드 던칸**(Todd Duncan: 자동차 세일즈맨, 던칸 그룹 설립자, 동기부여 전문가)

신규고객을 개척하는 것이야말로 전 사원이 도전해야 하는 과제임을 사원 한 사람 한 사람이 인식하고 있다면 그 회사는 크게 발전할 수 있다.
- **고바야시 마사히로**(小林正博: 비즈니스 컨설턴트)

비고객들이 항상 고객들보다 수가 많은 법이다. 거대 소매점 체인인 월마트는 미국 소비재 시장의 14퍼센트를 점유한다. 그것은 결국 시장의 86퍼센트는 고객이 아니라는 것을 의미한다. 그 86퍼센트를 연구해야 한다.
- **피터 드러커**(Peter Drucker: 경영학자)

가망고객 발굴과 그들의 정보를 수집하는 것이 어렵지만 톱 세일즈맨들은 반드시 그것을 찾아낸다. 그것이 성공의 기초가 된다는 것을 알기 때문이다.
- **벤 펠트만**(Ben Feldmann: 보험 세일즈맨)

고객을 유지하고 확보하는 데 중점을 둬라. 고객의 금전적 가치를 올바로 평가하라.
- **제프리 폭스**(Jeffrey J. Fox: 마케팅 컨설턴트)

세일즈 성공에 도달하기 위한 가장 중요한 길은 바로 유망고객을 확보해 나가는 활동이다.
- **마이크 피오트로비츠**(Mike Piotrowicz: 보험 세일즈맨)

처음부터 너무 머리를 쓰지 마라. 충분한 위치에 오르기까지는 이미 효과가 입증된 사례를 따르라.
- **토니 고든**(Tony Gordon: 보험 세일즈맨)

큰물에 들어가면 크게 생각하라. 큰 고객을 상대하려면 타깃 마케팅을 하면서 사고의 폭과 크기가 달라져야 한다.
- **마빈 펠드먼**(Marvin Feldman: 보험 세일즈맨)

전화는 고객 선별을 위한 과정이라고 생각하라.
- **알프레드 그래넘**(Alfred Granum: 보험 세일즈맨)

일상생활에서 언제나 영업소재를 찾고 고객을 발굴하라. 적절한 방법을 발견하면 그 즉시 시도해보는 자세가 필요하다.
- **스즈키 야스토모**(鈴木康友: 보험 세일즈맨)

효과적인 유망고객 발굴방법은 고객과 직접 얼굴을 마주 대하며 구체적인 사항을 논의하기까지 많은 시간을 보내는 것이다.
- **리처드 루이스**(Richard Lewis: 보험 세일즈맨)

직역 개척을 할 때에는 경쟁관계에 있는 다른 회사에 쳐들어갈 만큼의 배짱과 열정을 지녀야 한다.
- **모리 쓰루오**(森鶴夫: 세일즈 컨설턴트)

고객 명단을 확보하여 자신의 데이터베이스에 적용하라. 좀더 가능성 있는 고객을 확보할수록 수익은 올라간다.
- **제이 에이브러햄**(Jay Abraham: 마케팅 전문가, 제이 에이브러햄그룹 CEO)

당신이 세일즈맨으로 성공하고 싶다면 무엇보다도 먼저 확실한 유망고객을 찾아내는 능력부터 길러야 한다.
- **프랭크 베트거**(Frank Bettger: 보험 세일즈맨, 성공 컨설턴트)

길을 가다가 마주치는 만나는 인연 있는 사람들을 모두 다 내 고객으로 만들어라.
- **솔로몬 힉스**(Solomon Hicks: 보험 세일즈맨)

Attraction

직장단체 시장보다 더 많은 고객을 발굴하기 좋은 시장은 없다. 직장은 가장 양질의 고객들이 모여 있는 유망고객의 보고이다. 영업의 시초와 끝은 직역에서 이뤄져야 제일 알차다.
- 스즈키 야스토모(鈴木康友: 보험 세일즈맨)

가망고객을 찾아내기 위해서는 어떤 방법으로든지 긴장하며 지속적으로 주의를 기울여야 한다.
- 찰스 로스(Charles Roth: 자동차 세일즈맨, 세일즈 카운슬러)

사업상 만나는 사람들에게 많은 질문을 하라. 거기서 최대한 정보를 얻어 활용하라.
- 하비 맥케이(Harvey Mackay: 휴먼 네트워크 전문가, 비즈니스 연설가)

전화로 유망고객을 확보하는 일은 많은 고객들에게 접근할 수 있는 확실한 방법이다. 전화를 이용하면 내가 고객들을 만나러 돌아다니는 경우보다 훨씬 더 많은 고객들과 이야기를 나눌 수 있다. 전화하는 데 있어서 당신 나름대로 시스템을 개발한다면 성공할 수 있다.
- 론 워커(Ron Walker: 보험 세일즈맨)

고객에게 다가가서 자사의 상품이나 서비스의 필요성을 확인하고 판매하기까지 꾸준한 접근을 시도해야 한다.
- 제리 애커프(Jerry Acuff: 세일즈 컨설턴트)

영업은 효율적으로 해야 보람을 느낀다. 제3자가 추천한 소개에서 양질의 고객을 확보하는 것이 다른 어떤 유형의 고객발굴 방법보다도 쉽고 효과가 크다.
- **알프레드 그래넘**(Alfred Granum: 보험 세일즈맨)

나는 고객과 통화할 때 상사가 누구인지를 꼭 물어보고 그들의 이름을 기록한다. 내가 세운 최소 한도의 목표는 하루에 10명의 이름을 얻는 것, 단 하루도 그냥 넘어가는 일은 없다.
- **클라우드 스터블필드**(Claude Stubblefield: 보험 세일즈맨)

세일즈 세계에서는 판매의 첫 단계인 고객 접근이 판매성공의 75퍼센트를 좌우한다. 첫 대면에서 고객에게 어떤 인상을 심어주느냐가 성패의 첫걸음이 된다.
- **이이즈까 데이꼬**(飯塚帝京: 보험 세일즈맨)

전화가 세일즈 성공의 50퍼센트를 차지한다. 그만큼 세일즈맨에게 고객과의 전화는 중요하다.
- **폴 마이어**(Paul J. Meyer: 보험 세일즈맨, SMI(Success Motivation Institute) 설립자)

전화를 한 요점은 약속을 정하기 위한 것이므로 통화 내용은 간단하고 기억하기 쉬워야 한다. 스크립트를 사용하면 그 다음에 어떤 말을 해야 할지 망설이지 않아도 된다.
- **론 워커**(Ron Walker: 보험 세일즈맨)

Attraction

거절당하는 것을 두려워하지 마라.
- **하워드 슐츠**(Howard Schultz: 후지제록스 세일즈맨, 스타벅스 회장)

고객 접근방식은 친근한 태도이다. 유망고객에게 제공해주는 것이 무엇인지를 알려주고 난 후 그러한 것들이 왜 도움이 되는지 설명해준다. 이때 고객이 흥미를 보이면 긍정적인 신호가 된다.
- **웨인 콜린스**(Wayne Collins: 보험 세일즈맨)

하루에 몇 통의 전화를 걸어서 몇 건의 계약이 이루어지는지 혹은 한 건의 계약을 성사시키기 위해 몇 번의 통화가 필요했는지 파악하라. 노력을 통해 얻어지는 대가를 구체적으로 산출해서 자신만의 공식을 만들고 평균을 계산하라. 한 통의 전화로 얻는 가치를 파악하라.
- **다이애나 부허**(Dianna Booher: 세일즈 컨설턴트)

전화는 말로 나누는 악수이다. 상대방에게 보이지 않을지라도 목소리에 미소를 담아 분명하고 예의 바르게 말하라.
- **린다 골드맨**(Linda Goldman: 에티켓 컨설팅 전문가)

고객에게는 누구보다 내가 필요한 존재라는 사실을 부각시키는 기술이 중요하다.
- **이이즈까 데이꾜**(飯塚帝京: 보험 세일즈맨)

첫인상을 좋게 하라. 언제나 미소를 지어라. 가까울수록 예절을 지켜라.
- **클레멘트 스톤**(W. Clement Stone: 손해보험 그룹 에이온 코퍼레이션 창업자)

고객을 방문할 때마다 그 과정을 완전하게 기록하는 것을 무조건적으로 의무화하고 피드백하면서 효율적인 영업방법을 꾸준히 모색하라.
- **프랭크 베트거**(Frank Bettger: 보험 세일즈맨, 성공 컨설턴트)

내가 경이적인 계약 건수를 달성할 수 있었던 비결은 열심히 반복한 고객과의 만남 외에는 아무것도 없다.
- **오카다**(岡田: 보험 세일즈맨)

어느 기업에서 2년 동안 각종 보고서를 연구했다. 그 결과 75퍼센트의 거래가 다섯 번 이상 찾아가야 했던 것이라는 사실을 발견했다. 그리고 세일즈맨의 83퍼센트가 다섯 번을 채 찾아가기도 전에 그 가망고객을 포기한다는 사실도 알아냈다.
- **프랭크 베트거**(Frank Bettger: 보험 세일즈맨, 성공 컨설턴트)

첫 만남을 잘 가져라. 겉모습으로 고객을 판단하지 마라. 고객을 대할 때에는 절대 편견을 가져서는 안 된다.
- **에비 할리데이**(Ebby Halliday: 부동산 사업가)

고객을 만났을 때 어떤 상황에서도 자신의 영업철학을 자신있게 고수할 정도로 자기 확신을 가져라.
- **스즈키 야스토모**(鈴木康友: 보험 세일즈맨)

처음 만나는 상대는 4분 안에 첫인상의 60~80퍼센트를 결정한다.
- 앨런 피즈(Allan Pease: 버디랭귀지 권위자)

방문 세일즈는 어디까지나 인간관계의 성공 속에서만 가능하다는 사실을 유념하라.
- 이이즈까 데이꼬(飯塚帝京: 보험 세일즈맨)

판매에 성공하는 길은 판매의 실패 원인 분석에 있다. 방문 결과부터 따져보라.
- 에드가 제프로이(Edgar K. Geffroy: 방판 세일즈맨, 세일즈 컨설팅 사 CEO)

매일 다른 사람과 점심식사를 하라. 다양한 사람을 만나야 성공 인맥이 넓어진다.
- 하워드 슐츠(Howard Schultz: 후지제록스 세일즈맨, 스타벅스 회장)

영업에서는 많은 사람을 만나면 만날수록 성공은 그에 정비례한다.
- 노먼 레빈(Norman Levine: 보험 세일즈맨)

우리는 매일 5만 번이나 되는 결정적인 순간을 경험하고 있다. 고객과 접하는 최초의 15초에서 100-1 = 0이 될 수 있다. 15초 동안에 당신과 회사의 운명이 결정된다.
- 얀 칼슨(Jan Carlzon: 전 스칸디나비아항공 CEO)

고객을 도우러 왔다는 인상을 심어줘라. 고객과 함께 있는 이유는 바로 고객을 돕기 위해서라는 점을 고객에게 상기시켜줘야 한다.
- **알프레드 그래넘**(Alfred Granum: 보험 세일즈맨)

세일즈는 판매 승률이 아니라 고객의 방문 횟수로 그 성패가 결정된다.
- **스즈키 야스토모**(鈴木康友: 보험 세일즈맨)

비즈니스는 사람들을 만나고 또 만나고, 계속해서 꾸준히 만나는 것이다. 이것이 바로 우리가 하는 비즈니스에서 성공하는 비결이다.
- **밥 테웨스**(Bob Tewes: 보험 세일즈맨)

내가 고객들에게 다가가는 이유는 면담을 요구하고자 하는 것이 초점이 아니다. 중요한 것은 "고객이 언제나 나의 마음속에 있다"는 사실을 알리고자 함이다.
- **제프 린드퀴스트**(Jeff Lindquist: 보험 세일즈맨)

고객은 이미 세일즈맨을 경계하는 마음의 벽이 존재하고 있다. 그 단단한 마음의 벽을 제거하는 것은 쉽지 않다. 이를 제거하기 위해서는 덧칠하는 대화를 다양한 각도에서 다시 해야 한다.
- **기도 가즈토시**(木戶一敏: 학습교재 세일즈맨, 모엘사 CEO)

당신이 정보를 얻지 못하면 고객이 필요로 하는 것이 무엇인지를 파악해낼 수 없다.
- **손 커루**(Shawn Carew: 영업전문가)

고객을 방문할 때마다 그 과정을 완전하게 기록하는 것을 의무화하고 피드백하는 습관을 가져야 한다.
- **프랭크 베트거**(Frank Bettger: 보험 세일즈맨, 성공 컨설턴트)

세일즈 업계에서 인정되는 비율을 보면, 10명의 사람들 중 인터뷰 약속을 잡을 수 있는 사람은 3명, 그중 계약을 맺는 사람은 1명에 불과하다. 거래할 상대방의 특성을 면밀히 살펴봐야 한다.
- **브루스 에서링턴**(Bruce Etherington: 보험 세일즈맨)

고객에게 바보 취급을 당하는 세일즈맨은 그 나름의 이유가 있다. 버려야 할 자존심과 지켜야 할 자존심을 잘 구별하면서 대등한 관계로 고객을 대하라.
- **스즈키 야스토모**(鈴木康友: 보험 세일즈맨)

고객을 찾아가 상품을 권유하듯 고객은 당신이 찾아와 상품을 권유하는 것에 고맙게 생각하도록 만들어라. 고객이 나를 선택하고 나도 고객을 선택하는 대등한 관계 설정이 중요하다.
- **스즈키 야스토모**(鈴木康友: 보험 세일즈맨)

상대하기 어려운 고객일수록 더 자주 방문하여 인간관계를 원만하게 만드는 기술이 필요하다.
- **이이즈까 데이꾜**(飯塚帝京: 보험 세일즈맨)

방문하기 싫은 고객에게 더 신경을 써라. 방문하고 싶지 않은 고객을 피하지 마라. 그것은 당신이 반드시 뛰어넘어야 할 벽이다.
- **스즈키 야스토모**(鈴木康友: 보험 세일즈맨)

첫인상에서 모든 것이 결정된다. 웃는 표정을 연습하며 아름다운 인사법을 몸에 익혀라.
- **니시데 히로코**(西出博子: 비즈니스 매너 강사)

아무리 친한 고객일지라도 고객을 방문할 때에는 기본 예의를 꼭 지켜야 한다. 부주의한 언행은 화를 불러오는 근원이 된다.
- **스즈키 야스토모**(鈴木康友: 보험 세일즈맨)

고객의 말을 듣는 데 성의를 보여라. 자신 있는 태도를 보여라. 솔선해서 우호적인 태도를 보여라.
- **클레멘트 스톤**(W. Clement Stone: 손해보험 그룹 에이온 코퍼레이션 창업자)

고객의 욕구를 방문하기 전에 알아내라. 어떻게 상담하고 설명할 것인지 계획을 세워라.
- **엘머 레터맨**(Elmer Letterman: 보험 세일즈맨)

방문 공포증은 세일즈의 암적 존재이다. 이를 과감히 떨쳐버리지 못하면 성공은 없다. 방문 공포증은 자기 일에 대해서 자신을 잃었을 때, 고객에게 열등의식을 가질 때, 고객의 거절을 미리 상상해서 느끼는 불쾌감이 들 때 나타난다.
- **이이즈까 데이꼬**(飯塚帝京: 보험 세일즈맨)

나타나야 할 장소에 가는 것만으로도 세일즈는 80퍼센트의 성공을 만든다.
- **우디 알렌**(Woody Allen: 시나리오작가. 영화감독)

해맑게 웃는 얼굴이야말로 고객의 얼음장 같은 마음을 일시에 녹여주는 매직파워이다.
- **모리 쓰루오**(森鶴夫: 세일즈 컨설턴트)

해보고 후회하는 것이 낫다. 구매 의사가 없을 것이라고 속단하지 말고 일단 만나라.
- **허영봉**(기아자동차)

고객을 만날 때에는 첫 번째 만남을 통해 그로부터 정보를 얻고 두 번째 만남부터 자신이 작성한 제안서를 추천하면서 상품 설명을 하라.
- **존 로드**(John Lord: 보험 세일즈맨)

Attraction

첫 인상을 좋게 하라. 스킨십과 언어로 동시에 자극하여 상대에게 강한 인상을 심어줘라.
- **미우라 유우고**(三村侑弘: 마케팅 컨설턴트)

유망고객과 개인적으로 만나는 일은 내가 그 고객의 일을 가치 있게 생각하고 또 존중하고 있음을 보여주는 기회가 된다.
- **존 로드**(John Lord: 보험 세일즈맨)

직역(직단) 고객을 만나기 전에는 며칠 동안 밤을 새워 해당사와 업계에 대한 자료들을 공부한다.
- **로스 페로**(Ross Perot: IBM 세일즈맨, EDS 창립자)

판매를 통해 이루어진 만남을 지속적인 관계로 발전시키지 못하면 결국 그 만남은 무의미해질 수밖에 없다.
- **조 지라드**(Joe Girard: 자동차 세일즈맨)

고객이 경쟁 상품의 자료를 갖고 있을 때는 유머로 가볍게 접근하는 것이 효과가 크다.
- **다이애나 부허**(Dianna Booher: 세일즈 컨설턴트)

상황과 상대에 따라 적절한 인사법을 취하며 언제 어디서나 활기 넘치는 모습으로 고객들을 대면하라.
- **말콤 글래드웰**(Malcolm Gladwell: 저널리스트)

고객이 당신의 제품이나 서비스를 살 때 가장 바라는 게 무엇일까에 대해 생각하라. 그런 다음 고객이 원하는 결과를 당신이 가져다줄 것임을 보장하라.
- 제이 에이브러햄(Jay Abraham: 세일즈 컨설턴트, 제이 에이브러햄그룹 CEO)

세일즈맨의 전체 판매량 중 2퍼센트는 첫 번째 만남에서 일어나고, 3퍼센트는 두 번째, 5퍼센트는 세 번째, 10퍼센트는 네 번째 만남에서 일어난다. 그리고 전체 세일즈의 80퍼센트는 다섯 번에서 열 번째 만남에서 일어난다.
- 미국의 전문 세일즈맨 연합과 전국 세일즈 임원연합의 조사

고객과의 약속이 취소될 경우에는 갑자기 빈 그 시간을 고객을 위한 서비스에 투자하거나 협력자를 만나는 데 사용하라.
- 호세 페르난데스(Jose Fernandez: 보험 세일즈맨)

직역에서 상품설명회를 하면 대량계약을 체결할 수 있다. 신계약을 많이 확보하는 지름길은 직역을 통한 상품 설명회.
- 시바타 가즈코(芝田和子: 보험 세일즈맨)

고객이 대화를 꺼리면 먼저 상대방이 당신의 말에 귀 기울일 수 있도록 삶의 멋진 면에 대하여 낭만적인 대화를 나누어라. 절대로 대화의 첫머리에 사업에 관한 이야기를 꺼내서는 안 된다.
- 로저 도슨(Roger Dawson: 협상 심리학자)

어떻게든 고객과의 대화를 이끌어내라. 고객을 안심시키고 말을 유도하기 위해 질문을 던져라. 장사꾼 냄새를 풍기지 마라.
- **기도 가즈토시**(木戸一敏: 학습교재 세일즈맨, 모엘사 CEO)

한 번 만날 사람을 두 번 만나는 소모적인 일은 하지 않는다.
- **조 지라드**(Joe Girard: 자동차 세일즈맨)

영업성과가 높은 세일즈맨은 그렇지 못한 세일즈맨보다 고객의 니즈를 알아내기 위한 질문을 더 많이 한다.
- **Achieve Global**(교육컨설팅 회사)

이야기 첫머리의 10초는 다음의 10분보다 중요하고 첫머리의 열 마디 말은 그 뒤의 10만 마디의 말보다 중요하다.
- **엘머 휠러**(Elmer Wheeler: 세일즈 트레이너)

세일즈 달인이 되는 첫걸음은 사려 깊은 태도로 고객에게 당신이 한 말을 믿게 만드는 것이다.
- **로저 도슨**(Roger Dawson: 협상 심리학자)

맛깔스럽게 전개하는 구수한 이야기보다 사람을 빠져들게 하는 마력은 없다.
- **윈스턴 처칠**(Winston Churchill: 정치가)

고객들의 말을 들어줄 수는 있지만 꼭 이룩해야 하는 것은 고객이 당신의 말을 진지하게 받아들이도록 만드는 일이다.
- **캐리 홀**(Carrie Hall: 보험 세일즈맨)

고객의 본심을 이끌어내고자 할 때에는 인간의 가장 기본적인 본성인 희로애락 감정 중 고객에게 가장 쉽게 다가올 한 가지에 먼저 불을 붙이면 된다.
- **나카지마 다카시**(中島孝志: 경영 컨설턴트)

거절당하는 것을 두려워하지 마라.
- **하워드 슐츠**(Howard Schultz: 후지제록스 세일즈맨, 스타벅스 회장)

거절이 심한 고객을 상대할 때에는 그 고객과 친분 있는 사람의 소개를 통해 가는 것이 제일 바람직한 결과를 낳는다.
- **로스 페로**(Ross Perot: IBM 세일즈맨, EDS 창립자)

세일즈는 거절과의 싸움이다. 거절을 극복하는 세일즈맨만이 성공의 대열에 오를 수 있다. 거절 처리 기술을 익히고 또 익혀라.
- **버트 팔로**(Bert Palo: 보험 세일즈맨)

프로 세일즈맨은 거절의 명수다. 설득의 명수보다는 거절의 명수가 되어라. 거절할 줄 알아야 거절하는 고객을 상대할 수 있다.
- **이브라힘 엘피키**(Ibrahim Elfiky: 세일즈 마스터, 람세스 국제 세미나 설립자)

Attraction

수많은 거절로 몇 번이고 영업을 포기하려고 했지만 무조건 매일 고객 5명씩 직접 만나는 것을 하루도 빠짐없이 실천에 옮겼다. 그렇게 대인공포증을 극복하고 자신감과 열정을 불사르며 거절에 효율적으로 대처해 나가는 방법을 터득했다.
- 프랭크 베트거(Frank Bettger: 보험 세일즈맨, 성공 컨설턴트)

영업은 거절당한 곳에서부터 시작된다.
- 야마모토 후지미쓰(山本藤光: 제약회사 영업사원, 경영 컨설턴트)

압력을 받아도 굴하지 마라. 하지만 고객에게 압력을 주지는 마라.
- 엘머 레터맨(Elmer Letterman: 보험 세일즈맨)

고객의 거절 강도가 높아 논쟁을 할 경우 격분하는 듯한 말과 태도를 보이면 안 된다. 그럼 당신은 고객에게 지는 것이다.
- 나카지마 다카시(中島孝志: 경영 컨설턴트)

거절을 당하는 것은 아무것도 아니다. 거절을 두려워하지 마라.
- 스즈키 야스토모(鈴木康友: 보험 세일즈맨)

어떻게 하든 고객이 거절의 의지를 마음에서 완전히 지우도록 만들어라.
- 엘머 레터맨(Elmer Letterman: 보험 세일즈맨)

Attraction

세일즈맨의 소득은 거절의 횟수와 정비례한다. 그리고 거절에 의해 좌우된다.
- **로버트 스티븐슨**(Robert Louis Stevenson: 작가, 시인)

70이 넘은 지금까지 생애 내내 거절을 많이 당해서 방문한 집에서 거절받는 것이 전혀 두렵지 않기에 훌륭한 세일즈맨이 될 수 있었다.
- **빌 포터**(Bill Porter: 와트킨스 사 세일즈맨)

거절당하고 실망하게 되더라도 연연해하지 말자. 나는 매일 모든 면에서 강해지고 있다.
- **주얼 테일러**(Jewel Diamond Taylor: 비즈니스 카운슬러)

입사 후 사흘 동안 벨을 누를 용기가 나지 않았다. 처음 벨을 누른 집에서 얘기할 기회도 없이 거절당했다. 그래도 하루에 16킬로미터 정도를 걸으면서 세일즈를 했다.
- **빌 포터**(Bill Porter: 와트킨스 사 세일즈맨)

다른 사람들의 경험으로부터 무언가를 배우고 또한 거절을 받아들일 수 있는 성품을 갖추게 된다면 일에서 원하는 바를 무엇이든지 이룰 수 있다.
- **마이크 피오트로비츠**(Mike Piotrowicz: 보험 세일즈맨)

Attraction

톱 세일즈맨의 영업비결은 절대 팔려고 애쓰지 않고 고객의 마음을 사려고 하는 데 있다.
- **존 워너메이커**(John Wanamaker: 의류판매원, 워너메이커 백화점 설립자)

거절에 낙담하여 또 다른 실패가 두려워 망설이면 결코 앞으로 나아갈 수 없다.
- 존 크리시(John Creasey: 추리작가, 출판사로부터 743번의 거절을 당한 경험이 있음)

첫 방문에서 10명의 고객 중 6명은 'Yes'라고 대답하기 이전에 'No'라고 미리 말한다.
- 맥그로 힐 조사

당신이 세일즈를 시작한다면 나는 첫날부터 소개 확보에 따르는 가망고객 발굴에 착수하라고 할 것이다. 우선 친구, 친척, 친지들 중에서 자신을 문 안으로 들일 만한 누구라도 찾아가라. 일단 문 안으로 들어가면 교육 받은 대로 말하면 된다.
- 알프레드 그래넘(Alfred Granum: 보험 세일즈맨)

고객의 세일즈에 대한 거부반응을 없애는 것부터가 첫 시작이다. "아니오"라는 대답이 나올 질문은 애초에 하지 마라.
- 조 지라드(Joe Girard: 자동차 세일즈맨)

한 명의 고객을 소중하게 여기고 지키는 것은 백 명의 고객을 늘리는 것과 같다. 또 반대로 한 명의 고객을 잃는 것은 백 명의 고객을 잃는 것과 같다. 고객을 정성껏 대접하면 사업은 저절로 번창한다.
- 마쓰시타 고노스케(松下幸之助: 마쓰시타 전기 창업자)

고객으로부터 "안 된다"는 말을 세 번 듣기 전에는 그 말을 진심으로 받아들이지 마라.
- **해럴드 스펄리치**(Harold Sperlich: 자동차 세일즈맨)

내가 세일즈를 시작하면서 깨달은 사실은 내 자신이 이 상품을 구매할 만한 많은 사람들을 알고 있지 않다는 사실이었다.
- **웨인 콜린스**(Wayne Collins: 보험 세일즈맨)

고객은 자신들이 무엇을 모르고 있는지를 알지 못한다. 당신이 해야 하는 일은 그들로 하여금 그것을 알도록 돕는 일이다.
- **빌 루이**(Bill Louie: 보험 세일즈맨)

세일즈맨이 되면서 가장 멋지고 가장 흥미로운 사람들을 만날 기회를 갖게 되었다.
- **조 라메이**(Jo Lamey: 보험 세일즈맨)

세일즈는 고객의 신뢰를 얻어내고 고객이 무엇을 필요로 하는지를 확인하는 여정이다.
- **존 맥티어**(John Mactear: 해외무역 영업사원, 머큐리 인터내셔널 경영 컨설턴트)

혼자 힘으로 성공하고 부자가 된 사람은 없다. 주위의 재원, 인맥을 끌어들이지 않으면 안 된다.
- **스티븐 스코트**(Steven K. Scott: 아메리칸 텔레케스트 설립자)

세상에서 가장 어려운 일은 사람이 사람의 마음을 얻는 일이다.
- 생텍쥐페리(De Saint-Exupery: 조종사, 작가)

세상을 보는 데는 두 가지 방법이 있다. 한 가지는 모든 만남을 우연으로 보는 것이고 한 가지는 모든 만남을 기적으로 보는 것이다. 세상의 모든 만남은 우연이 아닌 기적이다.
- 알베르트 아인슈타인(Albert Einstein: 물리학자)

사업에 있어서 공격적인 태도는 우리를 헛되이 흥분시킬 뿐이어서 논리적인 사고력을 상실케 하고 사람을 다루는 능력을 손상시킨다.
- 시어도어 루빈(Theodore Rubin: 정신분석학자)

고객을 만나기 전에는 대화를 어떻게 이끌어갈 것인지를 항상 시뮬레이션해 놓아야 한다. 괴테가 말한 "첫 단추를 잘못 채우면 마지막 단추를 채울 수 없다"는 말은 세일즈에서는 진리이다.
- 나카지마 다카시(中島孝志: 경영 컨설턴트)

열 번 방문하고, 열 번 전화하는 것보다 훨씬 더 효과적이고 실패할 확률이 적은 방법은 한 번이라도 고객의 무의식적인 심리를 공략하는 일이다.
- 케빈 호건(Kevin Hogan: 비즈니스 컨설턴트, 대중 연설가)

인간의 가치는 다른 사람과 맺은 관련의 가중치로 측정할 수 있다.
- **프리드리히 니체**(Friedrich Wilhelm Nietzsche: 철학자)

인색한 고객의 마음까지도 부드럽게 흔드는 설득 도구는 바로 고객에 대한 사려 깊은 태도이다. '사려'라는 선물은 강력한 의무감을 불러일으킨다. 또한 이 선물은 비용이 전혀 들지 않는다는 매력이 있다.
- **로저 도슨**(Roger Dawson: 협상 심리학자)

판매원이 어떻게 느끼느냐 하는 것은 고객이 어떻게 느끼느냐 하는 것을 나타낸다.
- **칼 알브레히트**(Karl Hans Albrecht: 경영 컨설턴트)

비즈니스의 참 목적은 고객을 발견하고 그것을 유지시키는 것이다.
- **시어도어 레빗**(Theodore Levitt: 경제학자, 하버드 비즈니스 리뷰 입안자)

톱 세일즈맨이라고 거절당하지 않는 것은 아니다. 그들은 거절을 상처로 받아들이는 대신 하나의 과정으로 받아들였을 뿐이다. 보험 세일즈맨으로서 백만장자가 된 프랭크 베트거도 5천 번 이상의 거절을 겪고 일어선 사람이다.
- **나폴레온 힐**(Napoleon hill: 성공철학자)

오늘부터 인생의 새로운 규칙을 정하여 만나는 사람들에게 조금 더 친절한 사람이 되도록, 늘 노력하는 사람으로 남도록 하라.
- 제임스 베리(James Berry: 극작가)

톱 세일즈맨의 영업비결은 절대 팔려고 애쓰지 않고 고객의 마음을 사려고 하는 데 있다.
- 존 워너메이커(John Wanamaker: 의류판매원, 워너메이커 백화점 설립자)

마음의 문을 굳게 닫아 걸고 대화를 꺼려하는 고객을 설득하는 가장 현명한 방법은 환불 보증서를 보여주거나 추천장을 제시함으로써 안심시키는 것이다.
- 로저 도슨(Roger Dawson: 협상 심리학자)

판매는 거절을 당했을 때부터 시작된다. 거절의 순간부터 영업실적을 쌓을 수 있다.
- 엘머 레터맨(Elmer Letterman: 보험 세일즈맨)

어느 기업에서 IBM 세일즈맨은 절대 출입을 금지시키라는 공식 명령이 내려졌을 정도였지만 나는 반드시 판매를 하고야 말겠다는 오기를 갖고 수십 번의 시도 끝에 수위를 통과하고 사장을 제외한 모두의 마음을 움직이는 데 성공했다.
- 로스 페로(Ross Perot: IBM 세일즈맨, EDS 창립자)

나는 한 고객에게 무려 130번의 거절을 당했지만 결국 그 고객에게 판매했다. 고객의 거절은 자신을 단련시키기 위한 채찍질이라 생각해야 한다.
- 폴 마이어(Paul J. Meyer: 보험 세일즈맨, SMI(Success Motivation Institute) 설립자)

나는 1,101번 아니 100,001번 거절을 받더라도 꿈의 도전을 계속할 것이다. 꿈은 반드시 이뤄지니까!
- 커넬 핼랜드 샌더스(Colonel Harland Sanders: KFC 창업주)

고객의 'No'라는 대답은 'Yes'라는 대답에 가깝다는 사실을 명심하라.
- 론 워커(Ron Walker: 보험 세일즈맨)

고객의 "이미 들었다"라는 말에 물러날 곳은 오로지 화장실뿐이다.
- 이이즈까 데이꾜(飯塚帝京: 보험 세일즈맨)

고객의 거절에 당황하거나 실망해서는 안 된다. 고객의 거절은 지극히 당연한 것으로 받아들이는 자세가 중요하다.
- 이이즈까 데이꾜(飯塚帝京: 보험 세일즈맨)

때로는 미련 없이 포기하는 법을 배워라.
- 엘머 레터맨(Elmer Letterman: 보험 세일즈맨)

나는 금맥으로부터 3피트 앞에서 걸음을 멈추었다. 그러나 앞으로는 내가 고객을 찾아가 보험을 사라고 할 때 고객이 아무리 "안 사요, 아니오"를 연발해도 나는 결단코 물러서지 않으리라.
- **달비**(R.V. Darby: 보험 세일즈맨)

고객의 거절은 세일즈맨에 대한 거절 자체는 아니다. 그것은 단순히 거절을 하는 하나의 이유에 불과하다.
- **게리 시츠먼**(Gary Sitzmann: 보험 세일즈맨)

한 번도 고객으로부터 거절당하지 않고 물건을 판매하였다면 그것은 어떤 의미에서는 완전판매를 한 것이 아니다.
- **엘머 레터맨**(Elmer Letterman: 보험 세일즈맨)

거절에 민감하게 반응하지 마라. 아무리 혹독하게 거절을 당하더라도 고객의 거절을 가볍게 받아 넘겨 스펀지에 물이 스며들듯이 하라. 톱 세일즈맨들도 거절을 수없이 당했음을 생각하라.
- **모리 쓰루오**(森鶴夫: 세일즈 컨설턴트)

고객의 거절에 어떻게 반론을 제기할 것인지 늘 연구하라. 즉시 되받아치는 응수화법의 사례를 미리 다양하게 준비해둬라. 그리하여 고객의 입에서 "예스"라는 말이 나오도록 만들어라. 끝까지 기죽지 말고 돌진하라.
- **모리 쓰루오**(森鶴夫: 세일즈 컨설턴트)

당신이 왜 그곳에 있는지 기억하라. 고객이 "생각해보겠다"라고 거절하면 그 자리에서 다시 설득하라.
- 댄 케네디(Dan S. Kennedy: 세일즈맨, 세일즈 트레이너)

고객이 동의하지 않을 때에는 동의하지 못하는 부분에 대해 왜 그런지 고객의 본심을 알아내는 반문법을 사용한 다음 자신의 마음을 그에 맞춰 대화를 이끌어야 한다.
- 나카지마 다카시(中島孝志: 경영 컨설턴트)

고객이 거절할 때 극복하기 힘든 경우가 있지만 그것이 거절 자체는 아니다. 그것은 거절하는 하나의 이유에 불과하다.
- 게리 시츠먼(Gary Sitzmann: 보험 세일즈맨)

고객이 세일즈맨의 말에 의심을 나타내는 경우가 그렇지 않은 경우보다 세일즈 성공확률이 평균 1.8배 더 높다.
- Achieve Global(교육컨설팅 회사)

거절을 받아넘기면서 거절의 이유가 근거 없는 것이라는 사실을 밝혀 보여주어라.
- 얼 프리베트(Earl Privett: 보험 세일즈맨)

거절의 이유가 때로는 구매의 이유가 된다.
- 얼 프리베트(Earl Privett: 보험 세일즈맨)

아마추어는 고객의 거절을 극복해야 할 장애물로 인식하지만, 프로는 고객의 거절 속에 상품 구매를 거부하는 확실한 이유가 있다고 생각하고 그 원인을 차례대로 제거한다. 그 원인들이 사라지면 계약 성공률은 당연히 높아진다.
- **니도 쿠베인**(Nido R. Qubein: 세일즈 컨설턴트, 컨설팅 회사 CEO)

맨 처음 고객을 만났을 때 5분 이상 상품설명만 하고 있다면 설명하는 방법이 틀렸다고 할 수 있다. 고객은 처음 만난 세일즈맨에게 5분 이상 기다려줄 마음의 여유가 없다. 세일즈는 단 5분의 승부이다. 단기간의 승부라는 것을 모르면 톱 세일즈맨이 될 수 없다.
- **이이즈까 데이꼬**(飯塚帝京: 보험 세일즈맨)

일단 고객이 당신의 사소한 첫 제안을 받아들이면, 그 결정을 더 강화시키려는 방향으로 행동하게 된다.
- **로저 도슨**(Roger Dawson: 협상 심리학자)

세일즈 생활 30년이 지난 지금까지 내가 확보한 고객은 25,000명이 넘는다. 체결한 계약 중 소개를 받고 계약한 고객들을 종합적으로 분석해보면 계약 성공률이 80퍼센트 정도 된다. 나의 세일즈 인생에 있어서 소개는 오늘의 나를 낳게 한 뿌리다.
- **시바타 가즈코**(芝田和子: 보험 세일즈맨)

Attraction

고객 면담 후 10분이면 팔 수 있다. 10분이 지났다면 차라리 다른 고객을 개척하라.
- 이도구찌 켄지(井戶口健二: 보험 세일즈맨)

당신이 가망고객이 원하고 있는 것이 무엇인지 발견하도록 돕는다면, 그들은 그것을 갖기 위해 모든 수단을 동원할 것이다.
- 프랭크 베트거(Frank Bettger: 보험 세일즈맨, 성공 컨설턴트)

한 번 만난 사람이라도 반드시 이름을 기억해둬라. 다음 만났을 때 이름을 불러주면 그것보다 더 좋은 인상효과는 없다.
- 로저 도슨(Roger Dawson: 협상 심리학자)

밝은 미소와 깔끔한 옷차림은 상대방에게 더욱 큰 신뢰를 심어준다.
- 나이토 요시히토(內藤誼人: 심리학자)

고객이 정말 "이 세일즈맨이 나에게 도움을 줄 수 있을까?"라는 의문을 갖게 하면 계약체결의 길은 멀고도 험하다.
- 모리 쓰루오(森鶴夫: 세일즈 컨설턴트)

새로운 계약은 내 손 위에 저절로 떨어지는 것이 아니다. 그것을 얻기 위해 스스로 수많은 노력을 해야 한다.
- 론 워커(Ron Walker: 보험 세일즈맨)

한 사람을 잡으면 250명을 잡게 되고, 한 사람을 잃으면 250명을 잃는다.
- **조 지라드**(Joe Girard: 자동차 세일즈맨)

고객을 조금이라도 속이면 안 된다. 고객은 속았다고 생각하는 그 순간부터 그 세일즈맨을 마음으로부터 멀리한다. 그러고는 다시는 그 사람에게 상품을 구매하지 않는다.
- **조 지라드**(Joe Girard: 자동차 세일즈맨)

한 번 퇴짜 맞으면 두 군데 더 방문하는 근성이 있다. 바람이 잘 불면 바람개비가 저절로 돌아가지만 바람이 없으면 스스로 뛰면서 바람개비를 돌려야 한다.
- **박노진**(대우자동차판매)

세일즈의 왕도는 소개에 있다. 지금껏 잘못된 영업습관으로 성공하지 못했다면 즉시 소개의 문을 두드려라.
- **시바타 가즈코**(芝田和子: 보험 세일즈맨)

소개를 받고 상품을 판매하기 위해서는 상품과 자신에게 생명력을 불어넣어야 한다. 소개 확보의 길만이 당신을 성공으로 이끌어주는 유일한 길이다.
- **버트 팔로**(Bert Palo: 보험 세일즈맨)

Attraction

영업의 갈증을 해소할 당장의 계약 한 건보다 영원히 마르지 않는 소개의 샘을 파라.
- **조 지라드**(Joe Girard: 자동차 세일즈맨)

소개를 시켜주고 싶은 사람이 되어라. 능력을 인정받으면 소개를 부탁하기가 쉬워진다. 소개는 자신의 가치 창출에서 비롯된다.
- **스즈키 야스토모**(鈴木康友: 보험 세일즈맨)

소개장은 소개해준 사람의 분신과 같다.
- **앤드류 카네기**(Andrew Carnegie: 철강회사 설립자)

소개를 받기 위해서는 고객과 끊임없는 유대를 맺는 것이 가장 중요하다.
- **리처드 루이시**(Richard Louise: GE세일즈맨)

고객을 처음 만났을 당시의 상황보다 그 고객을 훨씬 더 좋은 상황에 처하도록 만들어주면 고객은 계속해서 소개를 해준다.
- **스티븐 블라운트**(J. Steven Blount: 보험 세일즈맨)

소개를 부탁할 때에는 좀더 구체적으로 요청하고, 소개를 받으면 피소개자에 대해 가능한 한 많은 자료를 수집하라.
- **스티븐 블라운트**(J. Steven Blount: 보험 세일즈맨)

199
Attraction

판매에 임할 때마다 고객에게 다른 잠재고객을 소개해달라고 요청하라. 이는 잠재고객을 찾는 훌륭한 방법이다.
- **로저 도슨**(Roger Dawson: 협상 심리학자)

소개는 매우 중요하다. 신규고객 발굴은 소개자의 영향력에서 출발한다.
- **데이비드 라우**(David Low: 보험 세일즈맨)

평판과 소문은 가장 좋은 소개장이다.
- **탈무드**(Talmud)

소개를 받는 일보다 더 중요한 것은 소개받은 사람들에게 접근하여 일을 진행해 나가고자 하는 훈련과 동기의식이다.
- **빌 루이**(Bill Louie: 보험 세일즈맨)

가치가 겸비된 서비스는 소개를 유도한다. 당신이 유익한 일을 하고 있다면 사람들은 자연스럽게 알게 된다.
- **프랭크 크리건**(Frank Creaghan: 보험 세일즈맨)

당신이 고객을 위해 열정적으로 노력하는 진지한 모습을 보인다면 고객은 당신을 신뢰하고 소개의 문을 열어놓을 것이다.
- **에더 링턴**(Ethe Rington: 보험 세일즈맨)

Attraction

명령이 내려졌을 정도였지만 나는 반드시 판매를 하고야 말겠다는 오기를 갖고 수십 번의 시도 끝에 수위를 통과하고 사장을 제외한 모두의 마음을 움직이는 데 성공했다.
- **로스 페로**(Ross Perot: IBM 세일즈맨, EDS 창립자)

소개에 의한 고객발굴보다 더 나은 것은 없다. 장기간 고소득을 보장 받으려면 반드시 꼬리에 꼬리를 물고 소개가 이루어지는 소개 마케팅을 실천에 옮겨 나가야 한다.
- **알프레드 그래넘**(Alfred Granum: 보험 세일즈맨)

전문적인 조언가가 소개자로서 가장 적격이다. 그들과 연계 맺어 사회활동에 참가하라. 그들의 품격에서 보석 같은 소개가 쏟아진다.
- **윌리엄 레이스만**(William Reisman: 보험 세일즈맨)

내가 고객과 열 번 이야기했을 경우, 그중 아홉 번의 대화는 가족과 인생에 대한 이야기이고 나머지 단 한 번만 상품에 관한 이야기를 한다. 이것이 내가 소개 확보를 통해 성공할 수 있는 비결이다.
- **론 폴신**(Ron Paulseen: 보험 세일즈맨)

계속하여 소개를 요청하라. 소개받은 사람이 없는 것은 당신이 요청하지 않았기 때문이다. 소개는 생명줄이다.
- **자니 애드콕**(Johnny Adcock: 보험 세일즈맨)

나는 설령 계약을 하더라도 그 신규고객으로부터 다른 사람을 5명 이상 소개받지 못하면 실패한 세일즈라고 생각한다.
- **조 지라드**(Joe Girard: 자동차 세일즈맨)

소개 확보를 요청할 때 매우 구체적인 질문을 해야만 피소개자 접근을 수월하게 할 수 있다.
- **스테판 드리**(Stefan Didry: 보험 세일즈맨)

세일즈가 일상적으로 이루어져야 롱런할 수 있고, 소개 확보가 가능해야만 성공할 수 있다.
- **벤 펠트만**(Ben Feldmann: 보험 세일즈맨)

고객과 있는 모든 순간, 소개용지를 꺼내라. 이것은 별개의 판매나 마찬가지다.
- **레스터 로젠**(Leicester Rosen: 보험 세일즈맨)

기존고객은 최선의 협조자이다. 기존고객은 상품을 이해하고 있기 때문에 소개를 얻어내는 데 좀더 확실하고 용이하다.
- **클레멘트 스톤**(W. Clement Stone: 손해보험 그룹 에이온 코퍼레이션 창업자)

소개 확보에 가장 적당한 기회는 세일즈 프로세스마다 늘 주어져 있다. 꼭 계약을 체결한 다음이라고 생각하지 마라.
- **알프레드 그래넘**(Alfred Granum: 보험 세일즈맨)

"소개해주면 보답하겠다"는 메시지를 명함을 건넬 때 꼭 남겨 놓는다.
- **박노진**(대우자동차판매)

고객은 당신의 식탁 위에 빵을 차릴 수 있도록 도와주는 단순한 구매자가 아니다. 당신은 고객과 하나의 팀을 구성하는 것이다. 팀 구성원 각각은 서로 같은 목표를 향해 일치되어야 한다. 그것은 바로 사랑과 행복의 추구이다.
- **알란 바이스**(Alan Weiss: 보험 세일즈맨)

고객을 가르치려 들기보다는 고객의 요구를 파악하는 게 더 중요하다.
-**임재만**(푸르덴셜생명)

방문고객이나 알고 지내는 사람은 아주 좋은 소개원이 된다. 그들은 내가 그들을 위해 한 일로 얻은 이익과 내가 그들을 위해 노력하고 있는 것을 알기 때문이다.
- **레스터 로젠**(Leicester Rosen: 보험 세일즈맨)

소개를 부탁할 때에는 고객의 친구를 소개 받아라. 그것이 소개자에게 부담을 주지 않으면서 쉽게 소개 받을 수 있는 방법이다.
- **야마모토 후지미쓰**(山本藤光: 제약회사 영업사원, 경영 컨설턴트)

고객과의 관계를 갖는 일은 하룻밤 동안에 이루어지는 일이 아니다. 부단한 훈련과 책임감이 따르는 일이다.
- **마이크 피오트로비츠**(Mike Piotrowicz: 보험 세일즈맨)

비록 구매의 대상은 아닐지라도 그가 돈을 지불한다면 그는 분명 고객이다. 이런 고객을 잘 관리해야 한다.
- **알프레드 그래넘**(Alfred Granum: 보험 세일즈맨)

소비자들은 자신이 특별한 대접을 받는다고 느끼고 싶어한다. 특히 명품의 경우엔 더 그렇다.
- **로렌 애소그나**(Assogna: 벨루티 사장)

필승의 의지는 가망고객에게 접근하는 최선의 방법일 뿐만 아니라 상담에서 최종거래로 유도하는 최선의 방법이다. 집중, 판매의지, 필승의지 등이 충분히 강할 때 모든 장애를 뛰어넘어 성공의 길로 달리는 횃불을 높이 치켜들 수 있다. 필승의 의지를 지닌 세일즈맨은 무한한 미래를 향한 고속도로를 걷고 있는 것이다.
- **버트 쉴라인**(Bert Sheline: 제니스라디오, GE 세일즈맨)

나의 성공비결은 영업이 아무리 힘들어도 고객의 신뢰를 받으면 언젠가는 성공할 수 있다는 긍정적이고 적극적인 자세와 확신에 있다.
- **클레멘트 스톤**(W. Clement Stone: 손해보험 그룹 에이온 코퍼레이션 창업자)

삶이란 주는 것이다. 좋은 만남은 나의 마음을 상대방에게 보여주는 것이 시발점이다.
- **존 템플턴**(John Templeton: 월간지 세일즈맨, 템플턴그로스 펀드 설립자)

성공의 비결이 있다면, 그것은 고객의 입장이 되어서 모든 것을 생각하는 것이다.
- **토머스 왓슨**(Thomas J. Watson: IBM 창업자)

고객들이 항상 옳은 것은 아니지만 그들은 항상 우리의 고객이다. 고객이 잘못을 저지르거나 무리한 요구를 하더라도 고객을 비난하는 것이 아니라 신뢰하고 문제를 해결할 수 있는 방안을 모색해야 한다.
- **론 젬키**(Ron Zemke: CS 컨설턴트)

세일즈는 고객과 하는 결투와 다름없다. 고객에게 절대로 져서는 안 된다. 반드시 이겨라.
- **모리 쓰루오**(森鶴夫: 세일즈 컨설턴트)

자신감이 충만한 세일즈맨은 고객을 만났을 때 계약될 확률을 100퍼센트라 확신하고 언제나 당당하게 컨설팅한다.
- **샘 딥**(Sam Deep: 미국 성공 컨설턴트)

톱 세일즈맨들은 모든 고객은 나의 잠재고객이라 생각한다. 만나는 모든 사람을 현재의 고객과 같이 대한다. 그들은 예기치 않은 곳에서 상담이 이루어지고 상품이 판매된다는 것을 안다.
- **제프리 폭스**(Jeffrey J. Fox: 마케팅 컨설턴트)

신인으로서 나의 활동목표는 매주 25건의 소개를 받는 일, 그리고 트레이너가 가르쳐준 모든 기본 원리들을 그대로 활용하는 일이었다.
- **제프 윌리스**(Jeff Willis: 보험 세일즈맨)

판매에 왕도는 없지만 정도는 있다. 내가 터득한 영업비결은 좌우지간이다. "좌우지간 가라, 만나라, 얘기하라"이다.
- **박노진**(대우자동차판매)

세일즈로 아름다운 인생, 제2의 멋진 인생을 만들어라. 그러면 거절을 당하더라도 의기소침하거나 공포심을 느끼지 않고 다시 당당하게 고객 앞에 설 수 있는 용기가 생긴다.
- **톰 홉킨스**(Tom Hopkins: 부동산 세일즈맨, 세일즈&성공학 전문가)

고객 개개인의 습관을 파악하는 정도와 장기적인 소득 향상은 정비례한다.
- **닐 마틴**(Neale Martin: CS 전문가, 엔텔렉 CEO)

영업을 오래할수록 보유고객에게 안주해 신규고객 발굴에 소홀해지기 쉽다. 이 경우에는 갖고 있는 재산을 조금씩 잃어버리는 것처럼 영업의 세계에서는 금방 도태되고 만다.
- **박노진**(대우자동차판매)

고객은 원래 왕이고 까다롭고 변덕이 심한 존재다. 어떤 주문을 해도 고객이 이런 주문을 하는 것은 당연하다고 마음먹으면 어떤 일이든 흔쾌히 할 수 있다.
-**정송주**(기아자동차)

세일즈란 의욕과 열정만으로 되는 것이 아니다. 새로운 고객을 발굴하고 고객의 필요 욕구를 파악하면서 고객에게 가장 알맞은 스토리를 창조하여 마음을 사로잡는 스토리텔러로 업그레이드 되어야 한다.
-**김영한**(창조경영 아카데미 대표)

고객은 무엇보다 내가 열심히 하는 걸 원한다. 고객은 열심히 하는 사람에게 팔아주고 싶어한다.
-**최진성**(현대자동차)

한 명의 고객을 얻는 것은 100명의 잠재 고객을 얻는 것과 같다.
-**예영숙**(삼성생명)

5
Trust

고객은 항상 옳다

세일즈는 고객과의 신뢰를 통해 이루어지는 상거래이다. 조선시대 말 거상인 임상옥은 "신용이야말로 사업에 있어 최대의 자본이요, 재물이다"라고 했다. 즉, 사람이야말로 장사로 얻을 수 있는 최고의 이윤이다. 고객에게 받는 신뢰는 세일즈의 가장 큰 자산이다. 급변하는 시장의 원리로 볼 때 어제의 고객이 반드시 오늘의 고객이 된다는 보장은 없다. 고객의 신뢰를 얻기 위해서는 고객이 대접받고 싶은 만큼 그들에게 대접해주어라. 그러면 고객만족을 넘어 고객감동을 이끌어낼 수 있다.

최고의 세일즈맨은 신뢰를 판다.
- **토드 던칸**(Todd Duncan: 자동차 세일즈맨, 던칸 그룹 설립자, 동기부여 전문가)

고객은 왕이다. 고객은 항상 옳다.
- **존 워너메이커**(John Wanamaker: 의류판매원, 워너메이커 백화점 설립자)

고객은 단순한 사업 대상이 아닌 가장 소중한 자산이다.
- **톰 피터스**(Tom Peters: 경영 컨설턴트)

고객에 대한 서비스는 즐거움이 되어야 한다.
- **버드 바게트**(Byrd Baguet: CS 컨설턴트)

세일즈에서는 황금률보다 한 걸음 더 나아간 백금률(platinum rule)이 필요하다. 상대가 원하는 대로 대응해주는 것이 바로 백금률이다.
- **토니 알레산드라**(Tony Alessandra: 마케팅 전문가)

고객 서비스는 고객과의 접점에 있다.
- **브라이언 틸**(Brian D. Till: 마케팅 컨설턴트)

상품의 품질이 비슷할 경우 경쟁에서 이길 수 있는 방법은 고객 서비스뿐이다.
- **데오도르 킨니**(Thedoere B. Kinni: 마케팅 컨설턴트)

인연이란 어디서 와서 어디로 갈지 모른다. 만나는 모든 고객을 소중히 여겨라. 스쳐 지나가는 한 번의 만남도 큰 성공을 가져다줄 수 있다.
- 스즈키 야스토모(鈴木康友: 보험 세일즈맨)

고객에게 무엇을 원하는가를 물어보아라. 감사의 깊이를 전할 수 있는 말과 행동을 보여라. 그리고 그대로 수행하여 고객의 기대를 훨씬 능가하라.
- 버드 바게트(Byrd Baguet: CS 컨설턴트)

"어떻게 하면 고객들을 행복하게 만들 수 있을 것인가?"라는 질문으로 머릿속이 가득 차 있어야 한다. 언제 어디서나.
- 커넬 핼랜드 센더스(Colonel Harland Sanders: KFC 창업주)

고객이 이야기하지 않고는 견딜 수 없을 정도로 의미가 있는 서비스만이 중요한 서비스다.
- 베시 샌더스(Betsy Sanders: CS 컨설턴트, 노드스트롬 백화점 CEO)

한 조직의 고객 서비스 질은 각각의 고객과의 접촉에서 형성된다. 이 접촉은 대부분 대면 접촉이며, 살아 숨 쉬는 인간적인 접촉이다.
- 론 젬키(Ron Zemke: 경영 자문가)

고객에게 대접을 받고 싶으면 먼저 대접하라.
– **프레드릭 스미스**(Frederick Smith: 페덱스 창업자)

친절은 경쟁으로 값싸게 취급되거나 파괴될 수 없는 단 하나뿐인 자산이다.
– **마샬 필드**(Marshall Field: 백화점 창립자)

고객이 찾아오는 것을 당연하게 생각하지 마라. 그 많은 기업들 중에서 당신을 선택하여 거래해준 것에 대하여 깊이 감사하라.
– **크리스틴 앤더슨**(Kristin Anderson: CS 전문가)

성공하는 신제품과 서비스의 아이디어 10개 중 8개는 고객에게서 나온다.
– **돈나 그레이너**(Donna Grainer: 마케팅 전문가)

서비스 정신이 조직 내에 깊이 배어 있지 않으면 서비스 품질 향상은 결코 이루어지지 않는다.
– **샘 월튼**(Samuel Moore Walton: 잡화점 판매원, 월마트 창업자)

항의하는 고객들은 하찮은 것을 가지고 흠잡는 사람들이 아니다. 오히려 구매자들을 대표하는 좀더 광범위한 샘플이 되는 사람들이다.
– **아서 베스트**(Arthur Best , 하버드대 경영학 교수)

스스로 정성을 다하지 않는 한 고객의 마음을 얻을 수 없다.
- 샤롯 비어드(Charlotte Beard: 경영 컨설턴트)

소비자가 보스이다.
- 램 차란(Ram Charan: 경영 컨설턴트)

고객은 항상 새로운 것을 원하고 자신을 남과 비교함으로써 상대적 만족을 얻으려 한다.
- 앤드류 카네기(Andrew Carnegie: 철강회사 설립자)

고객의 생각을 이해하는 것이 서비스로 성공하는 결정적인 수단이다.
- 론 젬키(Ron Zemke: CS 컨설턴트)

고객 서비스를 잘하는 회사들은 그렇지 못한 회사보다 매출도 많고 고객들의 충성도도 더 높다. 고객의 혼을 빼놓을 정도의 서비스를 하라.
- 마이크 스캘리(Mike Scally: CS 컨설턴트)

고객들의 삶과 일을 좀더 쉬운 것으로 그리고 좀더 재미있게 만들어주고 그렇게 함으로써 매우 즐거운 시간을 갖게 만들어라.
- 크리스티 앤더슨(Kristin Anderson: CS 전문가)

당신에게 지급하는 급여는 고객에 대한 봉사의 대가다.
- 월트 디즈니(Walt Disney: 디즈니랜드 창업자)

고객 한 사람의 뒷모습에 열 사람의 고객이 보인다.
- 사사키 시게오(笹木繁南: 홈토피아 CEO)

북경의 나비가 날갯짓을 하면 그 파동이 나중에 캐롤라이나의 허리케인에 영향을 미치는 것처럼 아주 사소한 친절 하나가 나중엔 커다란 시너지효과를 가져올 수 있다.
- 애드워드 로렌조(Edwards Lorenz: 기상학자)

물건을 억지로 팔려고 하는 입장에 서지 말고 상대방을 격려하며 신뢰를 심어주는 입장에 서라.
- 모리 쓰루오(森鶴夫: 세일즈 컨설턴트)

상대를 키워야 내가 큰다는 생각을 가져야 한다. 고객이 부자가 되어야 내 영업도 잘되고 나도 부자가 될 수 있다는 사고를 갖고 고객을 대하라.
- 클레멘트 스톤(W. Clement Stone: 손해보험 그룹 에이온 코퍼레이션 창업자)

상품 구매는 고객의 감정과 세일즈맨의 감정 교류에 따라 이루어진다. 고객의 욕구에 맞는 상품을 권유하라.
- 스즈키 야스토모(鈴木康友: 보험 세일즈맨)

> Trust

영업의 성공은 고객들에게 얼마나 많은 관심을 기울이고, 그들과 얼마나 가까이 교감을 나누며, 그들에게 어떠한 것을 알려주는가에 달려 있다.
- **캐리 홀**(Carrie Hall: 보험 세일즈맨)

고객의 요구와 욕구를 이해하는 능력은 "항상 배우라"는 간단한 말로 요약된다.
- **론 젬키**(Ron Zemke: CS 컨설턴트)

세일즈를 할 때 유망고객이 원하는 것이 무엇인지를 듣기 위해 그곳에 있다고 생각하라. 세일즈맨은 고객을 변화시키기 위해 애쓰는 사람이 아니라 앞으로 자신과 함께 일하게 될 고객으로 받아들이는 것이다.
- **노먼 레빈**(Norman Levine: 보험 세일즈맨)

미래에 돌아올 보상을 바라지 말고 사람들을 도와라. 그러면 그 수고에 대한 큰 축복을 받을 것이다.
- **메이디 파카르자테**(Mehdi Fakharzadeh: 보험 세일즈맨)

마케팅은 사업 성공의 핵심이다. 시장보다는 고객이 우선이다. 소비자들이 쉽게 구매할 수 있도록 하라.
- **브라이언 셔**(Brian Sher: 마케팅 전문가, 비즈니스 코치)

세일즈의 목적이 고객에게 일방적으로 상품을 구매하도록 하는 일이라고 생각하는 세일즈맨은 시장에서 절대로 환영받지 못한다. 언제나 고객의 입장에 서서 생각하면서 고객에게 이익과 만족을 가져다 줄 수 있는 실력을 키워야 한다.
- **모리 쓰루오**(森鶴夫: 세일즈 컨설턴트)

언제나 고객에게 기억에 남는 흐뭇한 경험을 서비스하라.
- **자넬 발로**(Janelle Barlow: TMI CEO)

훌륭한 장사꾼은 손님의 감정어린 모습에 따라가기보다는 스펀지가 되어준다.
- **윌리엄 블레이크**(William Blake: 문학가)

보이는 것이 아니라 보이지 않는 것을 보라. 고객들이 지금 좋아하는 물건을 확보하는 것이 중요한 것이 아니라 앞으로 좋아할 만한 물건을 좋아할 시점에 배치하라.
- **스즈키 토시후미**(鈴木敏文: 편의점 영업사원, 세븐&아이홀딩스 CEO)

매매 시 사는 쪽이 이익을 볼 수도 있고 파는 쪽이 이익을 볼 수도 있다. 정말로 사업을 잘하는 사람은 양쪽에서 모두 이익을 챙긴다. 적당한 선에서 사고 적당한 선에서 팔기 때문이다.
- **호설암**(胡雪巖: 19세기 말 중국 상인)

세일즈맨은 상품이 아니라 해결책을 팔아야 한다.
- 존 맥티어(John Mactear: 해외무역 영업사원, 머큐리 인터내셔널 경영 컨설턴트)

고객을 만족시켜라. 맨 처음에도, 맨 나중에도, 그리고 항상.
- 루치아노 베네통(Luciano Benetton: 의류업체 베네통 설립자)

당신이 진정 고객을 위해 다른 사람들과 차별화시켜 정성을 다해 일하고 있다면 당신은 반드시 성공할 것이다.
- 한스우베 퀼러(Hans-Uwe L. Khler: 마케팅 전문 컨설턴트)

모든 세일즈맨들에게 가장 필요한 것은 고객이다. 고객의 숨겨진 니즈를 찾아내고 그것을 만족시켜주는 것, 그것이 성공을 향해 가는 가장 유력한 길이다.
- 하워드 캐칭스(Howard Catchings: 보험 세일즈맨)

99퍼센트의 고객만족으로는 불충분하다. 그렇지 않으면 언젠가 나타날 100퍼센트 고객만족 기업에 고객을 빼앗긴다. 고객은 2등에겐 결코 애정을 베풀지 않는다.
- 프레드릭 스미스(Frederick Smith: 페덱스 창업자)

매우 만족한 손님은 다른 곳의 좋은 점을 쉽게 인정하려 들지 않는다.
- 필립 코틀러(Philip Kotler: 마케팅 구루, 앤드류우드인터내셔널 CEO)

가장 중요한 판매 원칙은 고객들에게 바른 길을 선택할 수 있도록 대안을 제시해주는 것이다.
- **론 스티븐슨**(Ron Stevenson: 보험 세일즈맨)

어느 한쪽은 이익을 보고 다른 한쪽은 손해 보는 그런 비즈니스의 관계는 절대로 오래가지 못한다. 고객과 세일즈맨 양쪽 모두가 승자가 되어야 한다.
- **나카지마 다카시**(中島孝志: 경영 컨설턴트)

고객 만족도가 떨어지는 기업은 고객이 이탈하는 것은 물론이고 투자자들도 자금을 회수하기 때문에 이중의 처벌을 받게 된다.
- **클래스 포넬**(Claes Gornell: 미시간대 경영학교수)

고객에게 자신의 모든 것을 내어줄 수 있어야 하고 나보다 고객을 먼저 생각하고 고객에게 감동을 일으킬 수 있는 사고의 전환이 세일즈 달인을 만든다.
- **톰 홉킨스**(Tom Hopkins: 부동산 세일즈맨, 세일즈&성공학 전문가)

사과를 잘하는 세일즈맨은 고객에게 실패가 많은 사람으로 보이고, 감사라는 말을 잘하는 세일즈맨은 고객에게 자신의 이야기를 잘 들어주며 신뢰할 수 있는 상대로 보인다.
- **나가노 게이타**(長野 啓太: 비즈니스 컨설턴트)

만족한 고객은 일곱 명의 손님을 데려다준다.
- 미국 외판원 지침서(세일즈 격언)

나는 고객들이 나와 관계를 맺고 있는 것에 대해서 행복하기를 바라면서 지속적으로 컨설팅한다. 그렇게 되면 그들은 나를 자신들의 가족과 친구들에게 소개해준다.
- 에릭 타카오(Eric Takao: 보험 세일즈맨)

시장에서 품질을 생각할 때 단 한 가지 중요한 것은 고객의 경험이다.
- 칼 알브레히트(Karl Hans Albrecht: 경영 컨설턴트)

성공적인 영업 상담의 경우 실패한 상담보다 고객의 오해나 반론이 1.5배 많으며 증거 제시도 1.6배 많다.
- Achieve Global(교육컨설팅 회사)

고객이 고객에게 물건을 팔게 하라.
- 로버트 기요사키(Robert Kiyosaki: 제록스 세일즈맨, 비즈니스 컨설턴트)

고객이 나를 믿게 만들어라. 세일즈의 반은 고객의 말을 들어주는 것이다.
- 조 지라드(Joe Girard: 자동차 세일즈맨)

Trust

천하의 명품도 고객에게 팔리지 않으면 아무 소용이 없다.
- **데이비드 오길비**(David M Ogilvy: 광고인, 오길비 앤 매더 설립자)

나는 언제나 내 고객들의 관심사에 꾸준히 귀를 기울이고 초점을 맞추면서 고객의 집중도를 깨지 않기 위해 노력한다.
- 웨인 콜린스(Wayne Collins: 보험 세일즈맨)

고객과 나눈 대화를 기록하는 것은 분명하고 깔끔하여 프로다운 관계를 형성하고 신뢰를 구축하는 좋은 방편이 된다.
- 다이애너 몰(Dianna Maul: CS 전문가)

성공하는 세일즈맨들은 질문을 잘할 뿐만 아니라 고객의 이야기에 귀를 잘 기울인다.
- 레슬리 토머스(Leslie Thomas: 보험 세일즈맨)

이야기를 나누는 고객들이 당신과 대화를 통해 이익을 얻게 된다는 확신을 갖고 있도록 전문가로서의 자질과 신뢰를 쌓아라.
- 리처드 루이스(Richard Lewis: 보험 세일즈맨)

고객의 말을 들을 때에는 머리와 마음을 함께 움직이되, 마음이 먼저 움직여야 한다.
- 노먼 레빈(Norman Levine: 보험 세일즈맨)

상대방을 자기 주관대로 평가하지 마라. 상대방의 입장이 되어 생각하면서 장점을 발견하여 아낌없이 칭찬하라.
- 클레멘트 스톤(W. Clement Stone: 손해보험 그룹 에이온 코퍼레이션 창업자)

단순히 경청하는 것만으로는 많은 것을 이룰 수 없다. 고객에게 당신이 경청했다는 것을 느낄 수 있게 해주어야 한다.
- 데이비드 래댁(David Radack: 암달 CEO)

고객이 외면하는 상투적인 표현, 부정적인 단어는 모두 버려라. 부정적인 단어들을 긍정적인 단어들로 대체하라. 고객과의 마찰을 줄여라.
- 제프리 폭스(Jeffrey J. Fox: 마케팅 컨설턴트)

통사정으로 밀어붙이기 식의 대화는 하지 마라. 자신이 요구하는 바를 정확히 알고 정보를 수집해 상대가 최대한 수용할 부분까지 학습한 다음 진정성과 용기, 관용심을 갖고 임하라.
- 허브 코헨(Herb Cohen: 협상컨설턴트)

원칙적으로 고객은 진실이 아닌 수상쩍거나 약아 빠진 이야기에 두 번 속지 않는다. 말 잘하는 사람이 이기는 것이 아니라 가장 정직하게 말하는 사람이 이긴다.
- 조지 매튜 아담스(George Mattew Adams: 광고회사 경영자)

고객 중심으로 사고하는 사람은 시장조사 보고서보다는 고객과의 대화에 시간을 보낸다. 대화를 통해서 고객의 입장에서 고객의 문제를 직접적으로 이해한다.
- 에이드리언 슬라이워츠키(Adrian J. Slywotzky: 머서 매니지먼트 컨설팅 CEO)

자존심이 강한 고객과 말을 할 때는 고객의 기량에 전폭적인 신뢰를 보내는 칭찬화법을 사용하는 것이 바람직하다.
- 나카지마 다카시(中島孝志: 경영 컨설턴트)

고객의 말을 들을 때는 마음과 머리를 함께 움직여야 한다. 그러나 고객에게 말을 할 때는 머리보다는 마음이 우선 움직여야 한다. 당신의 마음으로 고객의 마음을 움직여야 한다.
- 노먼 레빈(Norman Levine: 보험 세일즈맨)

대화는 캐치볼과 같다. 상대방의 가슴 언저리를 향해 정확하게 던져주면 상대방의 마음을 잡기가 수월해진다. 상대방의 말을 당신이 건성으로 듣는다면 상대의 마음이 하나도 들리지 않을 것이다.
- 나카지마 다카시(中島孝志: 경영 컨설턴트)

고객의 말이 끝나기 무섭게 바로 말을 이으면 이는 좋지 않은 태도이다. 고객의 뇌에는 아직 자기 목소리에 대한 잔상이 남아 있기 때문에 이 잔상이 사라질 때까지 고객을 바라보면서 진지하게 듣는 자세가 중요하다.
- 나카지마 다카시(中島孝志: 경영 컨설턴트)

인간관계에서 귀담아 들어주는 것보다 더 중요한 것은 없다.
- 니키 조이(Nicki Joy: 영업전문 자문가)

충분하고 철저하게 할 말을 연습하라. 필요에 따라 임기응변도 필요하다는 걸 잊지 마라.
- **엘머 레터맨**(Elmer Letterman: 보험 세일즈맨)

고객이 듣기 좋아하는 말만 골라서 한다면 당신은 언제까지나 평범한 세일즈맨으로 머물고 말 것이다. 상황에 따라서는 듣기 싫은 말도 과감하게 할 줄 알아야 한다.
- **스즈키 야스토모**(鈴木康友: 보험 세일즈맨)

고객의 말을 더 적극적으로 경청하고 고객이 염려하고 있는 사항 등을 잘 이해해주는 세일즈맨은 그렇지 못한 세일즈맨보다 성공 확률이 평균 2.2배 높다.
- **Achieve Global**(교육컨설팅 회사)

고객에게 칭찬할 말이 있으면 칭찬에 인색하지 마라. 하지만 아첨은 금물이다.
- **에드가 제프로이**(Edgar K. Geffroy: 방판 세일즈맨, 세일즈 컨설팅 사 CEO)

고객은 이러이러해야만 한다고 전제를 두지 마라. 당신의 역할은 고객들로 하여금 그들이 원하는 바를 이루도록 돕는 일이지 당신 생각에 그들이 이루어야만 한다고 전제한 것들을 강요하는 것이 아니다.
- **노먼 레빈**(Norman Levine: 보험 세일즈맨)

고객에게 제시할 수 있는 자신만의 가치를 만들어라. 그리고 그 가치는 반드시 실행해야만 의미가 있다.
- **가이 베이커**(Guy E. Baker: 보험 세일즈맨, BTA그룹 CEO)

부드러운 말로 상대를 설득하고 굴복시킬 수 없는 사람은 험악한 말로도 설득하고 굴복시킬 수 없다.
- **안톤 체호프**(Anton Pavlovich Chekhov: 극작가)

사람을 설득하려면 먼저 상대방에게 신뢰감을 주는 것이 제일 중요하다.
- **로버트 치알디니**(Robert B. Cialdini: 심리학자)

승리는 단순히 재능을 가지고 노력하는 사람뿐만 아니라 원하는 것을 얻기 위해 협상할 줄 아는 능력을 가진 사람에게 돌아간다.
- **허브 코헨**(Herb Cohen: 협상컨설턴트)

세일즈맨은 자신의 일반적인 고객들이 어떤 독특한 취향을 갖고 있는지 알아야만 한다.
- **프랭크 그라지아**(Frank Grazian: 보험 세일즈맨)

고객의 머리를 노리지 말고 가슴을 노려라.
- **미국 세일즈 격언**

만일 당신이 고객과 거친 논쟁을 벌이고 있는 상태에서 붙잡고 있던 밧줄 끝을 놓아버린다면, 당신은 전투의 소용돌이에서 벗어나게 된다. 남아 있는 것은 긴 밧줄을 자신의 몸에 칭칭 감고 있는 고객이다.
- **조이스 브라더스**(Joyce Brothers: 심리학자)

상대방 마음의 문을 여는 것은 호기심이 아니라 관심이다.
- **프레드릭 스미스**(Frederick Smith: 페덱스 CEO)

고객을 자극시키는 것이 아니라, 그들이 하고 싶어하는 일에 영향을 미쳐야 한다.
- **존 우즈**(John Woods: 보험 세일즈맨)

고객과 관계가 좋지 않거나 나빠지고 있다는 것을 분명히 보여주는 것 중의 하나는 불평이 전혀 없다는 것이다.
- **시어도어 레빗**(Theodore Levitt: 경제학자, 하버드 비지니스 리뷰 입안자)

고객들이 당신을 자신들의 내부 세계로 끌어들이게 되면 이것은 그들이 당신을 단지 세일즈맨이 아닌 그들의 가족 구성원의 한 사람으로 여기고 있다는 표시이다. 영업 비결은 바로 이런 신뢰 관계를 구축하는 데 있다.
- **에릭 타카오**(Eric Takao: 보험 세일즈맨)

고객을 아는 것은 바로 색맹검사를 통과하는 것과 같다.
- **칼 알브레히트**(Karl Hans Albrecht: 경영 컨설턴트)

고객관계란 당신의 일에 필수불가결한 요소이지, 그저 있으면 되는 부수적인 요소가 아니다.
- **윌리엄 마틴**(William B. Martin: 저술가)

세일즈의 99퍼센트는 고객과 신뢰관계를 구축하는 일이다. 신뢰관계를 향상시킬 수 있는 최상의 방법은 고객의 말을 귀담아 듣는 것이다.
- **어니 니븐즈**(Ernie Nivens: 보험 세일즈맨)

사업의 세계에서 신의는 상품 이상의 가치가 있다.
- **그라시안**(Balthasar Gracian: 신학자)

눈빛이나 단어의 배열, 또는 세일즈맨의 영혼 속에는 신뢰나 불신을 나타내는 무언가가 있다. 솔직담백한 정직이야말로 언제나 안전하고 좋다.
- **조지 매튜 아담스**(George Mattew Adams: 광고회사 경영자)

고객 마음을 차지하는 일은 고객 심장을 차지하는 것이다.
- **스탠 랩**(Stan lab: 다이렉트마케팅 전문가)

기다림은 짜증과 화를 불러온다. 기다리다 지친 고객은 다른 서비스의 훌륭한 점은 아예 거들떠볼 생각도 안 한다.
- **토머스 칼라일**(Thomas Carlyle: 사상가, 역사가)

고객의 신뢰를 얻으려면 신용을 쌓아라. 고객의 신뢰를 훼손하는 모든 일들을 개선하라.
- **마사 로저스**(Martha Rogers: CRM 전문가)

계약보다 중요한 것이 유지다. 계약만 하고 제대로 고객관리를 하지 않으면 고객의 이탈을 막을 수 없다.
-**임재만**(푸르덴셜생명)

고객에게 중요한 것이라면 그것이 무엇이든 그것을 발견하고 이해하려 노력하라. 그러면 고객은 당신의 진정성에 감화되어 신뢰의 신호를 보낸다.
- **노먼 레빈**(Norman Levine: 보험 세일즈맨)

고객과 신뢰를 쌓는 것이야말로 경쟁력의 원천이다.
- **제임스 헤스켓**(James L. Heskett: 하버드대학 비즈니스스쿨 교수)

상대방으로 하여금 중요한 느낌이 들도록 만들어라. 단, 순수한 관심과 성실한 태도로 임해야 한다.
- **데일 카네기**(Dale Carnegie: 세일즈맨, 인간관계 전문가, 성공 컨설턴트)

> Trust

좋은 인간관계가 가장 효과적인 세일즈 활동이다.
- 엘머 휠러(Elmer Wheeler: 세일즈 트레이너)

항상 고객 앞에서는 정직하고 진실한 모습을 견지하라. 그러면 언젠가는 고객이 알아주고 당신을 점점 지지하는 고객들이 늘어날 것이다. 세일즈맨이라면 성실한 인상으로 고객들에게 신뢰를 받는 것을 가장 큰 덕목으로 삼아야 한다.
- 시바타 가즈코(芝田和子: 보험 세일즈맨)

고객과의 관계를 어떻게 친밀하게 만들 것인가 하는 문제에 더 많은 시간을 할애해야 톱 세일즈맨의 길을 갈 수 있다.
- 노먼 레빈(Norman Levine: 보험 세일즈맨)

고객과 항상 신뢰의 파트너십을 유지하는 것이 세일즈맨으로서 성공하는 지름길이다.
- 알란 바이스(Alan Weiss: 보험 세일즈맨)

신뢰가 필요한 곳에 신용을 쌓아라.
- 에스티 로더(Estee Lauder: 화장품 기업 에스티 로더 창업주)

사람은 누구나 자기에게 관심을 가져주는 사람을 좋아하게 마련이다.
- 매리 케이 애시(Mary Kay Ash: 주방용품 세일즈맨, 메리케이 코스메틱 창업자)

가장 현명하고 뛰어난 세일즈맨은 자신의 상품에 대해 담백하게 진실만을 말하는 사람이다. 그는 고객의 눈을 보면서 이야기한다. 그것은 언제나 인상적이다. 그리고 처음에 판매하지 못하더라도 신뢰감을 남겨두고 간다.
- **조지 매튜 아담스**(George Mattew Adams: 광고회사 CEO)

영업을 하면서 치명적인 문제는 실수 자체가 아니라 실수했을 경우 그것을 인정하지 않거나 덮어두려는 행동이다. 결국에는 모든 것이 드러나게 되고 그렇게 되면 고객과의 탄탄한 신뢰관계에 가장 중요한 요소를 해치게 된다. 자신의 실수를 고객에게 고백하고 곧바로 그것을 수정하기 위해 최선을 다한다면 대부분의 경우 긍정적인 결과를 가져온다.
- **모리에 카나한**(Morie Carnahan: 보험 세일즈맨)

성공한 사람처럼 보이고 행동하라. 당신이 성공한 사람으로 비춰진다면 고객으로부터 신뢰 받기가 더 쉬워진다.
- **에드가 제프로이**(Edgar K. Geffroy: 방판 세일즈맨, 세일즈 컨설팅 사 CEO)

나는 내 고객들로 하여금 나라는 사람이 단지 오늘과 내일, 그들을 위해 일해줄 세일즈맨이 아님을 깨닫게 하려고 노력한다. 내가 그들의 평생을 책임질 세일즈맨임을 깨달을 수 있도록 최선을 다한다.
- **존 로드**(John Lord: 보험 세일즈맨)

먼저 다른 사람을 좋아하고 신뢰 받아야 영업에 성공할 수 있다.
- **한스우베 퀼러**(Hans-Uwe L. Khler: 마케팅 전문 컨설턴트)

괜찮은 고객만이 옳은 고객이며 옳은 고객만이 왕이다. 모든 직원이 고객에게서 급료를 받는다. 그러니 왕 앞에 무릎을 꿇어라.
- **제프리 폭스**(Jeffrey J. Fox: 마케팅 컨설턴트)

톱 세일즈맨이 되는 비결은 고객과의 커뮤니케이션을 통해 충성고객을 확보하는 것이다. 낯선 사람과 점점 친해지고 평생의 반려자인 로열고객을 만들 수만 있다면 톱 세일즈맨이 될 수 있다.
- **세스 고딘**(Seth Godin: 비즈니스 전략가)

나에게 성공이란 나의 성공이 아닌 내 고객들의 성공을 의미한다.
- **앤 스윈슨**(Ann Swinson: 보험 세일즈맨)

고객을 제2의 가족으로 여기고 고객을 위해 최선을 다할 수 있어야 한다.
- **말콤 글래드웰**(Malcolm Gladwell: 저널리스트)

충성고객을 통해 수익을 더 올리려면 가장 충성스러운 기존고객에게 조직적으로 에너지를 집중해야 한다.
- **자넬 발로**(Janelle Barlow: 마케팅 전문가)

올바른 태도와 후속관리 마케팅은 고객의 충성도를 키우는 데 매우 중요하다. 만약 고객이 비활동 고객이 되면, 그 고객을 다시 확보할 수 있는 방법을 모색해야 한다.
- **질 그리핀**(Jill Griffin: 마케팅전략연구소 소장)

만일 당신이 당신에게 빚진 고객은 하나도 없다고 생각하면, 고객들의 충성도를 발견하고 인정하기란 매우 쉬운 일이다. 그러나 고객이 당신에게 빚진 것이 있다고 생각한다면 당신에게 문제가 있다.
- **론 스머더먼**(John Murdermeon: 비즈니스 전문가)

사람을 얻기 위해서는 기다려야 한다. 눈은 먼 곳에 두되 가까이에 있는 인연에 충실하다 보면 장차 드넓은 천지를 만나게 될 것이다.
- **호설암**(胡雪巖: 19세기 말 중국 상인)

제품은 나타났다 사라진다. 오늘날 가치의 단위는 바로 고객관계이다.
- **밥 웨이랜드**(Bob Weiland: 경영 컨설턴트)

고객과 밀접한 관계를 갖는 것에 마술은 없다. 단지 기본적인 관심과 시간, 노력, 열의, 그리고 그에 따른 후속조치들이 중요하다.
- **스탠리 골트**(Stanley Gault: 러버메이드 사 CEO)

사람들을 가족같이 대우하라. 그러면 그들은 신뢰를 보이고 그들의 모든 것을 줄 것이다. 그들의 곁에 함께하라. 그러면 그들도 당신 곁에 있을 것이다.
- **하워드 슐츠**(Howard Schultz: 후지제록스 세일즈맨, 스타벅스 회장)

비즈니스의 80퍼센트는 거래를 한 적이 있는 상위 20퍼센트의 고객으로부터 나온다. 80대 20 법칙을 기억하라.
- **랠프 로버츠**(Ralph Roberts: 부동산 세일즈맨)

위대한 세일즈는 타인 지향적인 영업을 통해 이루어진다.
- **월리 우드**(Wally Wood: 마케팅 전문작가)

고객을 상거래 수단이 아닌 가족같이 인간적으로 대하라.
- **스티브 브론트**(Steve Bront: 보험 세일즈맨)

좋은 손님은 3년이 지나도 상점을 바꾸지 않고 좋은 상점은 3년이 지나도 손님을 바꾸지 않는다.
- **중국 속담**

고객들과 나누는 깊은 우정이야말로 내게 있어 가장 큰 동기를 부여해주는 성공요인이다.
- **테리 브라이트보드**(Terry L. Breitbord: 보험 세일즈맨)

Trust

고객을 만족시켜라. 맨 처음에도, 맨 나중에도, 그리고 항상.

- 루치아노 베네통(Luciano Benetton: 의류업체 베네통 설립자)

무슨 일이 있어도 고객을 배신하지 마라. 평생 나의 성공은 고객의 도움을 받아 성공에 오른 것에 불과하다. 고객은 나의 모든 것이다.
- 하라 잇베이(原一平: 보험 세일즈맨)

당신의 시간과 에너지를 고객에게 나눠주어라. 그러면 그 노력의 백 배 이상으로 당신에게 돌아올 것이다.
- 버트 마이즐(Burt Meisel: 보험 세일즈맨)

누가 되었든 고객을 가장 잘 알고 있는 사람은 그 고객과의 관계에 있어 우위를 지닌 것이다.
- 돈 페퍼스(Don Peppers: 마케팅 전문가)

나는 세일즈를 할 때 고객이 원하는 것이 무엇인지를 듣기 위해 그곳에 있다고 생각한다. 나는 고객을 변화시키기 위해 애쓰는 사람이 아니다. 단지 내가 할 수 있는 것은 앞으로 고객을 나와 함께 일하게 될 동반자로 받아들이는 것이다.
- 노먼 레빈(Norman Levine: 보험 세일즈맨)

고객은 이 사무실에 있는 누구보다 중요한 사람이다. 고객의 운명이 우리에게 달려 있는 것이 아니라 우리의 운명이 고객의 손에 달려 있는 것이다.
- L.L.Bean

당신이 고객을 보호하고 있다는 확신을 주어야 한다.
- **제이 에이브러햄**(Jay Abraham: 세일즈 컨설턴트, 제이 에이브러햄그룹 CEO)

만약 당신이 항상 고객의 기대를 넘어선다면 그들은 다시 오고 또 올 것이다. 고객에게 그들이 원하는 것을 주어라. 나아가 그 이상을 주어라. 그들로 하여금 당신이 그들에게 감사하고 있다는 것을 알게 하라.
- **샘 월튼**(Samuel Moore Walton: 잡화점 판매원, 월마트 창업자)

우리가 하는 일이란 고객이 한 번도 자신이 원한다고 상상해본 적도 없는 것을 해주는 일이다.
- **드위스 래스던**(Dewees Lasdon: 디자이너)

고객은 세일즈맨과 관계를 맺는 것이지 회사와 관계를 맺는 것이 아니다.
- **브루스 에서링턴**(Bruce Etherington: 보험 세일즈맨)

고객의 뇌리 속에서 고객의 마음속에서 어떻게 차별화할 것인가? 이것이 정수이고 전부다.
- **잭 트라우트**(Jack Trout: 마케팅 전략가)

남을 행복하게 할 수 있는 사람만이 행복을 얻을 수 있다.
- **플라톤**(Platon: 철학자)

Trust

더 많은 고객을 소개받아 영업을 편하게 하려면 오늘 당장의 계약 한 건보다는 긴 안목에 입각한 인간관계와 신용을 쌓는 데 더 신경을 써라.
- **모리 쓰루오**(森鶴夫: 세일즈 컨설턴트)

신용을 지키는 최상의 방법은 그와의 약속을 결코 남에게 양도하지 않는 것이다.
- **나폴레옹 보나파르트**(Napoleon Bonaparte: 군인, 정치가)

내가 만약 시장과 소비자의 말을 그대로 따랐다면 자동차가 아니라 더 빠르고 값싼 마차를 만들었을 것이다. 소비자보다 한발 앞서가는 창의력이 중요하다.
- **헨리 포드**(Henry Ford: 포드자동차 창립자)

회사의 가장 값진 자산은 평판, 즉 고객에게 알려진 방식이다. 당신에게 알려진 것 또한 마찬가지이다.
- **테오도르 레빗**(Theodore Leavitt: 하버드 경영대학원 전 총장)

톱 세일즈맨은 일반 세일즈맨보다 특별한 역량을 갖고 있는 것이 아니라 기존에 모두가 보유하고 있는 스킬을 고객에게 지속적이면서도 효과적으로 활용하고 있다.
- **로버트 밀러**(Robert Miller: 세일즈 전문가)

나는 사람들이 지닌 기본적인 욕구를 찾아내 다른 사람보다 훨씬 저렴한 가격과 더 뛰어난 서비스로 그 욕구를 만족시켜줄 방법을 찾을 것이다. 그렇다면 전 재산을 날렸더라도 5년 내에 다시 백만장자가 될 수 있다.
- **헨리 포드**(Henry Ford: 포드자동차 창립자)

고객을 만날 때도 고객이라고 생각하지 않고, 내 일을 즐겁게 하기 위해 만나는 사람이라고 생각한다.
-**최진성**(현대자동차)

세일즈맨의 임무는 질문과 경청을 통해 고객의 입장을 파악하는 것이다.
- **제임스 헤스켓**(James L. Heskett: 하버드대학 비즈니스스쿨 교수)

고객은 우리 영업장의 가장 중요한 방문객이다. 고객은 우리에게 의존하지 않는다. 우리가 고객에게 의존한다. 고객은 우리의 방해꾼이 아니다. 우리 일의 목적이다.
- **마하트마 간디**(Mohandas Karamchand Gandhi: 민족주의 지도자)

내가 하는 일은 정말 좋은 일이다. 왜냐하면 나는 늘 내 고객들을 내 마음속에 가장 먼저 염두에 두고 있으며 내가 취할 수 있는 일들 중 가장 좋은 것들을 고객들에게 해주기 때문이다.
- **빌 루이**(Bill Louie: 보험 세일즈맨)

우리가 만나는 모든 사람에게 최고의 제품을 제공한다.
- 에스티 로더(Estee Lauder: 화장품 기업 에스티 로더 창업주)

나는 언제나 다른 고객의 삶에 영향을 미치는 그런 인생을 살고 싶다.
- 말로 얍(Marlowe Yap: 보험 세일즈맨)

고객에게 즐거움을 줘라. 물론 자신도 일이 즐거워야 한다.
- 허브 켈러허(Herb Kelleher: 사우스웨스트항공 CEO)

고객과의 소통이 이루어지지 않는 상태에서는 결코 세일즈의 목적을 달성할 수 없다. 어떤 상황에서도 고객과 소통할 수 있는 사람만이 톱 세일즈맨이 될 수 있다. 고객과 소통하기 위해서는 세일즈맨으로서 버려야 할 것들이 많다. 물론 그 속에는 어느 정도의 자기희생도 포함된다.
- 제리 애커프(Jerry Acuff: 세일즈 컨설턴트)

몇 년 만에 만난 고객에게도 며칠 전에 만난 것처럼 사소한 얘기까지 건넬 수 있도록 친근하게 대한다.
- 이혜선(현대해상)

혁신은 고객이 원하는 것(가치)을 창조하는 것이다.
- 커티스 칼슨(Curtis Carlson: SRI 인터내셔널 회장)

영업하려면 '만나는 고객들과 어떻게 하면 평생 유대관계를 맺을 수 있을까? 어떻게 관리하면 좋을까?'라는 문제의식을 가져야 한다.
- **모리 쓰루오**(森鶴夫: 세일즈 컨설턴트)

내가 세일즈를 시작한 초기에 주로 많이 저지른 실수 중 하나는 고객들과 신뢰관계를 맺기 전에 그들 앞에 상품을 내어놓음으로써 결국엔 그들을 잃었다는 점이다.
- **마이크 피오트로비츠**(Mike Piotrowicz: 보험 세일즈맨)

세일즈맨은 기본적인 지식 외에 경쟁사 또는 경쟁하고 있는 것의 전체 또는 가정, 잠재고객과 고객의 문제와 어려움, 자신과 다른 사람에게 영향을 미칠 수 있는 커뮤니케이션 방식 등에 대해서도 정통해야 한다.
- **제리 애커프**(Jerry Acuff: 세일즈 컨설턴트)

남이 당신에게 관심을 갖게 하고 싶거든 당신 자신의 눈과 귀를 닫지만 말고 다른 사람에게 관심을 표시하라.
- **로렌스 굴드**(Lawrence Gould: 골동품 판매원, 비즈니스 전문가)

고객과 조직원을 잘 돌본다면 그 밖의 모든 것들은 저절로 잘될 것이다.
- **케몬스 윌슨**(Kemmons Wilson: 호텔 홀리데이인 창업주)

241
Trust

고객을 행복하게 해주는 것이 모든 비즈니스의 목표이다.
- 마사 로저스(Martha Rogers: CRM 전문가)

천하의 명품도 고객에게 팔리지 않으면 아무 소용이 없다.
- 데이비드 오길비(David M Ogilvy: 광고인, 오길비 앤 매더 설립자)

고객은 당신이 성취하기를 기대한다. 그리고 성취라는 단어는 완벽을 의미하지 않는다. 그것은 그들을 만족시키는 것을 의미한다.
- 빌 대니얼(Bill: Daniel: 건축회사 CEO)

이익 중심의 사고를 함께하지 못하는 고객 중심의 사고는 궁극적으로 열매를 맺지 못한다. 고객을 위해 대단한 일을 하는 것이 필요조건이지만 충분조건은 아니다.
- 데이비드 모리슨(David J. Morrison: 컨설팅 사 CDI 창업자)

어떤 경우에도 고객이 가장 우선시 되어야 한다. 서비스 정신이 조직 내에 깊이 배어 있지 않으면 서비스 품질 향상은 결코 이루어지지 않는다.
- 샘 월튼(Samuel Moore Walton: 잡화점 판매원, 월마트 창업자)

비즈니스에서 고객은 모든 것의 시작이며 종착점이다.
- 칼 알브레히트(Karl Hans Albrecht: 경영 컨설턴트)

톱 세일즈맨들의 공통적인 성공비결은 바로 고객의 니즈를 충족시키는 데 있다. 모두 다른 사람들의 니즈를 충족시킴으로써 그들의 목표를 달성하는 것이다.
- 샘 프리드먼(Sam Friedman: 보험 세일즈맨)

영업은 나를 내어주는 것이다. 상대방에 대한 두려움과 불편한 마음을 가진 이는 절대 할 수 없는 일이다. 긍정적인 마인드를 가지고 비록 거절당하더라도 당당하게 나를 내세울 수 있다면 진정 나의 빛을 알아주는 고객들은 그들이 필요로 할 때 분명히 나를 찾는다.
- 톰 홉킨스(Tom Hopkins: 부동산 세일즈맨, 세일즈&성공학 전문가)

"왜 이 일을 하고 있는가?"라는 질문을 받으면 "○○을 X개 팔면 Y의 수익이 생기니까"라고 말하지 말고, "고객의 요구에 부응하기 위해서"라고 대답하라. 그러면 비즈니스의 방법도 전혀 달라질 것이다.
- 베시 샌더스(Betsy Sanders: CS 컨설턴트, 노드스트롬 백화점 CEO)

당신의 모든 관심의 초점을 고객에게 집중시켜라. 고객과 사랑에 빠져라. "고객의 행복이 나에게 매우 중요한 의미를 지닌다"는 생각을 늘 가져라. 이것이 비즈니스 전략 핵심이다.
- 제이 에이브러햄(Jay Abraham: 세일즈 컨설턴트, 제이 에이브러햄그룹 CEO)

고객에게 올바로 봉사하려면 오너를 비롯해 모든 조직원들이 고객들이 필요로 하는 곳에 가 있어야 한다.
- 델포스 스미스(Delfos Smith: 사업가)

고객을 수단으로 여기지 마라. 자신의 직업에 자부심을 갖고 고객들을 도와준다는 사실을 즐기는 것이 중요하다.
- 말콤 글래드웰(Malcolm Gladwell: 저널리스트)

최고의 영업자는 물건을 팔아치우는 데 그치지 않고 고객의 고민을 함께 나누고 가능한 한 고객의 일에 협력하는 사람이다.
- 엘머 레터맨(Elmer Letterman: 보험 세일즈맨)

내가 최선을 다해 고객을 돌보기만 한다면 나의 수입은 그러한 내 자신의 노력에 자연히 따라올 것이다. 그렇기 때문에 나는 아무것도 걱정할 필요가 없다.
- 스티븐 불라운트(J. Steven Blount: 보험 세일즈맨)

자신이나 회사의 고객을 지키는 것이 세일즈맨의 기본자세다.
- 빌 바이런(Bill Byron: 사업가, 마케팅 컨설턴트)

고객에게 봉사정신으로 최선을 다한다면 그 노력은 인정과 보상으로 돌아올 것이다.
- 마빈 펠드먼(Marvin Feldman: 보험 세일즈맨)

내 목표는 많은 고객들을 통해 상당히 좋은 수입을 얻는 것이다. 그리고 나의 의무는 내가 취급하는 상품을 필요로 하는 고객이 있다면 그들을 돕는 일이다. 나는 그들을 도울 책임과 의무가 있다.
- **릭 폴센**(Rick Paulsen: 보험 세일즈맨)

고객과 서로에 대한 약속과 헌신을 주고받지 않으면 기업은 결코 자기 역량을 발휘할 수 없다.
- **윌리엄 폴라드**(William Pollard: 서비스마스터(ServiceMaster) CEO)

상품을 설명할 때에는 언제나 판다는 것보다 고객들이 산다는 사실이 더 중요하다.
- **솔로몬 힉스**(Solomon Hicks: 보험 세일즈맨)

훨씬 더 효과를 발휘하는 무의식적 차원의 판매 전략을 사용해야 할 때다. 구매심리를 자극하지 못하면 어떠한 열띤 설득도 고객의 지갑을 쉽게 열지는 못하기 때문이다.
- **케빈 호건**(Kevin Hogan: 비즈니스 컨설턴트, 대중 연설가)

고객을 만났을 때는 모든 것을 고객의 관점에서 봐라. 당신의 이야기를 하지 말고 고객의 말을 먼저 들어라. 고객이 말하는 것을 명확하게 이해해야 그들이 안고 있는 현안에 대한 해결책을 제시할 수 있다.
- **제프리 폭스**(Jeffrey J. Fox: 마케팅 컨설턴트)

상담을 통하여 고객에게 어떤 도움을 줄 것인지를 먼저 생각하라. 철저하게 도움을 준다는 사고를 가지면 분위기는 저절로 주도하게 된다.
- **모리 쓰루오**(森鶴夫: 세일즈 컨설턴트)

고객과 상담할 때에는 고객의 선택에 자신을 맡긴 채 대화하라. 그래야 부담이 사라지고 고객에게 압박이나 부담을 주지 않는다.
- **기도 가즈토시**(木戶一敏: 학습교재 세일즈맨, 모엘사 CEO)

고객들에게 인생을 어떻게 설계해야 할지에 관해 조언해줘라. 이것이 급변하는 시장환경에서 살아남는 전략이며 좀더 소득을 올릴 수 있는 비결이다.
- **조지 피켓**(George Pickette: 보험 세일즈맨)

고객의 요청에 결코 "아니오"라고 말하지 마라. 고객들에게 다른 곳에서는 얻기 힘든 서비스와 전문적인 지식을 제공하라.
- **말콤 글래드웰**(Malcolm Gladwell: 저널리스트)

감정이입을 할 줄 아는 세일즈맨은 고객의 문제나 어려움, 스트레스 등을 마음속으로 깊이 이해하려고 한다. 고객의 문제와 근심들에 대해 더 많은 것을 알수록, 고객은 자신의 문제에 공감하는 세일즈맨에게 마음을 열고 편안하게 구매를 결정하게 된다.
- **제리 애커프**(Jerry Acuff: 세일즈 컨설턴트)

고객의 니즈에 합당한 수준만큼 큰 금액의 상품을 제시하라.
- **시바타 가즈코**(芝田和子: 보험 세일즈맨)

당신은 고객의 말을 잘 듣고 그들이 말하는 대로 하기만 하면 된다.
- **찰스 라자러스**(Charles Lazarus: 토이자러스 창립자)

혼자 말하지 마라. 고객이 어떻게 느끼는지 알 수 있는 유일한 방법은 고객 스스로 말을 하도록 하는 것이다. 그것이 고객과 이야기를 오래할 수 있는 계기를 준다.
- **알프레드 그래넘**(Alfred Granum: 보험 세일즈맨)

고객이 말을 할 때에는 자신과 의견이 일치하지 않아도 일단 맞장구를 쳐주어라. 그런 후 나중에 자신의 의견을 제시하라.
- **나카지마 다카시**(中島孝志: 경영 컨설턴트)

고객의 본심을 알기 위해서는 나의 일방적인 지식과 정보만 갖고는 안 된다. 고객의 심중을 간파하는 센스가 있어야 한다.
- **나카지마 다카시**(中島孝志: 경영 컨설턴트)

고객의 의견에 굳이 동의할 필요는 없다. 하지만 고객의 관점을 이해할 수는 있어야 한다.
- **켈리 왓킨스**(Kelly Watkins: 미국 커뮤니케이션 컨설팅 사 CEO)

말을 할 때 정말 중요한 것은 "그들이 관심을 갖는 것은 무엇인가? 그들이 진실로 원하는 것은 무엇인가?"를 제대로 파악하는 일이다.
- **프랭크 런츠**(Frank Luntz: 미디어 전략가, 언어 전문가)

진정한 이윤은 고객 충성도에 의해 창출되는 것이지, 값비싼 광고나 세일 기간을 통해 일시적으로 낯선 손님들을 끌어들이는 행위로 얻어지는 것은 아니다. 월마트 이윤의 심장부에는 항상 만족하는 충성고객들이 있다.
- **샘 월튼**(Samuel Moore Walton: 잡화점 판매원, 월마트 창업자)

고객을 배려하여 가정법을 사용하지 말고 그냥 직설법을 사용하라. 권유하는 상품이 고객에게 꼭 필요함을 직설적으로 알려라.
- **알프레드 그래넘**(Alfred Granum: 보험 세일즈맨)

대화를 나눌 때는 언제나 밝고 명랑한 모습을 보여줘라. 세일즈맨의 태도가 밝으면 고객 또한 밝게 당신을 대한다. 그러면 고객은 자신도 모르게 어느새 세일즈맨을 향해 마음의 문을 열고 있을 것이다.
- **스티븐 불라운트**(J. Steven Blount: 보험 세일즈맨)

훌륭한 서비스를 제공하는 사람은 엄청난 대가를 얻을 것이다.
- **엘버트 허버드**(Elbert Hubbard: 책 외판원, 로이크로퍼 출판사 설립자)

영업실적이 좋고 판매왕이 되었다고 자랑하지 마라. 내가 잘한 것보다 고객의 도움이 있었기 때문에 가능했으므로 우선 고객에게 먼저 감사를 드려라.
- **스즈키 야스토모**(鈴木康友: 보험 세일즈맨)

사람들이 다른 가게로 발길을 돌리는 것은 손님 많은 가게에 좋은 비단, 장갑, 레이스가 있어서가 아니다. 값이 더 싸서도 아니다. 그건 바로 친절한 말씨와 미소 짓는 눈동자가 있기 때문이다.
- **조 지라드**(Joe Girard: 자동차 세일즈맨)

기업 고객이 전체 세일즈의 중심을 채워야만 장기적으로 성공할 수 있다.
- **마빈 펠드먼**(Marvin Feldman: 보험 세일즈맨)

당신이 필요한 고객에게 제대로 서비스하지 않는다면 어떻게 당신 고객이 당신을 달리 대접할 것을 기대할 수 있겠는가?
- **케몬스 윌슨**(Kemmons Wilson: 호텔 홀리데이인 창업주)

고객은 누구를 막론하고 항상 중요한 사람으로 대접받고 싶어한다. 자신의 고객들 모두가 가장 중요한 사람으로 대접받고 있는 것처럼 느끼게 만들어라. 내가 대접받고 싶은 대로 고객을 대접해보자.
- **버드 바게트**(Byrd Baguet: CS 컨설턴트)

> Trust

고객에게 우리가 서비스를 제공함으로서 선을 베푸는 것이 아니다. 고객이 우리에게 서비스를 제공할 기회를 줌으로써 우리에게 선을 베푸는 것이다.
- **마하트마 간디**(Mohandas Karamchand Gandhi: 민족주의 지도자)

어떤 서비스이든 고객 서비스가 부가가치를 창출하는 가장 중요한 기능이 될 것이다.
- **빌 게이츠**(William H. Gates: 마이크로소프트 창업자)

나는 항상 내 고객에게 봉사할 수 있는 더 나은 방법을 찾고 고객이 다른 어느 곳에서도 얻을 수 없는 것을 제공할 수 있는 방법을 모색한다.
- **솔로몬 힉스**(Solomon Hicks: 보험 세일즈맨)

고객이 만족하는 서비스란 한 마디로 고객이 전혀 예측하지 못하는 것, 도저히 손이 미치지 못한다고 생각하는 것, 필요 이상이라고 생각하는 것을 뜻한다.
- **베시 샌더스**(Betsy Sanders: CS 컨설턴트, 노드스트롬 백화점 CEO)

누구나(어느 기업이나) 당신의 모든 잘못에 대해서는 보상하라. 변명하지 마라. 사과하라. 당신이 하는 모든 일을 지원하라. 즉 만족을 보장하라.
- **샘 월튼**(Samuel Moore Walton: 잡화점 판매원, 월마트 창업자)

인색하면 잃고, 베풀면 얻는다.
- **개성상인 정신**

기존고객의 가치를 부여하는 서비스에 집중함으로써 더 많은 고객을 유지할 수 있고 그 결과 더 높은 수익을 올릴 수 있다.
- **자넬 발로**(Janelle Barlow: 마케팅 전문가)

친절하고 공정한 고객 서비스는 웃는 얼굴로 고객의 이름을 기억하는 것 이상의 의미를 갖는다.
- **다이애너 몰**(Dianna Maul: CS 전문가)

고객이 필요로 하는 서비스는 바로 지금이라는 사실을 깨닫고 발로 나가 직접 뛰어라.
- **톰 홉킨스**(Tom Hopkins: 부동산 세일즈맨, 세일즈&성공학 전문가)

고객에 대한 진정한 서비스 정신과 근면한 노력은 반드시 보상받는다.
- **시바타 가즈코**(芝田和子: 보험 세일즈맨)

오랫동안 성실한 고객 서비스의 대가는 소개 확보였는데 그것은 내가 책 속에서 또는 연설 속에서나 존재한다고 생각했던 것이다.
- **조 지라드**(Joe Girard: 자동차 세일즈맨)

특별 서비스로 우리가 얻는 고객의 충성도야말로 정말 값진 것이다.
— **몰트 만델**(Malt Mandel: 자동차부품 제조사 CEO)

지적이고 친절한 사람이 신속하고 자신감 있게 제공하는 믿음직한 서비스 이상으로 고객들이 바라는 것이 무엇이겠는가? 일관성 있는 고품격의 서비스는 배려하는 마음과 능력이라는 두 가지 점에 달려 있다.
— **론 젬키**(Ron Zemke: CS 컨설턴트)

고객의 심리를 파악하라. 과거의 데이터는 참고하지 마라. 선행정보를 파악하라. 지금의 고객 니즈는 빠르게 변하고 다양해지고 있기 때문이다.
— **스즈키 토시후미**(鈴木敏文: 편의점 영업사원, 세븐&아이홀딩스 CEO)

만약 당신이 고객에게 직접 서비스를 하는 일을 하고 있지 않다면 당신의 직무는 고객에게 서비스하는 누군가에게 서비스를 하고 있는 것이다.
— **얀 칼슨**(Jan Carlzon: 전 스칸디나비아항공 CEO)

훌륭한 서비스는 고객에게 미소 짓는 것이 아니라, 고객이 당신에게 미소 짓게 만드는 것이다.
— **베리 홉슨**(Barrie Hopson: CS 컨설턴트)

고객을 단순히 만족시키는 것으로는 충분하지 않다. 고객은 환희를 맛보아야 한다. 즉, 고객의 욕구를 충족시키는 것으로 그치지 말고 고객의 기대를 능가해야 한다.
- **블랜튼 고프레이**(Blanton Godfrey: CS 전문가)

우리들의 일은 비행기를 날게 하는 것이 아니라 사람들의 여행에 봉사하는 것이다. 우리의 업무 가운데 반드시 최우선으로 고려해야 할 것은 서비스를 좀더 향상시키는 일뿐이다.
- **얀 칼슨**(Jan Carlzon: 전 스칸디나비아항공 CEO)

만약 당신이 고객에게 서비스를 제공하지 않는다면, 고객에게 서비스하고 있는 사람에게 서비스해야 한다.
- **칼 알브레히트**(Karl Hans Albrecht: 경영 컨설턴트, CS 컨설턴트)

훌륭한 서비스란 경쟁회사와 비교하여 서비스 제품에 높은 가격을 청구할 수 있을 정도로 고객으로부터 높이 평가되는 서비스 수준을 말한다.
- **칼 알브레히트**(Karl Hans Albrecht: 경영 컨설턴트, CS 컨설턴트)

경청함으로써 얻은 교훈을 서비스 개선에 활용하지 않는다면 경청을 해도 아무 소용이 없다.
- **프레드릭 스미스**(Frederick Smith: 페덱스 창업자)

서비스 회복과 관련하여 명심해야 할 세 가지 규칙이 있다. 애초에 잘하고, 만약 잘못될 경우 바로 고치는 것이다. 마지막은 명심하라. 세 번째 기회는 없다.

- **레너드 베리**(Leonard Berry: 텍사스대학 마케팅 교수)

어떤 것이 되었든 하겠다고 말했다면 그것을 하라. 무엇보다 서비스에 대한 약속을 지켜라.

- **레너드 베리**(Leonard Berry: 텍사스대학 마케팅 교수)

당신이 제품의 질과 고객 서비스에 대해 심각하게 생각하면서도 당신에게 주어진 시간의 35퍼센트를 그것에 투입하지 않는다면 당신은 그것을 진정으로 심각하게 생각하는 것이 아니다.

- **톰 피터스**(Tom Peters: 경영 컨설턴트)

경쟁력 있는 서비스를 쉽게 찾을 수 없다는 것을 알기 때문에 고객들은 그런 경쟁력을 발견하면 꼭 잡으려고 한다.

- **레오나드 베리**(CS 컨설턴트)

만약 고객에게 권유할 마땅한 상품이 없으면 고객이 필요로 하는 상품과 서비스를 포함할 수 있는 상품개발을 회사에 요청하든지 아니면 그에 적합한 다른 회사의 상품을 제안하여 고객의 이익이 최우선이라는 세일즈 정신을 실천해야 한다.

- **솔로몬 힉스**(Solomon Hicks: 보험 세일즈맨)

질 좋은 서비스를 행하는 것만으로는 충분치 않다. 고객이 좋은 서비스를 받고 있다고 느끼는 것이 중요하다.
- **칼 알브레히트**(Karl Hans Albrecht: 경영 컨설턴트, CS 컨설턴트)

서비스에 있어 유일한 정수는 변화다. 어느 고객도 서로 같지 않기 때문에 어떤 진실의 순간도 똑같지 않다. 결정적 순간이 관리되지 않으면 서비스의 질은 겉치레로 변해간다.
- **칼 알브레히트**(Karl Hans Albrecht: 경영 컨설턴트)

고객이 다가올 수 있도록 기회는 제공하되 절대 강요하거나 강권해서는 안 된다. 그렇게 보이는 순간 고객도, 인간관계도 잃는다. 고객 자신이 특별한 대우를 받고 있다는 느낌을 갖게 하라.
- **정송주**(기아자동차)

양질의 서비스는 톱다운으로 해야 한다. 톱이 손을 대지 않으면 시작되지 않는다.
- **론 젬키**(Ron Zemke: CS 컨설턴트)

관리란 비둘기를 손으로 잡고 있는 것만큼이나 아슬아슬하다. 지나치게 꽉 잡으면 새는 죽을 것이고 너무 살살 잡으면 새는 날아갈 것이다.
- **토미 라소다**(Tommy Lasorda: 메이저리그 감독)

서비스에 만족한 고객이 자발적으로 퍼뜨리는 말 이상으로 신뢰받는 광고는 없다.
- **버드 바게트**(Byrd Baguet: CS 컨설턴트)

고객들은 당신이 제공하기로 한 것을 정확하게 전달받을 권리가 있다.
- **케몬스 윌슨**(Kemmons Wilson: 호텔 홀리데이인 창업주)

로열티를 향상시키려면 고객들에게 가장 저렴한 가격으로 가장 좋은 물건을 가장 좋은 서비스로 제공하라.
- **헨리 포드**(Henry Ford: 포드자동차 창립자)

고객의 마음을 오래도록 사는 방법 중 정성 드려 쓴 편지보다 더 좋은 것은 없다.
- **조 지라드**(Joe Girard: 자동차 세일즈맨)

고객을 도우려고 노력하지 않으면 고객도 당신을 도우려 하지 않는다.
- **질 그리핀**(Jill Griffin: 마케팅전략 연구소 소장)

우수고객과는 항상 좋은 관계를 유지해야 영업이 더 쉽다.
- **오카모토 시로**(岡本史郎: 마케팅 컨설턴트)

지금 당신이 교류하는 사람 하나하나가 당신이 세운 목표로 인도해주는 거대한 연결고리다.
- **베리 파버**(Barry J. Farber: 자기계발 전문가)

행복의 90퍼센트와 비즈니스 성공의 100퍼센트는 인간관계에 달려 있다.
- **키에르 케고르**(Christian Kierkegaard: 철학자)

영리한 마케터들은 고객에게 상품을 팔지 않고 편의를 판매한다. 또한 구매가치뿐만 아니라 사용가치를 판매한다.
- **필립 코틀러**(Philip Kotler: 마케팅 구루, 앤드류워드인터내셔널 CEO)

고객에 대한 고의적인 불친절에는 변명의 여지가 없다. 이는 성공을 이루는 가장 큰 암초다.
- **리 아이아코카**(Lido Anthony Iacocca: 전 크라이슬러 CEO)

매출은 고객 서비스 수준에 비례한다는 공식을 잊지 마라.
- **베시 샌더스**(Betsy Sanders: CS 컨설턴트, 노드스트롬 백화점 CEO)

서비스 업에서 신뢰를 잃는 것은 신앙을 버리고 희망을 잃는 것과 같다. 그러면 그 사람은 죽은 것과 마찬가지다.
- **콘라드 힐튼**(Conrad Hilton: 행상인, 힐튼 호텔 창업주)

고객에게 최고 수준의 만족을 보장하려고 노력하는 진정성이 중요하다.
- **로버트 우드 존슨**(Robert Wood Johnson: 존슨앤존슨 CEO)

세일즈맨의 진정한 역할은 고객이 진실을 보게 하는 것이다. 당신의 유일한 진짜 상품은 당신의 정직함이다.
- **가이 베이커**(Guy E. Baker: 보험 세일즈맨, BTA그룹 CEO)

회사가 인정하든 안 하든 이젠 고객이 회사의 보스이다.
- **피터 드러커**(Peter Drucker: 경영학자)

개인상품 가치를 높여라. 자신감을 갖고 파는 상품을 신뢰하면 자연히 영업사원의 이미지도 올라간다.
- **허영봉**(기아자동차)

고객은 언제나 나를 떠날 준비를 하고 있는 사람이다.
- **예영숙**(삼성생명)

고객들과 만나는 시간이 결코 헛되지 않게 사소한 것 하나라도 도움을 주려고 노력해야 한다.
- **예영숙**(삼성생명)

6
Responsibility

고객을 끝까지 책임져라

고객을 확실하게 내 편으로 만들려면 자신의 이익보다는 고객의 이익에 방점을 두는 영업을 해야 한다. 세일즈에서 진정 성공하려면 '돈'보다는 '사람'을 중시하는 가치 영업을 해야 한다. 세일즈의 목적을 돈이 아닌 사람에 둔다면 고객으로 하여금 상품 구매에 대해 만족감과 더불어 자긍심을 느끼도록 만들 수 있고 고객에게 "고맙다"라는 칭찬까지 당연히 받을 수 있다. 끝까지 고객을 책임질 수 있는 서비스 정신에서 아름다운 뒷모습이 나온다.

고기를 팔 때 고깃덩어리보다는 먼저 고기의 맛을 보라. 스테이크가 아닌 지글지글을 팔아라.
- **엘머 휠러**(Elmer Wheeler: 세일즈 트레이너)

아름다운 시작보다 아름다운 끝을 선택하라.
- **그라시안**(Balthasar Gracian: 신학자)

사후 서비스를 철저히 하라. 고객 하나는 빙산의 일각과 같다.
- **리처드 루이시**(Richard Louise: GE세일즈맨)

말로 하지 말고 상품이나 서비스를 고객에게 직접 보여줘 니즈를 느끼게 하라.
- **존 패터슨**(John Henry Patterson: 금전등록기 세일즈맨, NCR 창립자)

고객이 더 빨리 결정을 하게끔 유도할수록 당신이 원하는 것을 얻을 가능성은 더욱 커지고, 고객에게 생각할 시간을 오래 주면 줄수록 당신이 원하는 것을 얻을 가능성은 그만큼 줄어든다.
- **로저 도슨**(Roger Dawson: 협상 심리학자)

세일즈맨의 성패는 계약의 마무리를 어떻게 하는지를 알고 있느냐 모르고 있느냐에 따라 판가름 난다.
- **나폴레온 힐**(Napoleon Hill: 성공철학자)

한 가지 상품만을 가지고 설명할 때보다 3가지의 상품을 제시하면서 설명하면 계약을 체결할 확률이 훨씬 더 높아진다.
- **LIMRA**(Life Insurance Marketing Research Association: 미국 보험마케팅협회)

진정한 영업은 고객이 구매한 후에 시작된다.
- **질 그리핀**(Jill Griffin: 마케팅전략 연구소 소장)

클로징에 이를 때에는 보채는 듯한 태도는 금물이다. 고객의 이익을 위해 권유하는 것임을 가슴으로 느끼도록 만들어야 한다.
- **나카지마 다카시**(中島孝志: 경영 컨설턴트)

클로징할 때에는 단지 상품의 이점 절반만 설명해주고, 고객이 거절하도록 만들어라. 그 이유는 고객 거절의 절반은 이점과 관련되어 있기 때문이다. 만일 고객에게 모든 이점들에 대해 다 설명해주고 난 다음에도 고객이 "싫다"라고 말하면 다시 되돌아갈 과정을 잃어버리게 되고 결국 아무런 소득도 얻지 못하게 된다.
- **빅 미란다**(Vic Miranda: 보험 세일즈맨)

계약을 마무리 짓기 위해서 필사적으로 달려드는 세일즈맨은 물이 빨리 끓기를 바라며 주전자 뚜껑을 자꾸 열어보는 것과 같다. 고객에게 필사적으로 달려들면 들수록 오히려 그 계약은 놓치기 쉽다.
- **친닝 추**(Ching-Ning Chu: 마케팅 컨설턴트, 인크 CEO)

고객의 주문을 주목하라. 주문 후 후속조치를 철저히 취하라.
- **맥더머트**(McDermott: 보험서비스회사 CEO)

하루아침에 이뤄지는 거래는 없다. 세일즈는 계약이 이뤄졌을 때보다 거래가 성사되지 않았을 때가 더 중요하다.
- **정송주**(기아자동차)

나는 고객이 언제쯤 인쇄를 할 것인지 미리 정보를 입수한 후 주문하기 일주일 전에 미리 방문하여 주문 받을 준비를 한다.
- **조 코헨**(Joe Cohen: 인쇄업체 세일즈맨)

온건하게 접근하여 강압적인 판매방법으로 마무리하라. 단번에 고객의 만족을 얻기 위해서는 모든 장애물을 제거해야 한다.
- **랠프 로버츠**(Ralph Roberts: 부동산 세일즈맨)

다른 사람을 설득하는 가장 좋은 도구는 우리의 귀, 즉 상대편 말에 우선 귀를 기울여 듣는 것이다.
- **딘 러스크**(Dean Rusk: 미국 전 국무장관)

클로징 시에는 판매를 방해하는 가장 큰 장애물이 무엇인지 찾아내고 빨리 그 원인을 분석해 종결로 이끌어야 한다.
- **로버트 고펠**(Robert A. Goppel: 방판세일즈맨, 세일즈컨설턴트)

설득이란 서로 윈윈하며 옳은 길을 선택하게 하는 것이 아니라 상대방을 현혹시키고 올바른 판단을 하지 못하게 함으로써 내 의견이 채택되도록 하는 것이다. 사람을 설득하려면 먼저 상대방에게 신뢰를 주는 것이 제일 중요하다.
- **로버트 치알디니**(Robert B. Cialdini: 심리학자)

세일즈맨에게는 판매가 성사될 때가 바로 진실의 순간이다.
- **조 지라드**(Joe Girard: 자동차 세일즈맨)

클로징 시에는 지금까지 설명한 상품의 특징과 이점을 다시 요약정리하고 난 후 클로징을 할 경우 그렇지 않고 바로 클로징을 하는 경우보다 성공확률이 높다.
- **Achieve Global**(교육컨설팅 회사)

오늘만 특별 할인가를 적용한다고 말했다면 그것을 반드시 지켜라. 고객이 내일도 오늘과 같은 가격에 구입할 수 있다고 확신하는 순간 시간적인 압박효과는 순식간에 사라진다.
- **로저 도슨**(Roger Dawson: 협상 심리학자)

고객은 세일즈맨이 일관성 있게 행동할 때 매료된다. 그러나 변덕스럽거나 우유부단할 때는 혐오한다. 일관성을 잃은 세일즈맨의 말은 깃털보다도 가벼워서 고객에게 어떤 확신도 심어줄 수 없다.
- **로저 도슨**(Roger Dawson: 협상 심리학자)

좀더 많은 감각을 관여시킬수록 매매 체결 가능성은 높아진다.
- **톰 홉킨스**(Tom Hopkins: 부동산 세일즈맨, 세일즈&성공학 전문가)

대화를 나누다보면 기분도 좋아지고 새로운 계약의 기회도 생긴다.
- **김철웅**(푸르덴셜생명)

버튼만 누르세요. 나머지는 저희가 알아서 하겠습니다.
- **조지 이스트만**(George Eastman: 필름 판매원, 코닥필름 창업주)

최대의 수익을 안겨다주는 고객을 선택하여 정확하게 목표고객으로 삼아 육성하라. 동시에 별 수익을 안겨주지 못하는 고객을 기피한다면 수익은 크게 증가할 것이다.
- **자넬 발로**(Janelle Barlow: 마케팅 전문가)

고객에게 먼저 구매금액을 물어서는 안 된다. "얼마로 하시겠습니까?" 등의 질문은 프로로서는 빵점이다. 구색을 맞춰 고객의 니즈를 환기시키는 능력을 발휘하라.
- **존 워너메이커**(John Wanamaker: 의류판매원, 워너메이커 백화점 설립자)

고객이 하나의 상품만 구매하러 왔을 때에는 최소한 3개 이상의 상품을 구매하도록 고객의 심리를 꿰뚫고 구매의 키를 당겨라.
- **존 워너메이커**(John Wanamaker: 의류판매원, 워너메이커 백화점 설립자)

고객이 전화를 걸면 5초 안에 차종과 구입시기, 옵션사항 심지어 가족사항까지 기억해낸다.
-정송주(기아자동차)

눈앞의 작은 이익에 집착하지 마라. 약간의 손해를 감수하더라도 일단 고객을 끌어들인 후 고객의 지속적인 반복구매를 유도하여 더 많은 수익을 얻어내는 전략을 활용하라.
- 제이 에이브러햄(Jay Abraham: 세일즈 컨설턴트, 제이 에이브러햄그룹 CEO)

당신이 제공하는 상품이나 서비스와 고객이 유대감을 맺도록 만들려면 상품을 구입하게 만듬으로써 기본적인 유대감을 형성하여 고객으로 하여금 당신을 추천하도록 만드는 것이다.
- 로저 도슨(Roger Dawson: 협상 심리학자)

영업만 해서는 안 된다. 영업을 하면서 고객에게 다른 상생의 도움이 될 수 있는 일을 병행해 신뢰가 더욱 돈독해져야만 소개 계약이 나온다.
- 이이즈까 데이꼬(飯塚帝京: 보험 세일즈맨)

머리가 좋을 필요는 없지만 기억력은 좋아야 한다. 연습해서라도 반드시 좋게 만들어야 한다. 한 번 만난 고객의 이름과 외모, 이력은 반드시 머리속에 넣어두어야 한다.
- 이브라힘 엘피키(Ibrahim Elfiky: 세일즈 마스터, 람세스 국제 세미나 설립자)

대화를 잘 이끌고 나가려면 상품판매의 목적뿐만 아니라 고객에게 어떤 이익이 안겨지는지를 먼저 확실히 알고 이야기를 진행해야 한다. 고객의 심리를 재빨리 파악하고 그에 맞춰 화법을 전개해 나가는 유연성이 필요하다.
- **나카지마 다카시**(中島孝志: 경영 컨설턴트)

만일이라는 가정법으로 말하지 말고 어느 쪽으로 할 것인지 택일하도록 만들어라.
- **엘머 호일러**(Elmer Hoiler: 마케팅 컨설턴트, 하버드 경영대학원 교수)

기존고객이나 추천으로 알게 된 고객이 완전한 신규고객보다 우선 되어야 한다. 기존고객이 최고의 단골고객이다.
- **랠프 로버츠**(Ralph Roberts: 부동산 세일즈맨)

세일즈란 고객이 좀더 많은 거래를 하도록 권장하기 위한 일종의 인센티브이다. 한번 찾아온 고객을 다시 오게 하는 인센티브는 조금씩 변형되고 서로서로 연계되면서 전혀 새롭고 다양한 형태로 태어난다.
- **데오도르 킨니**(Thedoere B. Kinni: 마케팅 컨설턴트)

반드시 부가가치를 창출하라. 겉으로 보이는 비용은 고객에게 제공해주는 서비스 가치에 대한 대가이다.
- **댄 케네디**(Dan S. Kennedy: 세일즈맨, 세일즈 트레이너)

판매의 종료는 고객이 물건을 사 주겠다고 대답한 시점이 아니다. 판매 이후에도 구매를 또 유도하기 위한 본격적인 가교의 장으로 만들어야 한다. 고객이 상품을 구매하기 전보다 상품을 구매한 이후 방문을 더욱 늘려야 한다.
- **엘머 레터맨**(Elmer Letterman: 보험 세일즈맨)

고객이 당신에게 도움을 주겠다고 하면 그 기회를 절대로 놓치지 마라. 최대한 집중하여 고객을 만족시켜라. 한 번 온 기회를 놓치지 마라. 다시 잡기는 매우 힘들다.
- **제프리 폭스**(Jeffrey J. Fox: 마케팅 컨설턴트)

기존고객 유지와 신규고객 창출비용 분석에 의하면 기존고객 유지는 1달러가 들지만 신규고객을 창출하는 데는 5달러가 든다.
- **맥킨지 컨설팅**(McKinsey Consulting)

나는 보통 한 사람의 고객에 대하여 적어도 20~30년 이상의 긴 세월 동안 인간적인 교류를 지속적으로 유지해오고 있다.
- **하라 잇페이**(原一平: 보험 세일즈맨)

당장은 한 푼의 소득도 생기지 않는 기존고객들을 성의껏, 꾸준히 신속히 관리하는 것이 중요하다. 그 안에서 당신도 모르는 사이에 소개가 움트기 때문이다.
- **스즈키 야스토모**(鈴木康友: 보험 세일즈맨)

고객들의 생활이 변화되어감에 따라 그들과 꾸준히 관계를 유지하며 연락해 나가야 새로운 거래관계가 성립된다.
- **웨인 콜린스**(Wayne Collins: 보험 세일즈맨)

세일즈맨으로 계속 살아남기 위해서는 적어도 최소 100명 이상은 유망고객을 계속적으로 확보하고 있어야 한다. 50명이 안 될 때 세일즈맨은 아무리 VIP고객을 데리고 있어도 결국 죽고 만다.
- **LIMRA**(Life Insurance Marketing Research Association: 미국 보험마케팅협회)

고객은 반복적으로 가입한다는 사실을 명심하고 사후 고객관리에 신경 써라. 통계에 따르면 보험 가입자들은 담당 에이전트에게 평균 5~7회 보험을 가입하였다.
- **알프레드 그래넘**(Alfred Granum: 보험 세일즈맨)

내가 만일 고객들에 대해 얼마나 많은 관심을 갖고 있는지 그들에게 보여주지 않는다면, 그들은 내가 얼마나 중요한 것들을 많이 알고 있는지에 대해 신경조차 쓰지 않는다.
- **밥 테웨스**(Bob Tewes: 보험 세일즈맨)

고객을 잃었다는 사실은 한 번의 판매기회를 잃는 것 이상의 의미가 있다. 이것은 향후 수백 번의 판매기회를 잃어버리는 것을 의미한다.
- **질 그리핀**(Jill Griffin: 마케팅 전략연구소 소장)

모든 소비자를 대상으로 마케팅하는 것보다 기존고객들의 이탈을 막는 게 무엇보다 중요하다.
- **로렌 애소그나**(Assogna: 벨루티 CEO)

내 유망고객 카드를 보면 고객들에 대한 것들은 물론 나 자신에 대해서도 잘 알 수가 있다. 여기에 기록된 모든 일들을 나는 실현하고 있다.
- **클라우드 스터블필드**(Claude Stubblefield: 보험 세일즈맨)

적절한 인간관계망을 형성하여 성공의 디딤돌로 삼는 기준은 인간관계를 맺고 있는 사람들의 숫자에 있는 것이 아니라 당신이 만나는 사람들의 신분과 그 다양성에 있다.
- **펜스터 하임**(Herbert Fensterngeim: 행동심리학자)

클로징을 한 이후에는 그 어떤 경우에든 고객에게 반드시 소개를 부탁하라. 그리고 부탁에는 반드시 분명한 이유를 밝혀 이해를 구하도록 하라.
- **모리 쓰루오**(森鶴夫: 세일즈 컨설턴트)

거래를 놓친 후에도 고객과 지속적으로 연락을 취하라. 그러면 경쟁자가 놓친 거래를 포착할 기회가 온다.
- **랩프 로버츠**(Ralph Roberts: 부동산 세일즈맨)

Responsibility

로열티를 향상시키려면 고객들에게 가장 저렴한 가격으로 가장 좋은 물건을 가장 좋은 서비스로 제공하라.
- **헨리 포드**(Henry Ford: 포드자동차 창립자)

고객을 꼭 붙잡아라. 다른 사람이 당신의 고객을 훔쳐가게 내버려두지 마라.
- **토드 던칸**(Todd Duncan: 자동차 세일즈맨, 던칸 그룹 설립자, 동기부여 전문가)

클로징에 빨리 이르게 하기 위해 고객과 대화를 멈추는 것을 두려워하여 자신이 할 말만 계속하는 외길 대화는 하지 마라.
- **나가노 게이타**(長野 啓太: 비즈니스 컨설턴트)

마무리 질문을 던지고 나면 입을 다물자. 가장 먼저 말하는 사람이 지는 법이다.
- **톰 홉킨스**(Tom Hopkins: 부동산 세일즈맨, 세일즈&성공학 전문가)

유능한 협상가는 상대가 이겼다고 생각하며 협상을 마치게 만든다.
- **로저 도슨**(Roger Dawson: 협상 심리학자)

스스로 납득이 가지 않는 한 남을 설득시킬 수는 없다.
- **매슈 아놀드**(Mathew Arnold: 평론가)

설득을 망칠 수 있는 요소들을 예상하고 제거하라. 고객이 구매를 거부하거나 결정을 미루는 것을 미리 예상하라.
- **댄 케네디**(Dan S. Kennedy: 세일즈 컨설턴트, 비즈니스 강사)

어떤 고객에게 물건을 팔 생각을 영원히 하지 않을 작정이거나 소개를 받을 생각이 아예 없는 이상에는 고객과 논쟁을 하지 마라.
- **이이즈까 데이꼬**(飯塚帝京: 보험 세일즈맨)

고객 설득은 7분 후가 가장 효과적이다. 구매의 파도는 7분 후에 밀려온다. 나 자신의 판매사례와 다른 세일즈맨의 판매사례를 분석해본 결과 공통적으로 7분 후에 설득된 경우가 90퍼센트를 넘었다.
- **이도구찌 켄지**(井戸口健二: 보험 세일즈맨)

비즈니스에서 중요한 것은 한 단어면 족한 것을 여러 말로 상대를 설득하려는 것이다.
- **토머스 제퍼슨**(Thomas Jefferson: 교육자, 정치가)

설득력이 뛰어난 세일즈맨은 고객이 말을 하게끔 유도한다. 끊기는 대화로는 판매 설득을 할 수 없다. 고객이 거절할 경우 그 말에서 설득의 실마리를 찾는다면 좀더 쉽게 고객의 마음을 되돌릴 수 있다.
- **나카지마 다카시**(中島孝志: 경영 컨설턴트)

불만족한 고객은 한 명당 10명을 방해한다. 그만큼 완전판매를 하는 것이 중요하다.
- **윌리엄 휴렛**(William Hewlett: HP 창업자)

고객이 상품구매를 결정할 때에는 이성보다 감성이 먼저 앞선다. 상품에 대한 구매결정 요소의 90퍼센트는 이성이 아닌 감성에 좌우된다. 고객을 설득하려면 이성이 아닌 감성을 자극해야 한다.
- **로저 도슨**(Roger Dawson: 협상 심리학자)

모든 실수를 인정하고 절대 변명하지 말며 항상 사과하라.
- **샘 월튼**(Samuel Moore Walton: 잡화점 판매원, 월마트 창업자)

고객에게 불만족스러운 어떠한 일이 발생하게 되면 주의력을 기울여 빠른 시간 내에 판단할 수 있는 방법을 미리 배워라.
- **잭 토마스**(Jack Thomas: 보험 세일즈맨)

불만을 가진 고객은 금전적인 보상보다 진심 어린 사과를 받았을 때 더 마음이 풀린다.
- **요하네스 아벨러**(Johannes Abeler: CS 전문가)

고객의 불만에 즉각적으로 대응하는 것이 고객을 보유하는 길이다.
- **질 그리핀**(Jill Griffin: 마케팅전략연구소 소장)

고객이 거래를 중단하는 이유 중 고객 불만 원인의 70퍼센트는 서비스 품질에 문제가 있기 때문이다.
- **The American Banker**(미국 경제전문지)

고객은 파는 사람 입장을 충분히 동조할 수 있지만 파는 사람이 지키지 못할 약속을 하거나 기대감을 저버리거나 해결할 수 없는 지경에 이르는 문제를 발생시키는 것은 참지 못한다.
- **제니퍼 브로트만**(Jennifer Brotman: 자동차 세일즈맨)

불만고객의 6퍼센트는 직접 항의하고, 31퍼센트는 자신의 불만을 주변 사람들에게 전파한다. 그리고 63퍼센트는 침묵하지만 그들을 다시 고객으로 유치하기는 힘들다.
- **와튼 스쿨**(Wharton School of Business)

고객에게 솔직하게 말하라. 커미션이 많이 남지 않는 상품을 요구한다면 경우에 따라서는 솔직하게 이야기하고 다른 상품을 권유하는 진정성도 보여라. 단, 고객에게도 더 많은 이익이 가는 상품이라면 말이다.
- **스즈키 야스토모**(鈴木康友: 보험 세일즈맨)

중요한 것은 고객을 분노시키는 큰 문제가 아니라 고객을 짜증나게 만드는 아주 작고 사소한 일들이다.
- **얼 플레처**(Earl Fletcher: 자동차 세일즈맨, 경영 트레이너)

고객이 받은 불유쾌한 느낌, 특히 불만처리 과정에서 경험한 불쾌한 기억은 생각보다 훨씬 오래 간다.
- **다이애너 몰**(Dianna Maul: CS 전문가)

고객이 자동차 중개인을 바꾸는 이유는 경쟁사의 설득이 9퍼센트, 자동차에 대한 불만이 14퍼센트, 서비스 담당자의 불친절이 68퍼센트였다.
- A.C 닐슨 연구조사

고객은 상품이 비슷할 경우 평범한 세일즈맨보다 남다르게 보이는 세일즈맨을 선택한다. 고객에게 특별한 세일즈맨으로 여겨지고 싶다면 남다르게 행동하라.
- 제리 애커프(Jerry Acuff: 세일즈 컨설턴트)

고객은 우선 항의할 권리를 지니고 있음을 염두에 두어야 한다. 고객이 항의를 하고 싶다고 말하는 가장 큰 이유는 항의를 하면 뭔가 달라진다고 믿기 때문이다.
- 자넬 발로(Janelle Barlow: 마케팅 전문가)

서비스를 회복하기 위해서는 제품이나 서비스에 불만을 품은 고객이 만족할 때까지 치밀하게 계획하고 조치를 취해야 한다.
- 론 젬키(Ron Zemke: CS 컨설턴트)

세일즈맨이 고객의 느낌을 파악하는 시간이 빠르면 빠를수록, 고객과의 문제에 정확하게 대처하면 할수록 불만의 정도는 줄어든다. 또한 고객과의 관계를 강화할 수 있는 기회가 더 커진다.
- 잭 토마스(Jack Thomas: 보험 세일즈맨)

판매 가능성이 있는 고객에게 전화를 하여 현재 갖고 있는 관심사에 대하여 작은 부분까지 의논한다면 나중에 발생할 수도 있는 불평들을 미리 막을 수 있다.
- **셜리 베드나츠**(Shirley Bednarz: 보험 세일즈맨)

세일즈맨은 고객들이 무엇을 기대하고 있는지에 대해 잘 알고 친숙해져야 한다. 그렇게 되면 고객들은 자신을 VIP처럼 느끼게 될 것이다. 전체 고객 중 20퍼센트에 해당하는 불만고객이 될 가능성이 훨씬 줄어든다.
- **프랭크 그라지아**(Frank Grazian: 보험 세일즈맨)

관계가 악화되거나 쇠퇴하고 있다는 사실을 보여주는 징조 중 하나는 고객으로부터 더 이상 불만사항이 나오지 않는다는 것이다.
- **시어도르 레비트**(Theodore Ravit: 비즈니스 전문가)

고객이 화가 나기 전에 사전 행동을 취하는 것이 불만 고객들의 숫자를 줄이는 최상의 방법이다.
- **프랭크 그라지아**(Frank Grazian: 보험 세일즈맨)

잃어버린 고객 중 70퍼센트는 가격이나 품질의 문제 때문이 아니라 제품이나 서비스를 공급하는 거래처 사람들의 거래형태가 마땅치 않았기 때문에 거래를 끊는다.
- **톰 피터스**(Tom Peters: 경영 컨설턴트)

당신의 고객이 이미 화가 머리끝까지 나서 소리를 지르도록 하지 말고 그 이전에 불평을 털어놓을 수 있도록 만들어라. 예방이 치료보다 낫다.
- **제프 슬러츠키**(Jeff Slutsky: 보험 세일즈맨)

고객이 조금이라도 자존심에 마음의 상처를 입게 되는 순간, 그때 이미 논리는 존재하지 않는다. 그때부터 당신은 정말로 커다란 문젯거리를 품에 안게 된다.
- **샘 딥**(Sam Deep: 성공 컨설턴트)

항의가 들어왔을 때도 상품을 판매할 때와 똑같은 방식으로 고객을 대하는 것이야말로 고객과 판매자 사이에 신용이 싹트는 지름길이다.
- **자넬 발로**(Janelle Barlow: 마케팅 전문가)

사과하는 일은 당신이 무언가를 잘못했음을 의미하는 것이 아니다. 그것은 단지 "고객님께서 문제를 갖게 되신 것이 유감입니다"라고 표현하는 방법에 지나지 않는다. 이런 식으로 관심을 표현하면 고객은 훨씬 더 쉽게 마음을 연다.
- **켈리 왓킨스**(Kelly Watkins: CS 전문가, 커뮤니케이션 컨설팅 사 대표)

시작했을 때처럼 마무리에 신중을 기하면 실패는 없다.
- **사마광**(정치가, 시인)

진단적인 영업이란 환자의 고통, 즉 고객의 현재 상황, 공포, 그리고 관심 등을 이해하는 것을 뜻한다.
- **제프 덜**(Geoff Thull: 영업전문가)

화가 난 고객은 불타오르는 화산과도 같다. 이런 고객과 영원히 마주치지 않는 것을 행운이라고 여긴다면 당신은 아직 세일즈 달인이 아니다. 세일즈 달인은 화난 고객을 단순히 설득하는 차원을 넘어서 자신의 영원한 고객으로 만든다.
- **로저 도슨**(Roger Dawson: 협상 심리학자)

세일즈맨이 정말로 걱정해야 하는 사람은 바로 침묵하는 고객이다.
- **존 맥티어**(John Mactear: 해외무역 영업사원, 머큐리 인터내셔널 경영 컨설턴트)

고객은 의외로 불만을 잘 드러내지 않는다. 불만사항이 접수되어 여러분에게 통보될 즈음이면 고객은 이미 당신과 두 번 다시 마주하고 싶지 않다는 결정을 내린 뒤다.
- **시마 모토히로**(嶋基裕: 휴대폰 판매원, 영업 컨설턴트)

고객과 논쟁을 하다가 거절을 심하게 당한다든지 또는 못 견디고 돌아서면 판매 실패는 물론 슬럼프에 빠질 수 있는 치명타가 된다.
- **모리 쓰루오**(森鶴夫: 세일즈 컨설턴트)

고객에게 어떻게든 문제의 책임을 느끼도록 만드는 것은 고객의 불만을 사는 일이다. 고객은 불공정한 대접을 받는다는 생각이 들면 처음에는 놀라움으로 반응하며 놀라움은 실망으로, 실망은 분노와 분개로 이어진다.
- **자넬 발로**(Janelle Barlow: 마케팅 전문가)

고객과 영업사원의 관계에서 습관적인 사과는 영업사원을 벼랑 끝으로 몰아넣는다.
- **나가노 게이타**(長野 啓太: 비즈니스 컨설턴트)

무조건 성공하여 고객에게 보답하라. 내가 성공해야 고객의 성공도 도울 수 있다.
- **스즈키 야스토모**(鈴木康友: 보험 세일즈맨)

사람과 사람을 이어주는 정신적인 매듭이야말로 인생을 풍요롭게 하는 원동력이다.
- **돈 존스**(Don Jones: 성공 컨설턴트)

상품을 팔기 전, 먼저 약관을 처음부터 끝까지 샅샅이 읽어라. 그것을 흡수하는 데 시간이 얼마가 걸리든 상관없다. 고객에게는 물론 그 분야의 다른 전문가들에게도 자신 있게 말해 줄 수 있을 정도가 되어야 한다.
- **게리 시츠먼**(Gary Sitzman: 보험 세일즈맨)

Responsibility

불만족한 고객은 한 명당 10명을 방해한다. 그만큼 완전판매를 하는 것이 중요하다.
- **윌리엄 휴렛**(William Hewlett: HP 창업자)

누구와 말하는지, 누가 말하는지가 아니라, 무슨 말에 귀를 기울이는가가 중요하다.
- **와다 히로미**(和田裕美: 브리태니커 세일즈맨, 세일즈 컨설턴트)

고객과 면담할 때 간결하면서도 정확한 의미를 담은 단어들을 사용하여 말하고자 하는 요점을 잘 전달한다면, 상당한 효과를 볼 수 있다.
- **빌 루이**(Bill Louie: 보험 세일즈맨)

지루하지 않은 어투와 적절한 템포로 대화하라. 때로는 여담을 적절하게 활용하라.
- **말콤 글래드웰**(Malcolm Gladwell: 저널리스트)

내가 전화를 받는다는 것은, 그것이 어떤 용건이든 전화를 건 사람을 확실히 만족시키는 책임을 내가 떠맡는다는 것을 의미한다.
- **마이클 라문도**(Michael Ramundoo: MCR 마케팅 사 CEO)

고객과 상담할 때에는 '어떻게 상품을 설명할 것인가'보다는 '고객에게 이 상품이 어떤 이익을 줄까'를 염두에 두어야 한다.
- **이이즈까 데이꾜**(飯塚帝京: 보험 세일즈맨)

효과적인 커뮤니케이션을 익히는 데 경험만큼 좋은 스승은 없다.
- **하워드 캐칭스**(Howard Catchings: 보험 세일즈맨)

가족적 가치를 드높여라. 비즈니스에서 가치 전달의 효과적인 방법은 가족, 자유, 기회, 책임, 공동체, 희생 등의 말을 사용하는 것이다.
- **프랭크 런츠**(Frank Luntz: 미디어 전략가, 언어 전문가)

고객의 관심사항에 90퍼센트를, 상품에 대한 세부적 설명은 10퍼센트만 하라.
- **랠프 로버츠**(Ralph Roberts: 부동산 세일즈맨)

세일즈맨으로서 중요한 임무는 고객이 안고 있는 현안문제를 해결할 수 있도록 도와주는 일이며, 임무수행에 절대적으로 중요한 요소는 고객의 문제를 해결할 수 있도록 도와주는 능력이다.
- **노먼 레빈**(Norman Levine: 보험 세일즈맨)

다른 사람 앞에 서기 전, 상상하면서 연습하라. 그러면 실전에서 자연스럽게 그렇게 될 수 있다. 상상의 경험도 실제의 경험만큼 효과를 볼 수 있다.
- **맥스웰 몰츠**(Maxwell Maltz: 심리학자)

고객에게 너무 많은 상품을 나열하며 설명하지 마라. 그러면 혼동을 가져오고 전문가로서 의구심을 품어 오히려 역효과를 가져온다.
- **LIMRA**(Life Insurance Marketing Research Association: 미국 보험마케팅협회)

위대한 세일즈맨은 고객에게 초점을 맞추지 절대로 자신과 자사의 상품에 초점을 맞추지 않는다. 고객의 입장이나 상황을 이해하지도 않고 곧바로 제안하는 것은 마치 물건을 벽에 던져서 붙으면 다행이고 안 붙으면 그만이라는 식의 세일즈 방식과 마찬가지다.
- **제리 애커프**(Jerry Acuff: 세일즈 컨설턴트)

고객에게 진심으로 다가가 정확한 소기의 성취를 이루어내야 한다는 사실에 초점을 맞춰 상품을 설명하라.
- **톰 홉킨스**(Tom Hopkins: 부동산 세일즈맨, 세일즈&성공학 전문가)

때때로 세일즈맨들은 말하는 것을 멈추지 않아 고객이 상품을 구입하고 싶어한다는 말할 기회조차 없애버리기도 한다. 프레젠테이션을 하는 동안 침묵으로써 고객의 말을 잠시 멈추게 하면 고객이 해당 상품을 구매해야 하는 이유를 아는지 모르는지 확인해볼 수 있다.
- **빅 미란다**(Vic Miranda: 보험 세일즈맨)

손님이 매장에 들어온다는 것은 일단 구매의사가 있다는 신호다. 고객의 눈빛을 보고 마음을 읽어라. 그 마음에 구매력의 가치를 호소하라.
- **존 워너메이커**(John Wanamaker: 의류판매원, 워너메이커 백화점 설립자)

고객들의 니즈가 증가할 때마다 늘 그들과 함께 성장하는 것에 기쁨을 느낀다.
- **레슬리 토머스**(Leslie Thomas: 보험 세일즈맨)

고객에게 제품의 새로운 응용방법을 판매하라.
- **제프리 폭스**(Jeffrey J. Fox: 마케팅 컨설턴트)

고객이 스스로 필요성을 느끼게 하여 가입을 스스로 결정하게끔 니즈를 환기시키는 데 전력을 쏟아야 한다.
- **알프레드 그래넘**(Alfred Granum: 보험 세일즈맨)

고객의 잠재된 구매욕구를 끌어내라. 고객이 상품을 사고 싶다는 강한 욕망을 느끼게끔 유도하는 테크닉을 익혀라.
- **야마모토 후지미쓰**(山本藤光: 제약회사 영업사원, 경영 컨설턴트)

고객한테 무엇을 살지 묻기보다는 상품 선택에 관한 질문을 하여 구매로 유도하는 것이 더 효과적이다.
- **엘머 호일러**(Elmer Hoiler: 마케팅 전문가, 하버드 경영대학원 교수)

고객이 처한 상황의 정확한 인식을 통해 해결점을 올바로 모색한다면 니즈 환기는 물론 구매욕구도 저절로 발생할 것이다.
- **프레드 오브라이언**(Fred O'Brien: 보험 세일즈맨)

고객의 니즈에 경청하고 대응하는 것은 브랜드 가치의 핵심이다.
- **다이애너 몰**(Dianna Maul: CS 전문가)

고객이 필요로 하는 것을 가장 먼저 읽어낼 줄 알아야 고객도 당신의 이런 마음을 이해하고 친근함을 느끼고 감동한다.
- **톰 홉킨스**(Tom Hopkins: 부동산 세일즈맨, 세일즈&성공학 전문가)

사람들은 누구나 특별하고 한정적인 상품 앞에서는 굴복하는 경향이 있다. 기회가 극히 제한되어 있다는 사실이 고객의 마음을 붙잡는 것이다.
- **로저 도슨**(Roger Dawson: 협상 심리학자)

고객들이 세일즈맨에게 계속해서 말을 한다는 것은 말하는 동안 결국 구매할 의향이 있음을 의미하는 것이다.
- **어니 니븐즈**(Ernie Nivens: 보험 세일즈맨)

고객이 여러 대안들 가운데 하나를 선택하도록 창의적인 해결책을 제공하라.
- **켈리 왓킨스**(Kelly Watkins: 보험 세일즈맨)

영업에서 가장 어려운 부분은 고객들이 당면한 문제와 이익을 정확하게 맞추는 것이다.
- **프란 재코비**(Fran Jacoby: 보험 세일즈맨)

고객의 요구가 구체적일수록 판매 성공 확률은 그만큼 더 높아진다.
- **케빈 호건**(Kevin Hogan: 비즈니스 컨설턴트, 대중 연설가)

지금 권유하는 상품이 고객에게 가장 적합한 최상의 상품임을 알려라. 당신이 고객에게 제안한 기회가 그리 오랫동안 유효하지 않다는 점을 알려라.
- **로저 도슨**(Roger Dawson: 협상 심리학자)

무관심한 고객과 상담하는 경우는 일반 고객과 상담하는 경우보다 실패 확률이 2.5배나 높다. 무관심한 고객에게는 무엇보다 고객의 니즈를 환기시키기 위한 유도질문을 하는 것이 효과적이다.
- **Achieve Global**(교육컨설팅 회사)

계약보다 중요한 것이 유지다. 계약만 하고 제대로 고객관리를 하지 않으면 고객의 이탈을 막을 수 없다.
-**임재만**(푸르덴셜생명)

상품 구매를 통하여 얻을 수 있는 아름다운 꿈을 그려줘라. 즐겁게 이용하는 모습을 상상하게 하라. 상품을 이용하는 최선의 방법을 눈에 보이듯 설명하라.
- **모리 쓰루오**(森鶴夫: 세일즈 컨설턴트)

정확한 수치를 약속하는 말은 고객의 의심을 사게 된다.
- **디오도어 루빈**(Thedore Isaac Rubin: 정신분석가)

고객의 입장에서 해결책을 물으면 고객의 숨은 관심사와 문제를 공유하는 데 훨씬 더 편안함을 느낀다.
- **다이애나 부허**(Dianna Booher: 세일즈 컨설턴트)

단시간 내에 고객과 친숙해질 수 있도록 다정한 미소와 독특한 판매기법을 갖추어야 한다.
- **모리 쓰루오**(森鶴夫: 일본 세일즈 컨설턴트)

자신이 파는 상품을 가장 잘 알아야 고객의 구매 욕구를 쉽게 이끌어낼 수 있다.
- **랠프 로버츠**(Ralph Roberts: 부동산 세일즈맨)

영업상담은 무엇보다 고객 니즈에 초점을 맞춰 진행하는 것이 가장 중요하다.
- **로버트 밀러**(Robert Miller: 세일즈전문가)

고객으로 하여금 살 수 있는 분위기에 젖게 하여 고객 스스로 결정을 내리도록 이끌어라.
- **에드가 제프로이**(Edgar K. Geffroy: 방판 세일즈맨, 세일즈 컨설팅 사 CEO)

고객에게 도움이 된다고 믿으니까, 그것으로 충분하다고 생각하며 판매를 권유하는 것은 선의의 강매다. 당신의 그런 믿음은 고객의 구매 이익과는 아무 관계가 없기 때문이다.
- **나가노 게이타**(長野 啓太: 비즈니스 컨설턴트)

고객을 대할 때 심리접근 포인트(Mind Access Point: MAP)에 근거하여 구매욕구를 자극한다면 판매는 훨씬 수월해진다.
- **케빈 호건**(Kevin Hogan: 비즈니스 컨설턴트, 대중 연설가)

인간은 누구나 자유와 프라이버시를 중요시하기 때문에 단 한가지의 선택만을 강요한다면 심리적으로 그 상황을 참지 못한다. 세일즈 달인은 상대방이 선택할수 있도록 2가지 이상의 옵션을 제기한다.
- **로저 도슨**(Roger Dawson: 협상 심리학자)

고객과 단 한 번만 거래하려고 하는 것이 아니라 관계를 구축하려고 노력하고 있다. 구매 시 부가가치를 높이거나 실제로 높이는 것들이 무엇인지를 찾아내야 한다.
- **레오 스펠먼**(Leo Spellman: 피아노 세일즈맨)

고객이 관심을 기울이도록 만들어야 한다. 이때를 놓치지 말고 상품가치를 느끼도록 도와주어야 한다.
- **샘 프리드먼**(Sam Friedman: 보험 에이전트)

우리는 고객들이 항상 색다르게 해주기를 원한다고 생각한다. 따라서 우리는 그것이 무엇인가를 찾아내야만 한다.
- **루치아노 베네통**(Luciano Benetton: 의류업체 베네통 설립자)

고객이 구매하기 전 망설일 때에는 어떤 이익이 주어지는지 솔직하게 말하면서 고객이 안심하도록 유도하는 것이 중요하다.
- **나카지마 다카시**(中島孝志: 경영 컨설턴트)

고객에게 어떻게 하면 상품을 팔수 있는가를 모색하는 것보다는 그들이 상품을 선택할 수 있도록 도우려면 어떻게 해야 할지 그 방법을 잘 알려주는 것이 가장 중요하다.
- **게리 시츠먼**(Gary Sitzman: 보험 세일즈맨)

당신이 무엇을 판매하든지, 소비자에게 상품이나 서비스를 구매하는 것에 대한 훌륭한 정서적 느낌을 만들어주어야 할 뿐만 아니라 그들이 자신의 결정을 정당화할 수 있는 건전한 논리적 이유를 제공해야 한다. 그렇지 않다면 당신의 판매 실적은 나아지지 못할 것이다.
- **브라이언 셔**(Brian Sher: 마케팅 전문가, 비즈니스 코치)

고객의 욕구와 이익이 충족될 수 있음을 강조하며 증거를 확실하게 보여줘라.
- **로버트 고펠**(Robert A. Goppel: 방판 세일즈맨, 세일즈 컨설턴트)

세일즈맨이 상품과 서비스의 특징과 이점을 제시하여 고객이 밝힌 2개 이상의 니즈를 만족시킬 수 있음을 구체적으로 보여주고 설득할수록 세일즈의 성공 확률이 높아진다. 성공하는 세일즈에서는 실패한 세일즈보다 고객에게 제시하는 이점 수가 평균 다섯 배 이상이 높다.
- **Achieve Global**(교육컨설팅 회사)

고객에게 결단을 강요할 수는 없다. 고객의 눈에 물음표가 보이는 동안에는 결정을 요구할 수는 없다. 최고의 정보를 제공하고 마지막에 스스로 결정하게 하라. 상호간에 신뢰관계가 형성되어 있다면 유용한 계약을 할 수 있다.
- **오카다**(岡田: 보험 세일즈맨)

만약 어떤 고객에게 1백만 달러짜리 상품을 팔기로 생각했다면 2백만 달러짜리를 권유해보라. 어떤 일이 일어날까? 그는 아마도 2백만 달러짜리를 구매할 것이다. 아니면 최악의 경우라도 1백만 달러는 가능하다. 그러나 처음부터 50만 달러로 시작한다면 50만 달러로 종결된다. 크게 생각하라.
- **메이디 파카르자데**(Mehdi Fakharzadeh: 보험 세일즈맨)

일반적으로 고객이 진정으로 원하는 문제를 해결해주면 가격 문제는 대부분 사라진다.
- **러클 셔우스**(Ruckle Cautious: 자동차 세일즈맨)

준비된 자만이 제품이나 서비스를 팔 가능성이 높다.
- **마쓰다 유이치**(松田優一: 자동차 세일즈맨)

고객이 의견을 제시할 수 있도록 기회를 줘 고객의 말 속에 숨어 있는 의도를 파악하라.
- **로버트 고펠**(Robert A. Goppel: 방판세일즈맨, 세일즈컨설턴트)

커다란 니즈를 갖고 있는 고객들은 커다란 문제를 해결하기 위해 더 큰 금액을 지불할 준비가 되어 있다.
- **게리 시츠먼**(Gary Sitzmann: 보험 세일즈맨)

"높은 가격을 지불하는 고객과 낮은 가격을 지불하는 고객 중에 누가 더 낫냐?"라는 질문에 "두 사람 모두 우리의 고객이기 때문에 평등하게 대한다"처럼 어리석은 대답을 해서는 세일즈를 잘할 수 없다. 당연히 높은 가격을 지불하는 고객 쪽이 훨씬 낫다.
- **오카모토 시로**(岡本史郞: 마케팅 컨설턴트)

'아니오'보다는 '예'가 많도록 고객을 설득하라.
- **밴 플랭클린**(Van Franklin: 보험 세일즈맨)

증거를 통해 고객을 설득하라. 확실한 증거자료는 천 마디 말보다 효과적이다.
- **댄 케네디**(Dan S. Kennedy: 세일즈맨, 세일즈 트레이너)

자유대답형 질문을 하라. 이러한 질문은 고객으로 하여금 자신의 이야기를 하게끔 유도한다. 고객들이 원하는 바를 발견하는 영업 비결은 바로 여기에 있다.
- **릭 폴센**(Rick Paulsen: 보험 세일즈맨)

어떠한 말을 고객에게 전달해야 좀더 설득력이 있는지, 강력한 도구가 될 만한 단어들을 생각하여 이를 문장으로 만드는 연습을 하라. 각각의 적절한 단어들을 서로 연결시켜 강력한 어귀를 만들어 사용하면 훌륭한 세일즈 도구가 된다.
- **빌 루이**(Bill Louie: 보험 세일즈맨)

상대가 행동하게끔 호소하라. 사람들은 자신들의 주장을 멋지게 펼치는 데는 성공하지만 상대방의 반응을 얻는 데는 실패한다.
- **러셀 콘웰**(Russell H. Conwell: 연설가, 목사)

고객의 정신이 다른 곳에 가 있다면 나중에 다시 얘기하라. 중요한 사안이 아니라면 심리적 압박을 통해 빠른 해결을 시도해보는 것도 좋다.
- **로저 도슨**(Roger Dawson: 협상 심리학자)

독특하고 기억에 남을 만한 것을 고객에게 선물하는 것은 훌륭한 투자가 된다.
- **시바타 가즈코**(芝田和子: 보험 세일즈맨)

같은 질문도 다르게 하면 '예스'를 얻을 수 있다.
-케빈 호건(Kevin Hogan: 비즈니스 컨설턴트, 대중 연설가)

상품 판매가 아닌 삶을 설계하라. 도움이 되는 상품을 추천해야지 무조건 고액 상품을 추천해선 안 된다.
-임재만(푸르덴셜생명)

고객에게 따지지 말고 반론을 극복할 때 고객을 공격하지 마라. 세일즈맨은 논리적 전투에서 이기는 대가로 정서적 전투에서 지게 돼 결국 매매를 체결할 수 없게 된다.
-톰 홉킨스(Tom Hopkins: 세일즈&성공학 전문가)

선물은 고객을 다시금 내 편으로 만드는 좋은 방법이다.
-데오도르 킨니(Thedoere B. Kinni: 마케팅 컨설턴트)

세일즈의 달인들은 작은 선물이 생각 외로 놀라운 구매력 효과를 가져다준다는 사실을 잘 알고 있다. 선물은 개인의 감성을 자극하는 동시에 사적인 접촉의 기회도 제공한다.
-로저 도슨(Roger Dawson: 협상 심리학자)

상품의 기능이나 성능에 대해서 설명하는 것보다 고객의 상황과 필요에 맞춰 고객의 언어로 상담하는 맞춤 세일즈가 중요하다.
-최진성(현대자동차)

세상에 공짜는 없다. 사소한 선물 하나가 때론 세일즈 성패를 좌우한다. 세일즈맨은 자신을 도와주는 사람들에 대한 합당한 보상 체계를 반드시 마련해야 한다.
- **조 지라드**(Joe Girard: 자동차 세일즈맨)

나에게는 9,000명의 고객카드가 있다. 이들 9,000명에게 나는 매달 한 번씩 우편물을 보내고 있다. DM은 소개를 가져오는 버팀목이 되어준다.
- **조 지라드**(Joe Girard: 자동차 세일즈맨)

프레젠테이션을 하는 동안 효과적인 질문 기술을 사용하여 고객이 긍정적인 반응을 보이도록 유도하라. 고객이 긍정적인 반응을 보이면 주의를 집중시킬 수 있는 강력한 문구를 사용하여 계속해서 질문하여 프레젠테이션이 마치 드라마와 같이 극적이면서도 자연스럽게 이끌어 나가도록 만든다.
- **톰 헤그너**(Tom Hegna: 마케팅 매니저)

성공한 세일즈맨들의 공통점은, 그들은 고객과 프레젠테이션을 할 때 언제나 세일즈의 도구가 되는 강력한 어휘들을 사용한다는 점이다. 간결하지만 강력한 어휘를 통해 고객의 마음에 자신들이 의도하는 것을 새긴다.
- **빌 루이**(Bill Louie: 보험 세일즈맨)

고객과의 대화는 감(感)이다. 친절하게 대화하면서 조용히 말을 들어주고 그 속에서 고객이 원하는 것을 끄집어내 가려운 곳을 긁어주는 것이 중요하다.
- **이종은**(쌍용자동차)

면담 중에는 어느 부분이 잘못되어 판매 기회를 잃게 되었는지 모르는 경우가 있다. 그렇기 때문에 상담 중에 고객이 가끔은 이의를 제기하도록 기회를 주어야 한다.
- **알프레드 그래넘**(Alfred Granum: 보험 세일즈맨)

정직하지 못한 프레젠테이션은 고객에게 나쁜 인상을 남길 뿐만 아니라 당신의 명성까지 더럽힐 것이다.
- **랠프 로버츠**(Ralph Roberts: 부동산 세일즈맨)

왜 사람들이 상품을 구매하는지 그 이유를 확실히 알아야 한다. 그 사실을 확실하게 알기도 전에 무조건 팔려고만 한다면 공이 날아오기도 전에 일단 뛰고 보는 타자와 다를 게 없다.
- **게리 시츠먼**(Gary Sitzman: 보험 세일즈맨)

어떤 상황에서도 자신의 머리로 판단하라. 고객의 생각을 끌어내 아이디어를 제공하라.
- **엘머 레터맨**(Elmer Letterman: 보험 세일즈맨)

모든 프레젠테이션에서 가장 중요한 것은 상대방이 원하는 방향이 무엇이지를 파악하고, 그것을 프레젠테이션 내용과 정확하게 일치시키는 데 있다.
- **로저 도슨**(Roger Dawson: 협상 심리학자)

상품 설명은 상대방에게 유익한 정보를 제공하는 장이 되어야 한다. 단지 판매를 하는 것에만 초점을 맞추면 안 된다.
- **시바타 가즈코**(芝田和子: 보험 세일즈맨)

얼굴을 보면서 손을 잡아라. 그리고 말해주어라. "손님에게 꼭 어울립니다. 손님에게 꼭 입혀드리고 싶습니다"라고.
- **에스티 로더**(Estee Lauder: 화장품 기업 에스티 로더 창업주)

고객이 한 말 가운데 마지막 몇 가지 단어들을 반복하는 메아리 기술을 익혀라.
- **톰 헤그너**(Tom Hegna: 마케팅 매니저)

상품이나 서비스에 만족한 고객만큼 이상적인 광고 수단은 없다.
- **필립 코틀러**(Philip Kotler: 마케팅 구루, 앤드류워드인터내셔널 CEO)

유능한 세일즈맨은 판매방법이 뛰어나다. 달콤한 말과 유쾌한 매너로 부드럽게 판매하는 기술을 가져라.
- **그라시안**(Balthasar Gracian: 신학자)

고객과 상담할 때 점심식사를 한 후의 티타임보다 더 중요한 시간대는 없다. 이때에는 고객의 심리가 가장 편안한 상태로 빠져들기 때문이다.
- **나카지마 다카시**(中島孝志: 경영 컨설턴트)

고객이 은연중 쓰는 말을 잘 기억하라. 고객이 '장엄한' '매력적인' 등의 단어를 자주 사용한다면 이런 말을 적절히 섞어 대화를 이끌어라.
- **이브라힘 엘피키**(Ibrahim Elfiky: 세일즈 마스터, 람세스 국제세미나 설립자)

길게 말하지 마라. 간결하게 말하라. "사고 싶으십니까?"라고 묻지 말고 "어느 것을 사시겠습니까?"라고 물어라. 자신의 음성에 귀를 기울여라. 마법의 언어는 없다.
- **엘머 호일러**(Elmer Hoiler: 마케팅 컨설턴트)

자신의 생각을 제시하면서 상품이나 서비스를 판매하기 위해서는 고객에게 감명을 주는 단어와 언어를 사용해야 한다.
- **제리 애커프**(Jerry Acuff: 세일즈 컨설턴트)

장황하게 설명하지 말고 간결하게 요점만 말하라. 증거를 제시하면서 정곡을 찌르는 화술을 연마해야 상대방이 더 쉽게 마음으로 느낀다.
- **엘머 호일러**(Elmer Hoiler: 마케팅 컨설턴트, 하버드 경영대학원 교수)

고객 로열티 향상의 기반은 고객만족이다 기존고객의 만족도를 높이면 그 고객은 당신의 영업사원이 된다.
- 장 클로드 라레슈(Jean Claude Larreche: 마케팅 전문가)

고객의 말투에 신경을 써라. 고객의 말투에서 판매 소구력을 짐작할 수 있다.
- 엘머 호일러(Elmer Hoiler: 하버드 경영대학원 교수)

인근 지역의 대학이나 회사에서 까다로운 고객을 다루는 법에 대한 세미나를 한다면 무조건 참석하라.
- 프랭크 그라지아(Frank Grazian: 보험 세일즈맨)

의뢰형, 질문형 표현으로 커뮤니케이션을 원활하게 하라. 상대의 요구를 들어주지 못할 때에는 대안을 제시하라.
- 니시데 히로코(西出博子: 비즈니스 매너 강사)

고객들은 본능적으로 복잡한 것을 좋아하지 않는다. 심플한 상품, 간결한 설명이 중요하다.
- 잭 트라우트(Jack Trout: 마케팅 전략가)

사업 성공의 비결은 상품을 구매할 잠재성이 가장 큰 고객들의 신상과 구매 습관을 미리 파악했기 때문이다.
- 빌 게이츠(William H. Gates: 마이크로소프트 창업자)

상품의 정보를 나열해 고객을 머리 아프게 하거나 판단하지 않게 하라. 상품을 쉽게 선택할 수 있도록, 특별한 이유 없이도 지속적으로 사용하도록 만들어라.
-**닐 마틴**(Neale Martin: CS 전문가. 엔텔렉 CEO)

상품을 더 많이 판매하려면 맨 처음에는 적게 약속하고 나중에 더 많은 것을 제공하는 비즈니스 스킬을 익혀야 한다.
-**가이 베이커**(Guy E. Baker: 보험 세일즈맨, BTA그룹 CEO)

입문하면서 하루에 세 명 이상의 고객을 만나겠다는 나와의 약속을 16년째 지키고 있다.
-**임재만**(푸르덴셜생명)

하나만 들어달라는 읍소형은 안 된다. 이 상품이 왜 필요한지 이해시키려고 노력하니 길이 보였다.
-**예영숙**(삼성생명)

일에 대한 열정이 식지 않아야 고객에게도 그 체온이 전달될 수 있다.
-**예영숙**(삼성생명)

7
Overcome

위대한 성공은 시련에서 탄생한다

톱 세일즈맨들에게는 공통점이 있다. 그들은 영업을 단순히 생계를 위한 수단이나 소득이 목적이 아닌 삶의 운명처럼 받아들였다는 점이다. 평생 오로지 한 우물만을 파면서 인생의 승부수를 띄웠다는 점이다. 전 세계 보험인들의 우상인 알프레드 그래넘은 "인생에서 성공을 바란다면 언제나 주어진 일에 최선을 다하고 한 우물을 파라"고 했다. 베인 옹이가 더 단단하듯 실패는 더 단단한 나를 만들어준다는 사실을 잊지 말고 전진하라.

반드시 밀물 때는 온다.
- 앤드류 카네기(Andrew Carnegie: 철강회사 설립자)

일이 한 번 잘못되기 시작하면 계속 어그러질 수 있다. 이때 열정을 가진 사람만이 살아남을 수 있다. 편집광이 되어라.
- 앤디 그로브(Andrew Grove: 인텔 창업자)

누구나 정말 일하기 싫은 날이 있다. 그런 날일수록 뜨겁게 일하라. 열정과 기쁨은 만드는 것임을 깨닫게 될 것이다.
- 매리 케이 애시(Mary Kay Ash: 주방용품 세일즈맨, 메리케이 코스메틱 창업자)

자신에 대한 확고한 믿음이 슬럼프를 극복하는 첫째 조건이다.
- 하워드 캐칭스(Howard Catchings: 보험 세일즈맨)

이 세상에 문제없는 일이란 없다. 단지 차이는 문제가 닥쳤을 때 그것을 어떻게 대하는가이다.
- 메이디 파카르자데(Mehdi Fakharzadeh: 보험 세일즈맨)

이 세상에 쉬운 일이 어디 있겠는가. 비록 어렵고 힘들지라도 타인에 대한 두려움을 벗어던지고 당당하고 자신 있게 자신의 일을 사랑하라. 그럼 어느 순간 세일즈 달인이 되어 있는 당신을 발견하게 될 것이다.
- 톰 홉킨스(Tom Hopkins: 부동산 세일즈맨, 세일즈&성공학 전문가)

영업실적이 장기간 오르지 않으면 누구나 슬럼프에 빠진다. 이럴 때에는 원인분석을 빨리 해야 한다. 슬럼프에 빠져들면 헤어나기 힘드므로 마음을 좀더 여유롭게 갖는 자세가 중요하다.
- **하라 잇베이**(原一平: 보험 세일즈맨)

현 위치가 불안한가? 오히려 그것을 발판으로 하여 도약할 기회로 삼는다면 그것이 축복이다.
- **시드니 프리드먼**(Sidney Friedman: 보험 세일즈맨)

나는 다시 태어나도 손해보험을 할 것이다. 천직이라 생각한다.
- **남상분**(현대해상)

시련을 이겨내기 위해 노력하면 그 과정에서 더 큰 것을 배울 수 있다.
- **브루스 에서링턴**(Bruce Etherington: 보험 세일즈맨)

성공한 사람들도 모두 다 결점이 있다. 단, 그들은 결점을 유리하게 이용하는 길을 알았을 뿐이다.
- **시드니 프리드먼**(Sidney Friedman: 보험 세일즈맨)

옳은 태도를 가졌다면 어떤 환경에서든 현 상황을 즐길 수 있다. 결의와 창의력이 있다면 모든 장애를 극복할 수 있다.
- **시바타 가즈코**(芝田和子: 보험 세일즈맨)

자신의 가장 큰 약점을 극복한 바로 그 지점에서 인간의 위대한 힘이 성장한다.
- **엘머 레터맨**(Elmer Letterman: 보험 세일즈맨)

하는 일에 대한 두려움을 없애는 마음의 여유로움이 슬럼프를 치유해준다.
- **세스 고딘**(Seth Godin: 비즈니스 전략가)

영업을 방해하는 요인들이 자신을 꼼짝 못하게 막거나 좌절에 빠지도록 내버려둬서는 안 된다. 스스로를 곧바로 다시 세워 다시 시도해보라.
- **빌 루이**(Bill Louie: 보험 세일즈맨)

나는 슬럼프에 빠졌을 때 반드시 필요한 몇 가지의 중요한 것들을 깨달았다. 그것은 바로 '스스로를 믿을 것' '상품을 믿을 것' '회사를 믿을 것'이다.
- **쟌느 아멜리**(Jeanne Ameli: 보험 세일즈맨)

오늘 하나의 어려운 일을 참고 극복해냈다면 그 순간부터 그 사람은 강한 힘의 소유자인 것이다. 곤란과 장애물은 언제나 새로운 힘의 근원인 것이다.
- **버트런드 러셀**(Bertrand Arthur William Russell: 사회학자)

열심히 일하지 않으면 근심이 생긴다. 나는 이러한 가치관을 갖고 있기 때문에 어떠한 힘든 상황에 부딪히더라도 내가 해야 할 활동들을 꾸준히 해나가려고 노력한다.
- 제프 윌리스(Jeff Willis: 보험 세일즈맨)

나는 내 자신에 대한 자부심을 갖고 있기 때문에 어려운 상황이 오더라도 스스로에게 이렇게 말한다. '하루하루가 나에게는 새로운 날이 될 것'이라고. 나는 늘 그렇게 명심하고 있다.
- 랜디 스톨츠(Randy Stoltz: 보험 세일즈맨)

절대 과로하지는 마라. 여유를 가져라. 할 수 있는 것은 모두 하라. 그리고 일이 풀리게 놔두어라.
- 노먼 빈센트 필(Norman Vincent Peale: 성공 컨설턴트)

우리는 상상 이상의 스트레스를 간혹 느끼지만 그것으로 인해 다치지는 않는다.
- 세스 고딘(Seth Godin: 비즈니스 전략가)

스트레스를 받을 때 중요한 결정을 내리지 마라. 우선 멈춰 서서 아무 일도 하지 마라. 하던 일을 잠시 쉬면서 긴장을 풀고 자신에게 약간의 여유를 줘라. 타인과 경쟁하기보다는 자신을 생각하라.
- 실라 머레이(Sila Murray: 비즈니스 컨설턴트)

슬럼프는 병이 아니다. 다시 일어서는 법을 배우기 위한 과정일 뿐이다.
- **미국 격언**

미래를 두려워하고 실패를 두려워하는 사람은 그 활동이 제한되어 손도 발도 움직일 수 없게 된다. 실패란 두려움이 아닌 오히려 그전보다 더 풍부한 지식으로 다시 일을 시작할 수 있는 좋은 기회다.
- **헨리 포드**(Henry Ford: 포드자동차 창립자)

나는 실험에 실패할 때마다 성공을 향해 한 발짝 한 발짝 다가가고 있다고 생각했다. 실패 없는 성공은 없다. 실패의 교훈은 언젠가 자신에게 이익이 되어 돌아올 것이라 믿는다.
- **토머스 에디슨**(Thomas Alva Edison: 과학자, 발명가)

승자는 일곱 번 쓰러져도 여덟 번 일어서고 패자는 쓰러진 일곱 번을 낱낱이 후회한다. 당신에게 그 일을 맡긴 사람은 언제나 희망을 잃지 않고 있다.
- **탈무드**(Talmud)

아무리 힘들더라도 꿈을 버리지 마라. 꿈을 계속 꾼다면 언젠가 이루게 된다.
- **톰 모나간**(Michelle Monaghan: 도미노 피자 CEO)

바쁘게 움직이는 꿀벌에게는 슬퍼할 여유가 없다.
- **윌리엄 블레이크**(William Blake: 문학가)

어떤 일도 견딜 수 있는 사람은 어떤 일도 끝까지 실천할 수 있는 사람이다. 인내는 희망을 자아내는 기술이다.
- **뤽 드 클라피에르 보브나르그**(Luc de Clapiers de Vauvenargues: 수필가)

인내의 밭에다 내가 고통을 심었더니 행복의 열매를 맺었다. 인내심을 가지고 노예의 짐을 지는 사람은 진정한 자유인이요, 성공인이다.
- **칼릴 지브란**(Kahlil Gibran: 시인, 수필가)

실패 중 가장 큰 실패는 실패를 전혀 자각하지 못하는 것이다. 가장 소름 끼치는 불신은 바로 자기 안에 있는 불신이다.
- **토머스 칼라일**(Thomas Carlyle: 사상가, 역사가)

실패를 두려워하는 이유는 그 일을 달성하기까지의 난관을 미리 생각하기 때문이다.
- **노먼 빈센트 필**(Norman Vincent Peale: 성공 컨설턴트)

실패하면 비참한 생각이 들고 낙담도 하지만 이것이 나의 운명이라고 생각하고 거기서 다시 일어나 성실히 노력하라.
- **이나모리 가즈오**(稻盛和夫: 교세라그룹 CEO)

몹시 좌절할 수밖에 없는 사건이 전화위복으로 그 사람의 인생에 최대의 분기점이 되는 경우가 있다. 전화위복의 기회는 항상 존재한다.
- **디오도어 루빈**(Thedore Isaac Rubin: 정신분석가)

절망하지 않으면 반드시 다시 일어날 수 있다. 모든 사업은 칠전팔기다. 중요한 것은 자아를 상실하지 않는 일이다. 용기는 절망에서 생긴다.
- **손문**(孫文: 정치가)

가장 절망적일 때 가장 큰 희망이 온다. 희망을 쫓으면 바람이 온다.
- **잭 캔필드**(Jack Canfield: 베스트셀러 작가)

어떠한 실패도 희망으로 통하는 길이 있다. 사람의 굳은 뜻으로 못할 일은 없다. 실패는 없다. 다만 미래로 이어지는 결과일 뿐이다.
- **앤서니 라빈스**(Anthony Robbins: 동기부여 전문가)

무슨 일에서든 중도 포기는 제일 나쁜 것이다. 도중에 포기하지 마라. 망설이지 마라. 최후의 성공을 거둘 때까지 밀고 나가라. 진주는 모래알 같은 이물질이 조개 안에 들어갔을 때 만들어진다.
- **데일 카네기**(Dale Carnegie: 세일즈맨, 인간관계 전문가, 성공 컨설턴트)

현명한 사람은 큰 불행도 작게 처리하지만 어리석은 사람은 조그마한 불행도 크게 확대해서 스스로 큰 고민에 빠진다.
- **라 로슈푸코**(La Rochefoucauld: 작가, 모랄리스트)

어제의 실패에 대해 스스로를 괴롭히지 마라. 실패를 자꾸 괴로워하면 다음 일도 실패로 이끄는 원인이 된다.
- **버트런드 러셀**(Bertrand Arthur William Russell: 사회학자)

우리 인생의 최대 영광은 한 번도 실패하지 않는 데 있는 것이 아니라 넘어 질 때마다 다시 일어서는 데 있다. 가장 성공한 사람은 한 번도 실패하지 않은 사람이 아니라, 실패할 때마다 조용히, 그러나 힘차게 다시 일어난 사람이다.
- **올리버 드스미스**(Oliver Goldsmith: 문학가)

천만 번 넘어져도 웃는 얼굴로 다시 일어나라. 인생 최대의 난관은 인생 최대의 성공으로 가는 길에 불과하다. 이길 때까지 포기하지 않으면 진다는 것은 있을 수 없다. 실패는 꿈의 완성으로 가는 계단이다. 나는 넘어질 때마다 웃는 얼굴로 다시 일어나겠다. 그리고 더 힘차게 달리겠다. 그럴수록 더 행복해지니까!
- **커넬 핼랜드 센더스**(Colonel Harland Sanders: KFC 창업주)

내가 만일 힘들다고 포기한다면 반드시 실패하고 말 것이다.
- **빌 루이**(Bill Louie: 보험 세일즈맨)

Overcome

실패하면 비참한 생각이 들고 낙담도 하지만 이것이 나의 운명이라고 생각하고 거기서 다시 일어나 성실히 노력하라.
-이나모리 가즈오(稻盛和夫: 교세라그룹 CEO)

고객들이 잡지구독을 거절할 때마다 그만두고 싶은 마음이 한없이 들었지만 나는 여기서 깨달은 것이 있다. 바로 세일즈에는 고객을 설득하는 기술 이외에도 인내와 불굴의 의지가 필요하다는 것이다.
- 존 템플턴(John Templeton: 월간지 세일즈맨, 템플턴그로스 펀드 설립자)

우리들이 인생에서 범하는 최대의 실수는 실패를 두려워해 끊임없이 겁을 먹는 것이다.
- 엘버트 허버드(Elbert Hubbard: 책 외판원, 로이크로프터 출판사 설립자)

실패는 끝이 아니라 성공의 또 다른 시작이다. 실패는 다시 시작할 수 있는 기회이다. 도전을 포기하지 않는 한 당신은 결코 패배자가 아니다.
- 지그 지글러(Zig Ziglar: 주방기구 세일즈맨, 성공철학자, 세일즈 훈련가, 동기부여 전문가)

희망이 없는가? 소망이 없는가? 꿈이 없는가? 그러면 반드시 만들어야 한다. 너무 절망스러워 도저히 희망이 없어 보일지라도 찾아보고 또 찾아라. 반드시 희망은 있다.
- 엠마 골드먼(Emma Goldman: 아나키스트)

실패자는 너무 빨리 단념하는 패착을 놓는다. 어려울 때 힘들 때 일수록 더욱 열심히 연마해야만 성공의 풍선을 터뜨릴 수 있다.
- 노먼 빈센트 필(Norman Vincent Peale: 성공 컨설턴트)

Overcome

대부분의 사람들은 성공을 성취하려는 찰나에 포기하고 만다. 그들은 1야드를 남겨놓고 그만둔다. 그들은 게임의 마지막 순간에, 승리를 결정하는 터치다운으로부터 겨우 한 걸음 남겨놓고 포기해버린다.
- **로스 페로**(Ross Perot: IBM 세일즈맨, EDS 창립자)

희생자가 될 수도 승리자가 될 수도 있는 선택권은 오직 나에게 있다.
- **빌포터**(Bill Porter: 와트킨스사 세일즈맨)

실패는 지연일 수는 있어도 패배는 아니다. 일시적으로 돌아가는 것이지 막다른 골목은 아니다. 실패는 두려워할 것이 아니다. 새로운 시도를 할 때나 더 큰 성공을 향해 나아갈 때, 불가피하게 찾아올 수 있는 것이 바로 실패이다.
- **토드 던칸**(Todd Duncan: 자동차 세일즈맨, 던칸 그룹 설립자, 동기부여 전문가)

세일즈맨이 실패를 다루는 방식이 '톱 세일즈맨이 되느냐, 아니면 회사를 떠나게 되느냐'를 결정한다. 낙관적 시각을 가진 세일즈맨은 비관적 시각을 가진 세일즈맨보다 첫 두 해 동안 37퍼센트나 높은 성과를 거뒀다. 반면, 비관적 시각을 가진 세일즈맨들은 첫해에 그만둔 비율이 낙관적인 세일즈맨들에 비해 두 배나 높았다.
- **마틴 셀리그먼**(Martin E.P. Seligman: 긍정심리학 창시자)

"나는 성공할 수 있어!"라고 생각할 때와 "나는 실패할 거야!"라고 생각할 때는 똑같은 양의 두뇌 에너지를 소모한다. 차이가 있다면 하나는 당신에게 활력을 불어넣고, 다른 하나는 당신의 힘을 약화시킨다.
- **솔로몬 힉스**(Solomon Hicks: 보험 세일즈맨)

실패는 절대 유쾌하지 않지만 큰 도움이 되기도 한다. 심지어 새로운 깨달음을 주기도 한다.
- **토드 던칸**(Todd Duncan: 자동차 세일즈맨, 던칸 그룹 설립자, 동기부여 전문가)

나는 아무것도 해보지 않고 성공했다고 자랑하는 것보다는 차라리 위대한 일을 시도했다가 실패하고 싶다.
- **로버트 실러**(Robert J. Schiller: 예일대 시장심리학 교수)

위대한 성공은 고난과 시련에서 탄생한다.
- **알프레드 그래넘**(Alfred Granum: 보험 세일즈맨)

어려운 상황에 직면해도 지혜롭게 판단하면 고통과 시련을 넘어 가치 있는 교훈을 얻을 수 있다.
- **토니 고든**(Tony Gordon: 보험 세일즈맨)

과거의 실패가 미래의 성공에 걸림돌이 되지는 않는다.
- **토니 고든**(Tony Gordon: 보험 세일즈맨)

Overcome

대부분의 사람들은 성공하기 직전에 포기한다. 그러나 성공한 사람들은 게임의 마지막 순간에 포기한다.
- **로스 페로**(Ross Perot: IBM 세일즈맨, EDS 창립자)

실패는 선택할 수 있는 사항이 아니다. 내게 있어서 실패란 내 가족들에게도 바로 영향을 미치는 것이다.
- **랜디 스톨츠**(Randy Stoltz: 보험 세일즈맨)

부정적 상황은 영감의 원천이다. 부정적 상황에서 영감을 얻으려는 사람은 긍정적 결과를 창조하지만, 그렇지 못한 사람은 시련 속에 주저앉고 말 것이다.
- **시바타 가즈코**(芝田和子: 보험 세일즈맨)

넘어졌다 다시 일어나는 챔피언이 진정한 승자다. 실패의 쓰라림을 아는 자만이 성공을 거머줠 수 있다.
- **나카타니 아키히로**(中谷彰宏: CM 기획자)

성공은 실패의 가능성과 패배의 위험을 무릅쓰고 얻어야 한다. 위험이 없으면 성취의 보람도 없다.
- **레이 크록**(Ray Kroc: 악기장사, 주방용품 영업사원, 맥도널드 창업자)

실패는 어떻게 받아들이느냐에 따라 삶의 궤적이 달라진다.
- **빌 게이츠**(William H. Gates: 마이크로소프트 창업자)

실패란 두려움이 아닌 오히려 그전보다 더 풍부한 지식으로 다시 일을 시작할 수 있는 좋은 기회다.
– 헨리 포드(Henry Ford: 포드자동차 창립자)

실패했을 때 당신이 할 첫 번째 단계는 잊는 것이다. 두 번째 단계는 절대로 그것을 거론하지 않는 것이다. 마지막은 실패를 하면 잊는 대신 용납하지 않는 것이다.
– 노먼 빈센트 필(Norman Vincent Peale: 성공 컨설턴트)

불행에 처했을 때 왜 용기가 필요한가? 그것은 용기 있게 직면하는 것이 절망에 빠져 있는 것보다 덜 고통스럽기 때문이다.
– 폴 투르니에(Paul Tournier: 정신의학자)

일의 결과는 실패의 연속으로 얻어지는 것이다. 내가 지금까지 한 일 중 99퍼센트는 실패였다.
– 혼다 소이치로(本田宗一郞: 자전거 수리점, 혼다그룹 창업자)

때로 힘든 문제나 난관에 부딪혔을 때, 왜 이처럼 힘든 길을 선택했는지 후회하며 친구들이 포기하라고 권해주지는 않을까 은근히 기대하기도 한다. 그럴 때에도 "포기하지 마" "손을 떼면 안 돼" 하는 소리가 우리 안에서 들려온다. 그 목소리가 바로 열정이며 우리가 지켜야 하는 또 하나의 고귀한 인생의 진리다.
– 존 탬플턴(John Templeton: 월간지 세일즈맨, 템플턴그로스 펀드 설립자)

책임감이 있는 사람은 자신의 실수나 실패를 다른 사람이나 환경적 요인의 탓으로 돌리지 않는다.
- **버트 쉴라인**(Bert Sheline: 제니스라디오, GE 세일즈맨)

어떠한 실패도 희망으로 통하는 길이 있다. 사람의 굳은 뜻으로 못할 일은 없다. 이 세상에 실패는 없다. 단지 미래로 이어지는 결과가 있을 뿐이다.
- **앤서니 라빈스**(Anthony Robbins: 동기부여 전문가)

성공도 우연이 아니고, 실패도 우연이 아니다. 성공하는 사람은 성공에 이르는 일을 하는 사람이고, 실패한 사람은 그런 일을 하는 데 실패한 사람이다. 끔찍한 실패 때마다 백지에 새 목표를 적어라.
- **브라이언 트레이시**(Brian Tracy: 잡화 세일즈맨, 비즈니스 컨설턴트)

나는 내가 실패하는 횟수로 평가받는 게 아니라 내가 성공하는 횟수로 평가 받으며, 내가 성공하는 횟수는 내가 실패하고 또 계속 시도하는 횟수에 정비례한다.
- **톰 홉킨스**(Tom Hopkins: 부동산 세일즈맨, 세일즈&성공학 전문가)

비참해지는 것은 습관이다. 행복한 상태가 되는 것도 습관이다. 선택은 당신의 것이다.
- **톰 홉킨스**(Tom Hopkins: 부동산 세일즈맨, 세일즈&성공학 전문가)

우리들은 성공보다는 실패에서 더 많은 지혜를 배운다. 하지 말아야 할 것을 발견함으로써 해야 할 것을 발견하게 된다.
- 사뮤엘 스마일즈(Samuel Smiles: 저널리스트)

세일즈맨 시절 손에 쥔 것은 아무것도 없었지만 큰 출판사를 만들어보겠다는 꿈을 키웠다. 꿈이 없는 사람은 살아있어도 실은 죽은 사람이다. 그런 사람은 열정이 없고 매사에 부정적이며 함께 일을 할 수가 없는 사람이다. 꿈을 크게 가져라.
- 윤석금(브리태니커 세일즈맨, 웅진그룹 회장)

커다란 시련이 닥치더라도 싸움을 포기하지 마라. 최악의 상태로 치닫더라도 절대 포기하지 마라.
- 브라이언 트레이시(Brian Tracy: 잡화 세일즈맨, 비즈니스 컨설턴트)

하던 일을 멈추고 잠시 쉬면서 자신에게 여유를 줘라. 초심으로 돌아가 스스로를 비난하지 마라. 타인과 경쟁하기보다는 자신을 생각하라.
- 쉴러 머레이(Shuyler Murray River: 비즈니스 컨설턴트)

사소한 반대를 두려워하지 마라. 성공이란 연은 역풍을 타고 오른다는 것을 기억하라. 다시 일어서려는 의지가 있는 한 실패는 일시적인 패배에 불과하다.
- 나폴레온 힐(Napoleon Hill: 성공철학자)

Overcome

어떠한 실패도 희망으로 통하는 길이 있다. 사람의 굳은 뜻으로 못할 일은 없다. 실패는 없다. 다만 미래로 이어지는 결과일 뿐이다.

- **앤서니 라빈스**(Anthony Robbins: 동기부여 전문가)

인간은 패배했을 때 끝나는 것이 아니라 포기했을 때 끝나는 것이다.
- **리처드 닉슨**(Richard Milhous Nixon: 정치가)

절망은 우리가 도저히 실현하기 불가능하다고 여겨지는 무척이나 힘든 목표를 부여받은 것에 대한 대가이다.
- **그래엄 그린**(Graham Greene: 소설가)

처음 80퍼센트의 시간 동안 우리는 목표와 20퍼센트밖에 거리를 좁히지 못한다. 그러나 포기하지 않고 꾸준히 계속한다면 마지막 80퍼센트의 거리를 시간의 20퍼센트만 써서 좁힐 수 있다.
- **브라이언 트레이시**(Brian Tracy: 잡화 세일즈맨, 비즈니스 컨설턴트)

절망은 죽음에 이르는 병이다. 쉽게 절망하여 포기하면 마음까지 해친다.
- **키에르 케고르**(Christian Kierkegaard: 철학자)

조금만 가면 되었을 텐데, 실패하는 사람들은 얼마나 가까이 목적지에 왔는지 알지 못하고 포기해버린다.
- **토머스 에디슨**(Thomas Alva Edison: 과학자, 발명가)

포기하지 않고 도전하면 실패 자체가 성공의 원동력이 된다.
- **토머스 왓슨**(Thomas J. Watson: IBM 창업자)

더 이상 도저히 버틸 수 없는 한계에 다다를 때까지는 절대로 포기하지 마라. 그때가 바로 상황이 유리하게 변하는 시점이기 때문이다.
- **해리엇 비처 스토우**(Harriet beecher stowe: 문학가)

어떠한 상황을 포기하기 전에 충분한 시간을 가지고 다시 한 번 생각해보라.
- **그라시안**(Balthasar Gracian: 신학자)

달성하겠다고 결심한 목적을 단 한 번의 패배 때문에 포기하지는 마라. 지금이 최악이라고 말하는 것은 아직은 최악이 아니기 때문이다.
- **윌리엄 셰익스피어**(William Shakespeare: 극작가)

위기를 기회로 바꾸는 사람은 누구인가. 그것은 곧 포기하지 않는 사람이다.
- **서머셋 모옴**(William Somerset Maugham: 소설가)

괴로워도 불평을 하지 마라. 사소한 불행은 눈감아버려라. 어떤 의미에서는 인생의 큰 불행까지도 감수하고 목적만을 향해 똑바로 전진해야 한다.
- **빈센트 반 고흐**(Vincent van Gogh: 화가)

321
Overcome

크게 실패해본 사람만이 크게 성공할 수 있다.
- **로버트 케네디**(Robert F. Kennedy: 정치인)

인생 길에 비가 내려도 마음속엔 해를 띄워라. 장애물은 뛰어넘으라고 있는 것이지 걸려서 엎어지라고 있는 것이 아니다. 일을 해나가는 데 있어서 어떤 것보다 치명적인 실수는 일을 포기해 버리는 것이다.
- **정주영**(미곡상 종업원, 현대그룹 창업자)

추위에 떨어본 사람일수록 태양의 따스한 맛을 알고 고난을 많이 겪은 사람일수록 생명의 귀중함을 안다.
- **월트 휘트먼**(Walt Whitman: 수필가)

고난이 클수록 더 큰 영광이 다가온다.
- **키케로**(Marcus Tullius Cicero: 철학자)

인생의 가장 큰 영광은 결코 넘어지지 않는 데 있는 것이 아니라 넘어질 때마다 일어서는 데 있다. 거기에 삶의 가장 큰 영광이 존재한다.
- **넬슨 만델라**(Nelson Mandela: 정치가)

내일은 시련에 대응하는 새로운 힘을 가져다 줄 것이다.
- **카를 힐티**(Carl Hilty: 법률가)

Overcome

시도했던 모든 것이 물거품이 되었더라도 그것은 또 하나의 전진이기 때문에 나는 용기를 잃지 않는다.
- **토머스 에디슨**(Thomas Alva Edison: 과학자, 발명가)

고통은 인내를 낳고 인내는 시련을 이겨내는 끈기를 낳고 끈기는 희망을 낳는다.
- **성경**

벽에 부딪칠 때면 스스로에게 물어라. 지금 하고 있는 일이 가슴을 설레게 하는가?
- **토머스 바샵**(Thomas Baschab: 경영 트레이너)

위대한 사람들이 처음부터 영광의 월계관을 쓰는 일은 극히 드물다. 종종 세상을 바꾸는 가장 큰 힘은 경험과 역경을 통해서 자라난다. 목적을 이루기 위해 견딘 시련들이야말로 우리가 얻을 수 있는 가장 커다란 승리이다.
- **앨런 코헨**(Alan Cohen: 동기부여 전문가)

만약 우리에게 겨울이 없다면 봄은 그토록 즐겁지 않을 것이다. 우리들이 역경을 이따끔 맛보지 않는다면 성공은 그토록 환영받지 못할 것이다.
- **앤 브래드스트리트**(Anne Bradstreet: 시인)

실제로 존재하는 모든 불가능들은 다 극복할 수 있는 것들이다. 극복할 수 없는 유일한 것은 바로 상상 속에 존재하는 불가능이다.
- **테오도르 베일**(Theodore Vail: 미국 AT&T CEO)

위대한 용기는 가장 위급한 시련기에 생기는 것이고 필요한 용기는 오직 시련, 그 자체와 함께 생긴다.
- **폴 투르니에**(Paul Tournier: 정신의학자)

세상에서 가장 중요한 일은 어떻게 하면 내가 온전히 나 자신의 주인이 되는가를 아는 일이다.
- **미셸 드 몽테뉴**(Michel Eyquem de Montaigne: 사상가)

구부러진 쑥도 삼밭에 나면 자연히 꼿꼿하게 자란다.
- **순자**(荀子: 중국 고대 유학자)

고통을 주지 않는 것은 쾌락도 주지 않는다.
- **미셸 드 몽테뉴**(Michel Eyquem de Montaigne: 사상가)

고통 없인 아무것도 얻을 수 없다.
- **윈스턴 처칠**(Winston Churchill: 정치가)

고통을 거치지 않고 얻은 승리는 영광이 아니다.
- **나폴레옹 보나파르트**(Napoleon Bonaparte: 군인, 정치가)

먼 곳으로 항해하는 배가 풍파를 만나지 않고 조용히만 갈 수는 없다. 풍파는 언제나 전진하는 자의 벗이다.
- **프리드리히 니체**(Friedrich Wilhelm Nietzsche: 철학자)

어려운 환경이 닥쳤을 때 현명한 사람은 최악의 상황을 최대한 이용한다.
- **시드로우 백스터**(Sidlow Baxter: 신학자)

어떠한 역경 속에도 최고의 기회와 최고의 지혜가 숨어 있다.
- **앤서니 라빈스**(Anthony Robbins: 동기부여 전문가)

역경에 빠졌기 때문에 오히려 행운을 얻게 되는 경우가 있다. 꼼짝달싹할 수 없는 지경에 빠지고 나서야 사람들은 자신의 운명과 진지하게 대결하려 들기 때문이다.
- **리 아이아코카**(Lido Anthony Iacocca: 전 크라이슬러 CEO)

쉽고 편안한 환경에선 강한 인간이 만들어지지 않는다. 시련과 고통의 경험을 통해서만 강한 영혼이 탄생하고 통찰력이 생기고 일에 대한 영감이 떠오르며 마침내 성공할 수 있다.
- **헬렌 켈러**(Helen Adams Keller: 사회사업가)

고생 없이 얻을 수 있는 진실로 귀중한 것은 하나도 없다.
- **토머스 에디슨**(Thomas Alva Edison: 과학자, 발명가)

시련이 사람을 만든다. 우리는 교훈을 배우기 위해 세상에 왔으며 세상은 우리의 스승이다.
- **앤드류 매튜스**(Andrew Matthews: 동기부여 전문가)

당신의 꿈이 실현되지 못하도록 막을 사람은 단 한 사람을 제외하고는 아무도 없다. 그것은 바로 당신이다.
- **찰스 로스**(Charles Roth: 자동차 세일즈맨, 세일즈 카운슬러)

눈물과 함께 빵을 먹어보지 않은 사람은 인생의 참다운 맛을 알지 못한다. 고난이 있을 때마다 그것이 참된 인간이 되어가는 과정임을 기억해야 한다.
- **요한 볼프강 괴테**(Johann Wolfgang von Goethe: 문학가)

일이 생겨도 깨닫지 못할 수가 있다. 하지만 엄청난 실망이 어쩌면 가장 좋은 일(기회)이 될 수도 있다.
- **월트 디즈니**(Walt Disney: 디즈니랜드 창업자)

역경은 원칙을 시험하는 기회이다. 역경 없이 자신이 정직한지 아닌지 알 수 없다.
- **헨리 필딩**(Henry Fielding: 소설가)

잔잔한 바다에서는 좋은 뱃사공이 만들어지지 않는다.
- **영국 속담**

Overcome

일이 생겨도 깨닫지 못할 수가 있다. 하지만 엄청난 실망이 어쩌면 가장 좋은 일(기회)이 될 수도 있다.
- **월트 디즈니**(Walt Disney: 디즈니랜드 창업자)

슬럼프에 빠질 때마다 전화기를 들려고 노력한다. 기존고객들과 대화를 나누다보면 기분도 좋아지고 새로운 계약의 기회도 생긴다.
- **김철웅**(푸르덴셜생명)

위대한 사상은 반드시 커다란 고통이라는 밭을 갈아서 이뤄진다. 갈지 않고 둔 밭에서는 잡초만 무성할 뿐이다.
- **카를 힐티**(Carl Hilty: 스위스 사상가, 법률가)

고난과 눈물이 나를 높은 예지로 이끌어 올렸다. 고난은 인간의 진가를 증명해준다.
- **요한 하인리히 페스탈로치**(Johann Heinrich Pestalozzi: 교육자)

고통을 겪지 않고서는 언제까지나 평범하고 천박함을 면하지 못한다. 모든 곤란은 인생의 벗이다.
- **카를 힐티**(Carl Hilty: 스위스 사상가, 법률가)

인간은 편안한 시기의 모습보다 도전과 논란을 겪을 때 더 정확하게 평가할 수 있다.
- **리처드 닉슨**(Richard Milhous Nixon: 정치가)

인간은 오히려 시험과 도전, 실망과 슬픔 속에서 위대해진다.
- **리처드 닉슨**(Richard Milhous Nixon: 정치가)

Overcome

인생에서 고난을 극복하고 성공을 향해 힘찬 발걸음을 내딛으며 새로운 소망과 함께 그것을 성취하려고 애쓰는 것보다 더 고상한 즐거움은 없다.
- **사무엘 존슨**(Samuel Johnson: 평론가)

어려운 일을 더 많이 해낼 수 있는 능력을 길러주기 위해 하늘은 시련을 준다.
- **맹자**(孟子: 중국 고대 철학자)

과거의 성공에 얽매이지 마라. 미래에 대한 비전을 세우는 데 몰두하라.
- **스즈키 토시후미**(鈴木敏文: 편의점 영업사원, 세븐&아이홀딩스 CEO)

위대한 지도자는 비전과 일상의 간격을 메워주는 교육자가 되어야 한다.
- **헨리 키신저**(Henry Alfred Kissinger: 정치인)

꿈이 없는 사람은 희망이 없다. 희망이 없는 사람은 목표가 없다. 목표가 없는 사람은 계획이 없다. 계획이 없는 사람은 행동이 없다. 행동이 없는 사람은 실적이 없다. 실적이 없는 사람은 반성이 없다. 반성이 없는 사람은 진보가 없다. 진보가 없는 사람은 꿈이 없다.
- **야마모토 후지미쓰**(山本藤光: 제약회사 영업사원, 경영 컨설턴트)

나의 성공은 젊은 시절 세일즈하면서 배운 강한 인내력과 의지력이다. 나는 잡지 세일즈를 하면서 더욱 중요한 것은 불굴의 의지가 얼마나 가치 있는 것인가를 배웠다.
- 존 템플턴(John Templeton: 월간지 세일즈맨, 템플턴그로스 펀드 설립자)

자신은 안 된다고 처음부터 단념해버린 탓으로 위대하게 될 기회를 놓친 사람이 적지 않다. 당신의 재능을 미리부터 낮게 책정해서는 안 된다. 눈앞에 기회가 왔는데 뒷걸음치지 마라.
- 로렌스 굴드(Lawrence Gould: 골동품 판매원, 비즈니스 전문가)

인내는 용기로 무장하여 성공의 씨앗을 뿌리 내리게 해주는 마음의 쟁기이다.
- 캐서린 폰더(Catherine Ponder: 목사)

이 세상을 움직이는 힘은 희망이다. 희망은 강한 용기이고 새로운 의지다. 좋은 희망을 품는 것은 성공하는 지름길이다. 세상의 모든 일은 꿈과 희망이 있기에 이루어진다.
- 리처드 닉슨(Richard Milhous Nixon: 정치가)

실패한 사람이 다시 일어서지 못하는 것은 그 마음이 교만한 까닭이다. 성공한 사람이 그 성공을 유지하지 못하는 것도 역시 교만한 까닭이다.
- 석가모니

Overcome

지금이 밑바닥이라고 말할 수 있는 동안은 아직 진짜 밑바닥이 아니다. 지금이 최악이라고 말하는 것은 아직은 최악이 아니기 때문이다.
- **윌리엄 셰익스피어**(William Shakespeare: 극작가)

능숙한 선장은 폭풍우를 만났을 때 그에 반항하지도 절망하지도 않는다. 확고한 승산을 갖고 최후의 순간까지 전력을 다해 활로를 찾으려 노력한다. 여기에 인생의 고난을 돌파하는 비결이 있다.
- **제임스 맥도널드**(James Ramsay McDonald: 정치가)

실패란 다음에 더 크고 좋은 무엇인가를 하기 위한 발판에 불과하다. 나는 경험으로 이런 것을 배웠다. 누구든지 그러한 마음을 가지고 찾아본다면, 온갖 고민 속에서 희망에 밝은 빛이 있다는 것을 알게 될 것이다.
- **커넬 핼랜드 센더스**(Colonel Harland Sanders: KFC 창업주)

땅벌은 날개보다 몸통이 커 날기 어렵지만 더 많은 날갯짓으로 이를 극복했다. 불가능에 도전해 가능으로 바꾸는 게 땅벌정신이다.
- **데이비드 홀**(David Hall: 메리케이 화장품회사 CEO)

만약 아름다운 눈썹 밑에 눈물이 괴어 넘치려 하거든 그것이 흘러내리지 않도록 굳센 용기를 갖고 견뎌라.
- **베토벤**(Ludwig van Beethoven: 작곡가)

적극적인 관리자는 항상 문제의식을 갖고 이에 도전하여 그것을 이겨내고 현안 문제와 위험을 책임지려고 노력하는 사람이다. 리더십은 인기가 아니라 결과다.
- 피터 드러커(Peter Drucker: 경영학자)

슬럼프에 빠질 때에는 빠져 나오려고 애쓰지 말고 슬럼프에 빠진 원인을 분석하여 빠지지 않는 방법을 더욱 배워야 한다.
- 톰 홉킨스(Tom Hopkins: 부동산 세일즈맨, 세일즈&성공학 전문가)

도저히 손댈 수가 없는 곤란에 부딪혔다면 과감하게 그 속으로 뛰어들어라. 그리하면 불가능하다고 생각했던 일이 가능해진다. 자기의 능력을 완전히 신뢰하고 있으면 반드시 할 수 있다.
- 데일 카네기(Dale Carnegie: 세일즈맨, 인간관계 전문가, 성공 컨설턴트)

내 모든 것을 올인하고 고통을 참아라. 어려운 상황에서도 웃음을 잃지 마라. 목숨 걸고 일을 즐겨라.
- 박용우(ING생명)

세상의 일은 시작도 중요하지만 끝이 더 중요하다. 마지막에 웃는 자가 진정으로 웃는 자이다.
- 윌리엄 셰익스피어(William Shakespeare: 극작가)

에필로그

당신의 꿈을 실현할 단 한 마디를 가져라

자동차 판매왕 조 지라드(Joe Girard)는 세일즈업계의 신화적 존재이다. 그러나 그의 젊은 시절은 그야말로 실패의 연속이었다. 스스로 "35세까지 나는 세상에서 가장 실패한 낙오자였다"라고 고백할 정도였으니 말이다. 고등학교에서 퇴학당하고 간신히 마련한 직장에서는 번번이 쫓겨나 전직한 직장이 자그마치 40여 군데가 넘었다. 마음먹고 시작한 사업도 사기를 당해 인생의 내리막길을 걸었다. 이렇듯 수많은 고난과 실패 앞에서 좌절하기도 했지만 끝내 이전의 실패를 거울삼아 자신만의 세일즈 전략을 창조하고 연마하여 대성공을 거두었다. 그가 터득한 세일즈 성공의 실마리는 바로 "순간의 목마름을 적시어줄 물 한 모금을 찾기보다 소개라는 영원히 마르지 않는 샘을 파라"는 한마디 좌우명이었다. 그는 이 글을 늘 마음에 새기면서 꼬리에 꼬리를 물며 고객을 불러들이는 소개영업을 몸소 실천에 옮겼다. 그 결과 13년 동안 무려 13,001대의 자동차를 판매하는 대기록을 세워 '세계 No. 1 세일즈맨'으로 기네스북에 12년이나 연속 선정되는 불멸의 기록을 남겼다.

미국 메이저리그 출신의 프로야구선수였던 프랭크 베트거(Frank Bettger)는 부상으로 은퇴한 후 보험에이전트가 돈을 잘 번다는 소식을 접하고는 29세에 보험회사에 들어갔다. 그러나 입사 첫 달부터 수많은 거절로 갈등을 겪어 몇 번이고 영업을 포기하려고 했다. 그때 그에게 용기를 심어준 것은 다름 아닌 철학자인 에머슨(Ralph Waldo Emerson)이 말한 "상처 입은 조개가 진주를 만든다"라는 단 한 줄의 글이었다. 그는 이 명언을 삶의 모토로 삼아 대인공포증을 극복하고 자신감과 열정을 불태웠다. 또한 거절에 효율적으로 대처해나가는 방법을 터득하고 철저히 고객관리를 한 결과 입사 5년째부터는 전국 랭킹 5위안에 들기 시작하여 55세까지 25년 이상 항상 1등을 차지했다.

내가 가장 좋아하는 말 중에는 "若汝不狂 終不及之(약여불광 종불급지)"라는 고사성어가 있다. "만약 네가 미치지 않는다면 결코 도달할 수 없으리라"는 의미를 갖고 있는 이 말을 줄여 '不狂不及(불광불급)'이라고 부르는데 이는 우리나라에서 보험업계 최초로 10년 연속 보험판매왕에 오른 삼성생명의 예영숙 씨가 평소 후배들에게 강조하는 말이기도 하다. 일에 미치도록 열중하지 않으면 성공에 도달할 수 없다는 것은 비즈니스에서의 정석이라고 할 수 있다. 나 역시 "이왕 하는 일 피할 수 없으면 즐기면서 하고 미친 듯 일하자"는 이 한 줄의 글을 하루에도 몇 번씩 되새기면서 마음의 끈을 동여맨다.

성공한 세일즈 왕들의 살아있는 체험에서 우러난 한 줄의 글은 그를 대하는 사람들에게 새로운 세상을 향한 밝은 문을 보여주고 새로운 에너지를 갖게 만들어주는 또 하나의 좌우명이 되어준다. 또한 그들의 주옥같은 명언을 통해 자신 앞에 펼쳐질 세일즈 인생을 멋진 그림으로 그릴 수 있는 마음의 눈을 뜨게 해주고 로드맵이 되어준다. 미처 깨닫지 못했던 마음의 영감을 불러일으켜주고 감동과 도전의식을 싹 틔워준다. 슬럼프에 빠지거나 일에 지쳐 좌절감이 몰려올 때 자신을 일으켜 세우는 용기와 꿈을 갖게 해주는 소중한 자양분이 되어준다. 또 자칫 매너리즘에 빠지려 할 때에는 새로운 비전을 찾아줄 것이다.

마지막으로 당신이 성공한 다음에는 당신의 값진 경험에서 나온 한마디 한마디들이 지금 이 순간에도 세일즈에 도전하는 후배들의 꿈을 이루어주는 역할을 해줄 수 있기를 진심으로 기대한다.

김동범

찾아보기

가모리 기미히토 · 63, 87
가이 베이커 · 115, 225, 257, 299
개성상인 정신 · 250
게리 시츠먼 · 27, 37, 38, 40, 60, 65, 107, 193, 194, 279, 295
게오르그 짐멜 · 131
고르디 로스 · 54
고바야시 마사히로 · 41, 167
골다 메이어 · 160
공자 · 48, 123, 134
그라시안 · 51, 227, 260, 296, 320
그래엄 그린 · 319
글렌 자고진스키 · 149
기도 가즈토시 · 176, 182, 245
김석봉 · 116
김영한 · 207
김철웅 · 36, 77, 264, 327
나가노 게이타 · 218, 271, 279, 288
나이토 요시히토 · 196
나카무라 가즈하루 · 107
나카지마 다카시 · 183, 184, 189, 194, 218, 223, 246, 261, 266, 272, 289, 297
나카타니 아키히로 · 42, 314
나탄 로스차일드 · 100
나폴레옹 힐 · 31, 47, 87, 190, 260, 317

나폴레옹 보나파르트 · 237, 323
남상분 · 20, 62, 303
넬슨 만델라 · 117, 321
노먼 레빈 · 24, 36, 55, 64, 111, 140, 143, 175, 215, 221, 223, 224, 228, 229, 235, 282
노먼 빈센트 필 · 14, 57, 71, 81, 88, 104, 106, 132, 137, 305, 307, 311, 315
노먼 슈워츠코프 · 109
니도 쿠베인 · 23, 122, 195
니시다 기타로 · 37
니시데 히로코 · 147, 178, 298
니키 조이 · 67, 106, 223
닐 마틴 · 206, 299
다니엘 골먼 · 145
다니엘 웹스터 · 123, 145
다니엘 폴링 · 141
다이애나 부허 · 149, 173, 180, 287
다이애너 몰 · 221, 250, 274, 285
달비 · 150, 157, 193
대니 오닐 · 103
댄 케네디 · 16, 28, 58, 62, 65, 86, 194, 266, 271, 291
더글러스 아이베스터 · 34, 140
데오도르 킨니 · 210, 266, 293

데이비드 라우 · 199
데이비드 래댁 · 222
데이비드 모리슨 · 241
데이비드 오길비 · 220, 241
데이비드 홀 · 330
데일 카네기 · 14, 17, 39, 40, 53, 55, 75, 80, 87, 89, 123, 144, 151, 228, 308, 331
델포스 스미스 · 147, 243
도널드 트럼프 · 55, 72
도스토예프스키 · 126
돈나 그레이너 · 212
돈 존스 · 279
돈 페퍼스 · 235
드위스 래스던 · 236
디오도어 루빈 · 38, 40, 91, 124, 287, 308
딘 러스크 · 262
라 로슈푸코 · 16, 309
라 브뤼에르 · 31
라빈드라나드 고르 · 135
라이너 마리아 릴케 · 126
랠프 왈도 에머슨 · 31, 33, 67, 97, 136, 139
래리 킹 · 152
랜디 스톨츠 · 101, 305, 314
랠프 로버츠 · 17, 22, 46, 47, 53, 63, 233, 262, 266, 269, 282, 287, 295

램 차란 · 19, 213
러셀 머크 · 24
러셀 콘웰 · 292
러클 셔우스 · 290
레너드 베리 · 253
레드 모틀레이 · 103
레스터 로젠 · 202, 203
레슬리 토머스 · 146, 221, 284
레오나드 베리 · 253
레오 스펠먼 · 288
레온 슬로틴 · 148
레이 크록 · 73, 74, 108, 115, 314
레프 니콜라예비치 톨스토이 · 86, 93, 129
로렌스 굴드 · 15, 35, 240, 329
로렌 애소그나 · 204, 269
로망 롤랑 · 154
로버트 고펠 · 262, 289, 291
로버트 기요사키 · 139, 219
로버트 루이스 스티븐슨 · 43
로버트 밀러 · 237, 287
로버트 스티븐슨 · 185
로버트 실러 · 313
로버트 우드 존슨 · 55, 257
로버트 치알디니 · 225, 263
로버트 케네디 · 321

로버트 페트로 · 47
로스 페로 · 180, 183, 191, 200, 312, 314
로이 디즈니 · 33
로저 도슨 · 42, 118, 181, 182, 190, 191, 195, 196, 199, 260, 263, 265, 271, 273, 278, 285, 286, 288, 292, 293, 296
론 쇼 · 54
론 스머더먼 · 232
론 스티븐슨 · 218
론 워커 · 59, 148, 170, 171, 192, 196
론 젬키 · 205, 211, 213, 215, 251, 254, 275
론 폴신 · 201
롱펠로우 · 97
루시우스 세네카 · 98, 131
루이스 캐럴 · 94
루치아노 베네통 · 160, 217, 234, 289
뤽 드 클라피에르 보브나르그 · 307
르네 데카르트 · 127
리 아이아코카 · 28, 53, 82, 126, 130, 133, 138, 256, 324
리자청 · 39
리차드 폴슨 · 108, 165
리처드 닉슨 · 319, 327, 329
리처드 루이스 · 169, 221
리처드 루이시 · 198, 260

리처드 에델만 · 110
릭 폴센 · 244, 292
릭 피티노 · 81
린다 골드맨 · 155, 173
린우드 브로사드 · 111
마릴리 애덤스 · 15
마빈 펠드먼 · 21, 27, 30, 39, 61, 135, 136, 163, 164, 168, 243, 248
마사 로저스 · 228, 241
마샬 필드 · 212
마쓰다 유이치 · 291
마쓰시타 고노스케 · 41, 118, 187
마이크 스캘리 · 213
마이크 피오트로비츠 · 168, 185, 203, 240
마이클 라문도 · 281
마이클 시멘스크 · 103
마크 트웨인 · 127
마크 피셔 · 74
마틴 셀리그먼 · 47, 312
마하트마 간디 · 127, 238, 249
막심 고리키 · 52
말로 얍 · 239
말콤 글래드웰 · 44, 45, 144, 180, 231, 243, 245, 281
말콤 포브스 · 47, 56

매리 케이 애시 · 60, 229, 302

매슈 아놀드 · 271

맥더머트 · 262

맥스웰 몰츠 · 19, 282

맹자 · 328

메이디 파카르자데 · 29, 44, 46, 54, 105, 143, 156, 161, 215, 290, 302

모니 카나한 · 152

모리 쓰루오 · 87, 153, 169, 179, 193, 196, 205, 214, 216, 237, 240, 245, 269, 278, 286, 287

모리에 카나한 · 152, 230

모리타 아키오 · 41

몰트 만델 · 251

미셸 드 몽테뉴 · 62, 125, 137, 323

미야나가 히로시 · 46, 69

미우라 유우고 · 155, 180

박노진 · 116, 118, 197, 202, 206

박용우 · 50, 134, 331

밥 웨이랜드 · 232

밥 테웨스 · 82, 176, 268

밴 팰드맨 · 149

밴 플랭클린 · 291

버드 바게트 · 210, 211, 248, 255

버트런드 러셀 · 138, 304, 309

버트 마이즐 · 30, 69, 70, 127, 151, 235

버트 쉴라인 · 58, 128, 143, 204, 316

버트 팔로 · 42, 183, 197

베르길리우스 마로 · 132

베리 파버 · 256

베리 홉슨 · 251

베시 샌더스 · 211, 242, 249, 256

베토벤 · 330

벤자민 프랭클린 · 54, 71, 96, 129

벤저민 리즈레일리 · 31

벤 펠트만 · 168, 202

보셰르 · 134

브라이언 다이슨 · 69

브라이언 셔 · 100, 215, 289

브라이언 트레이시 · 63, 83, 88, 92, 107, 115, 127, 137, 139, 146, 316, 317, 319

브라이언 틸 · 210

브루스 에서링턴 · 27, 29, 59, 87, 89, 164, 166, 177, 236, 303

블랜튼 고프레이 · 252

빅 미란다 · 261, 283

빅토르 위고 · 125

빅토르 프랑클 · 68

빈센트 반 고흐 · 67, 320

빌 게이츠 · 113, 124, 249, 298, 314

빌 대니얼 · 241

빌 루이 · 17, 24, 58, 84, 85, 188, 199, 238, 281, 292, 294, 304, 309

빌 바이런 · 243

빌 코스비 · 69

빌 포터 · 185, 312

사마광 · 277

사무엘 존슨 · 328

사뮤엘 스마일즈 · 125, 128, 133, 317

사사키 시게오 · 214

사카모토 게이치 · 36, 60, 107

산드라 스마이드 · 155

샘 딥 · 205, 277

샘 월튼 · 25, 32, 118, 212, 236, 241, 247, 249, 273

샘 프리드먼 · 110, 160, 242, 288

생텍쥐페리 · 33, 48, 189

샤롯 비어드 · 213

샤를 드 푸코 · 63

서머셋 모옴 · 320

세스 고딘 · 231, 304, 305

셜리 베드나츠 · 276

소포클레스 · 141

손문 · 308

솔로몬 힉스 · 29, 59, 64, 80, 92, 122, 169, 244, 249, 253, 313

쇼펜하우어 · 94, 141

숀 커루 · 177

순자 · 123, 323

쉘러 머레이 · 317

스즈키 야스토모 · 16, 19, 26, 42, 128, 166, 169, 170, 174, 176, 177, 178, 184, 198, 211, 214, 224, 248, 267, 274, 279

스즈키 토시후미 · 216, 251, 328

스탠 랩 · 227

스탠리 골트 · 232

스테판 드리 · 165, 202

스티브 브론트 · 233

스티브 안드레아스 · 110

스티브 잡스 · 35, 107

스티븐 리브킨 · 108

스티븐 불라운트 · 28, 36, 66, 70, 80, 92, 144, 198, 243, 247

스티븐 소모기 · 89, 163, 165

스티븐 스코트 · 51, 188

스티븐 코비 · 49, 71, 117, 124, 139

시드니 프리드먼 · 18, 20, 25, 39, 88, 104, 122, 147, 165, 166, 303

시드로우 백스터 · 324

시마 모토히로 · 44, 154, 278

시바타 가즈코 · 25, 28, 60, 64, 103, 134, 135, 162, 163, 181, 195, 197, 229, 246, 250, 292, 296, 303, 314

시어도르 레비트 · 276

시어도어 래빗 · 190, 226

시어도어 루빈 · 189

실라 머레이 · 305

아놀드 베네트 · 21, 85, 99

아더 앤더슨 · 36

아델리아 · 21

아리스토텔레스 · 68, 93

아말 소카 · 144, 148

아서 베스트 · 212

아이젠하워 · 118

아트 링크레터 · 55, 75

안톤 체호프 · 225

알란 바이스 · 203, 229

알랭 · 67, 85, 94

알 리스 · 162

알베르트 아인슈타인 · 138, 140, 189

알프레드 그래넘 · 21, 25, 57, 60, 137, 140, 161, 168, 171, 176, 187, 201, 202, 204, 246, 247, 268, 284, 295, 313

애드워드 로렌조 · 214

애브래햄 링컨 · 96, 99

앤드루 로버트슨 · 153

앤드류 매튜스 · 39, 46, 97, 325

앤드류 우드 · 156

앤드류 카네기 · 53, 70, 84, 117, 129, 198, 213, 302

앤디 그로브 · 302

앤 브래드스트리트 · 322

앤서니 라빈스 · 93, 308, 316, 318, 324

앤 스윈슨 · 18, 231

앤 어소시에이츠 · 89

앨런 래플리 · 111

앨런 코헨 · 322

앨런 피즈 · 175

야마다 아키오 · 117

야마모토 후지미쓰 · 14, 83, 150, 184, 203, 284, 328

야베 마사아키 · 19, 51

얀 칼슨 · 175, 251, 252

어니 니븐즈 · 227, 285

얼 프리베트 · 156, 194

얼 플레처 · 274

에더 링턴 · 199

에두아르 에리오 · 129

에드가 게스트 · 97, 98

에드가 제프로이 · 23, 61, 175, 224, 230,

287
에드거 브론프맨 · 56
에드워드 리튼 · 34
에드워드 잰더 · 111
에라스무스 · 122
에릭 타카오 · 219, 226
에비 할리데이 · 174
에스티 로더 · 84, 92, 103, 113, 114, 154, 229, 239, 296
에이드리언 슬라이위츠키 · 146, 222
에픽테토스 · 68, 124
엘라 윌콕스 · 68
엘렌 클라크 · 144
엘머 레터맨 · 15, 43, 45, 101, 160, 178, 184, 191, 192, 193, 224, 243, 267, 295, 304
엘머 호일러 · 151, 266, 284, 297, 298
엘머 휠러 · 45, 52, 182, 229, 260
엘버트 허버드 · 82, 108, 247, 311
엠마 골드먼 · 311
예영숙 · 207, 257, 299
오그 만디노 · 126
오리슨 스웨트 마든 · 16, 62, 75
오비디우스 · 66
오카다 · 112, 174, 290

오카모토 시로 · 35, 255, 291
오쿠다 히로시 · 76
오토 비스마르크 · 94
오프라 윈프리 · 94
올리버 드스미스 · 309
와다 히로미 · 22, 27, 71, 112, 281
와튼 스쿨 · 274
요하네스 아벨러 · 273
요한 볼프강 괴테 · 15, 33, 49, 98, 132, 137, 139, 325
요한 하인리히 페스탈로치 · 327
우디 알렌 · 179
우이 요시유키 · 150
워런 버핏 · 128
워렌 버핏 · 127
워렌 위어스비 · 95
윌리엄 홀 · 98
윌리 우드 · 233
월터 크라이슬러 · 100, 102
월터 텔보트 · 160, 165
월트 디즈니 · 214, 325, 326
월트 휘트먼 · 321
웨인 콜린스 · 84, 173, 188, 221, 268
윈스턴 처칠 · 68, 98, 182, 323
윌리암 제임스 · 28

윌리 앰브루스터 · 43, 44, 58

윌리어드 메리어트 · 34

윌리엄 A. 메닝거 · 52

윌리엄 레이스만 · 201

윌리엄 마틴 · 227

윌리엄 블레이크 · 93, 97, 216, 307

윌리엄 셰익스피어 · 93, 320, 330, 331

윌리엄 워즈워드 · 100

윌리엄 제임스 · 86, 124

윌리엄 폴라드 · 244

윌리엄 하트 · 145

윌리엄 휴렛 · 272, 280

윌터 파우엘 · 54

윌퍼드 피터슨 · 132

유안 · 103

윤석금 · 76, 317

이나모리 가즈오 · 38, 56, 101, 307, 310

이도구찌 켄 · 196

이도구찌 켄지 · 272

이베이 홀배스 · 153

이병철 · 57

이브라힘 엘피키 · 30, 183, 265, 297

이이즈까 데이꼬 · 22, 106, 154, 171, 173, 175, 178, 179, 192, 195, 265, 272, 281

이종은 · 157, 295

이혜선 · 132, 239

임상옥 · 37

임재만 · 46, 76, 116, 163, 203, 228, 286, 293, 299

임희성 · 77, 137

자넬 발로 · 41, 162, 216, 231, 250, 264, 275, 277, 279

자니 애드콕 · 201

장 클로드 라레슈 · 298

잭 웰치 · 14, 29, 150

잭 캔필드 · 308

잭 토마스 · 273, 275

잭 트라우트 · 153, 236, 298

쟌느 아멜리 · 70, 91, 304

정송주 · 76, 116, 136, 207, 254, 262, 265

정영조 · 75

정주영 · 38, 128, 321

제니퍼 브로트만 · 274

제리 애커프 · 89, 170, 239, 240, 245, 275, 283, 297

제이 에이브러햄 · 30, 36, 149, 150, 152, 169, 181, 236, 242, 265

제이 콘래드 레빈슨 · 88

제이 쿱슨 · 19

제임스 가필드 · 49, 132

제임스 딘 · 139

제임스 맥도널드 · 330

제임스 베리 · 109, 191

제임스 벨푸어 · 48

제임스 에릭슨 · 31

제임스 캐시 페니 · 52

제임스 하우얼 · 84

제임스 헤스켓 · 228, 238

제프 딜 · 278

제프리 폭스 · 40, 163, 164, 168, 205, 222, 231, 244, 267, 284

제프 린드퀴스트 · 176

제프 슬러츠키 · 277

제프 월리스 · 17, 206, 305

조 라메이 · 188

조셉 오코너 · 28

조셉 퓰리처 · 148

조안 매튜스 · 18

조엘 오스틴 · 49

조이스 브라더스 · 226

조 지라드 · 24, 48, 71, 135, 140, 142, 152, 180, 182, 187, 197, 198, 201, 219, 248, 250, 255, 263, 294

조지 매튜 아담스 · 73, 222, 227, 230

조지 버나드 쇼 · 95

조지 이스트만 · 264

조지 카토나 · 37

조지 피켓 · 43, 84, 166, 167, 245

조 코헨 · 262

존 나이스비트 · 53

존 드라이덴 · 126

존 러스킨 · 35, 85, 86, 138

존 로드 · 143, 179, 180, 230

존 록펠러 · 33, 56, 63, 101

존 맥스웰 · 33, 97, 124

존 맥티어 · 21, 23, 188, 217, 278

존 밀턴 · 68

존 스컬리 · 149

존 스타인벡 · 95

존 스튜어트 밀 · 83

존 우즈 · 226

존 워너메이커 · 91, 186, 191, 210, 264, 283

존 조던 · 55

존 챔플린 가드너 · 116

존 케네디 · 75, 105

존 크리시 · 187

존 키츠 · 134

존 템플턴 · 24, 58, 69, 105, 113, 141, 145, 204, 311, 315, 329

존 패터슨 · 260

존 포드 · 34
주얼 테일러 · 83, 185
지그 지글러 · 21, 56, 59, 61, 66, 85, 90, 103, 151, 166, 311
질 그리핀 · 232, 255, 261, 268, 273
짐 론 · 105, 156
짐 콜린스 · 38, 110
찰리 존스 · 47
찰스 라자러스 · 246
찰스 레브론 · 43
찰스 로스 · 170, 325
찰스 슈와브 · 56
찰스 존스 · 161
찰스 포크너 · 38
찰즈 킹즐리 · 49, 51
체스터 필드 · 129
최진성 · 20, 75, 136, 207, 238, 293
친닝 추 · 261
카렌 스타위키 · 60, 83, 104, 133
카를 힐티 · 108, 125, 133, 141, 321, 327
칼릴 지브란 · 307
칼 알브레히트 · 190, 219, 227, 241, 252, 254
캐리 홀 · 27, 183, 215
캐서린 폰더 · 329

캐시 데이븐포트 · 81, 82, 112, 146
커넬 핼랜드 센더스 · 192, 211, 309, 330
커티스 칼슨 · 239
케몬스 윌슨 · 240, 248, 255
케빈 호건 · 189, 244, 286, 288, 293
켄 블랜차드 · 45, 96
켈리 왓킨스 · 246, 277, 285
콘라드 힐튼 · 51, 140, 151, 256
콜린 바레트 · 20
크리스토퍼 몰리 · 50
크리스티 앤더슨 · 213
크리스틴 앤더슨 · 212
클라우드 스터블필드 · 45, 81, 164, 171, 269
클라우스 로스 · 160
클래스 포넬 · 218
클레멘트 스톤 · 15, 17, 57, 58, 61, 104, 109, 173, 178, 202, 204, 214, 221
키에르 케고르 · 256, 319
키케로 · 321
킹슬레이 워드 · 27
탈무드 · 41, 145, 150, 199, 306
테드 레빗 · 42
테리 브라이트보드 · 106, 148, 233
테오도르 레빗 · 237

테오도르 베일 · 323
테오도어 루즈벨트 · 99
토니 고든 · 26, 29, 48, 61, 86, 105, 147, 168, 313
토니 알레산드라 · 210
토드 던칸 · 57, 70, 73, 91, 115, 133, 167, 210, 271, 312, 313
토마스 바샵 · 65, 322
토마스 아 켐피스 · 109
토마스 에디슨 · 34, 95, 109, 147, 306, 319, 322, 324
토마스 왓슨 · 117, 205, 319
토마스 제퍼슨 · 123, 272
토마스 칼라일 · 35, 228, 307
토마스 풀러 · 95
토미 라소다 · 254
톰 모나간 · 306
톰 버틀러 보던 · 44, 65
톰 스미스 · 31
톰 프랜츠 · 65
톰 피터스 · 45, 210, 253, 276
톰 헤그너 · 294, 296
톰 홉킨스 · 16, 20, 24, 39, 59, 73, 74, 76, 122, 156, 206, 218, 242, 250, 264, 271, 283, 285, 293, 302, 316, 331

파스칼 · 100, 123
패트리샤 프립 · 157
팻 맥라건 · 29, 115
펜스터 하임 · 269
폴 마이어 · 26, 52, 64, 73, 74, 96, 99, 171, 192
폴 투르니에 · 315, 323
프란 재코비 · 92, 100, 154, 285
프랜시스 베이컨 · 96, 131, 135
프랭크 그라지아 · 225, 276, 298
프랭크 런츠 · 247, 282
프랭크 베트거 · 92, 101, 112, 119, 143, 153, 167, 169, 174, 177, 184, 196
프랭크 크리건 · 199
프레드릭 스미스 · 212, 217, 226, 252
프레드릭 윌리엄 · 110
프레드 오브라이언 · 284
프레드 하그만 · 153
프리드리히 니체 · 190, 324
프리드리히 실러 · 50, 136
플라톤 · 236
피터 드러커 · 62, 80, 93, 111, 131, 161, 167, 257, 331
피터 반 스포크 · 109
필립 코틀러 · 217, 256, 296

하라 잇베이 · 18, 26, 65, 74, 101, 106, 161, 235, 267, 303
하비 맥케이 · 22, 135, 170
하워드 슐츠 · 18, 117, 155, 172, 183, 233
하워드 웰츠 · 175
하워드 캐칭스 · 59, 104, 217, 281, 302
한스우베 퀼러 · 14, 22, 151, 155, 164, 217, 231
해럴드 스펄리치 · 188
해롤드 셔먼 · 53
해리엇 비처 스토우 · 320
허브 켈러허 · 30, 239
허브 코헨 · 222, 225
허영봉 · 23, 66, 74, 77, 179, 257
헤라클레이토스 · 138
헤롤드 제닌 · 147
헤르만 지몬 · 162
헨리 데이비드 소로 · 51, 66
헨리 아미엘 · 15, 125, 131
헨리 카이저 · 37, 80
헨리 키신저 · 328
헨리 포드 · 115, 237, 238, 255, 270, 306, 315
헨리 포드 2세 · 128
헨리 필딩 · 325

헬렌 켈러 · 50, 324
호라티우스 · 62
호레이스 그릴리 · 98
호설암 · 31, 34, 37, 48, 88, 216, 232
호세 페르난데스 · 26, 91, 181
혼다 소이치로 · 42, 315
혼조 하치로 · 42
황광위 · 110

이 한 줄이 나를 세일즈 왕으로 이끌었다

초판 1쇄 인쇄 2010년 3월 15일
초판 1쇄 발행 2010년 3월 22일

엮은이 김동범
펴낸이 김선식
펴낸곳 (주)다산북스
출판등록 2005년 12월 23일 제313-2005-00277호

PD 박경순
DD 손지영
다산북스 박경순, 이혜원
마케팅본부 민혜영, 이도은, 신현숙, 김하늘, 박고운, 권두리
저작권팀 이정순, 김미영
홍보팀 정미진
광고팀 한보라, 박혜원
온라인마케팅팀 하미연, 이소중
디자인본부 최부돈, 손지영, 김태수, 황정민, 조혜상, 김희준
경영지원팀 김성자, 김미현, 유진희, 김유미, 정연주
미주사업팀 우재오, 에릭 짐머만

주소 서울시 마포구 서교동 395-27
전화 02-702-1724(기획편집) 02-703-1725(마케팅) 02-704-1724(경영지원)
팩스 02-703-2219
이메일 dasanbooks@hanmail.net
홈페이지 www.dasanbooks.com

필름 출력 스크린그래픽센타
종이 신승지류유통(주)
인쇄 (주)현문
제본 (주)광성문화사

ISBN 978-89-6370-140-0   03320

• 책값은 표지 뒤쪽에 있습니다.
• 파본은 구입하신 서점에서 교환해드립니다.
• 이 책은 저작권법에 의하여 보호를 받는 저작물이므로 무단 전재와 복제를 금합니다.